Self-Healing in NEW ZEALAND

셀프힐링 인 뉴질랜드

초판 1쇄 인쇄 2016년 9월 5일
초판 1쇄 발행 2016년 9월 10일

지은이 김형원
펴낸이 金泰奉
펴낸곳 한솜미디어
등록 제5-213호

편집 박창서 김수정
마케팅 김명준
홍보 김태일

주소 ㈜ 05044 서울시 광진구 아차산로 413(구의동 243-22)
전화 (02)454-0492(代)
팩스 (02)454-0493
이메일 hansom@hansom.co.kr
홈페이지 www.hansom.co.kr

값 15,000원
ISBN 978-89-5959-453-5 (03980)

* 잘못 만들어진 책은 구입하신 서점에서 바꿔드립니다.

Self-Healing in NEW ZEALAND

셀프힐링 in 뉴질랜드

김형원 지음

| 책 머 리 에 |

내 삶의 전성기는 언제였을까.

청춘이 지나가고 열정이 지나간다. 그때 그 모습의 사람들이 지나간다. 그리고 그 시절의 청년인 내가 지나가고 있다. 사람들은 흘러가는 세월을 아쉬워한다. 그래서 가끔 빈 하늘을 쳐다보거나 차 한 잔을 들고 창가에 오래 서 있기도 한다.

그때는 그때의 아름다움을 모른다. 지하철을 타고 한강을 건너다 저 건너에 보이는 노을이 아름답고, 차 한 잔을 같이하다 마주친 동료의 눈길이 정답다. 동네 누군가의 집에 핀 라일락의 짙은 향에 아련한 옛 추억이 떠올라 입가에 잔잔한 미소가 흐른다.

사람들은 이야기한다. 인생의 모든 시기마다 전성기가 있다고. 내 삶의 전성기는 저기 깊게 침잠해 있는 과거가 아니라고. 그래서 내 인생의 전성기는 마음가짐에 따라 앞으로 또 내게 다가올 수 있다고.

사람에게 나이 듦이란 '감정'부터 늙어가는 것을 뜻하는 것 같다.

오랫동안 고령자들의 임상 경험을 가지고 있는 어느 정신과 의사가 한 말이다. 인간의 노화는 지력이나 체력에 앞서 우선 감정에서부터 시작된다는 것이다. 아름다운 것을 보아도 아름답게 보이지 않고 얼굴 표정이 사나워지고 입가에 미소가 줄어들면 우리는 이미 늙어 가고 있는 것이다.

그렇다면 인생을 좀 더 젊게 사는 방법은 없을까.

그래서 사람들은 여행을 떠난다.
여행은 낯선 것들과의 만남이다.
낯선 자극은 적당한 긴장감을 던져 주고
그 긴장감은 사람들을 오랜 타성에서 일깨워 준다.
동료들과의 여행을 계획했다.
같은 직장에서 삶을 나누고 있는 사람들.
그들과 함께 '인생을 영화처럼' 한 번 살고 싶었다.
많은 사람이 영화의 한 장면 같은 멋진 인생을 꿈꾼다.
그러나 삶은 우리에게 '미소'만 선사하지는 않는다.
오히려 '드라마틱'한 모습으로 다가올 때가 많다.

뉴질랜드.
청정한 자연을 가진 지리적으로 가장 고립된 위치에 있는 나라.
다양성을 존중해 줄 수 있는 다인종 국가.
섬나라 민족의 특징인 폐쇄성을 찾아보기 힘든 나라.

세상은 우리를 기다려 주지 않는다.
누군가가 말했다. '어쩌다 서른, 두리번거리다 마흔.'
세상은 문밖에 있다.

셀프힐링 in 뉴질랜드

004 _ 책 머리에
008 _ 여행 개요

021 _ **첫째 날** 1월 5일(화) 오클랜드
034 _ **둘째 날** 1월 6일(수) 오클랜드 → 더니든
058 _ **셋째 날** 1월 7일(목) 더니든 → 오아마루 → 데카포
088 _ **넷째 날** 1월 8일(금) 데카포 → 마운트 쿡 → 와나카

Self-Healing in NEW ZEALAND

121 _ **다섯째 날** 1월 9일(토) 와나카 → 퀸스타운
151 _ **여섯째 날** 1월 10일(일) 퀸스타운 → 테 아나우 → 밀포드 사운드
180 _ **일곱째 날** 1월 11일(월) 밀포드 사운드 → 테 아나우 → 퀸스타운
210 _ **여덟째 날** 1월 12일(화) 퀸스타운 → 오클랜드/오클랜드 → 로토루아
236 _ **아홉째 날** 1월 13일(수) 로토루아 → 타우랑가
272 _ **열째 날**   1월 14일(목) 타우랑가 → 오클랜드
293 _ **열한째 날** 1월 15일(금) 오클랜드

여행 개요

1. 개요

① 일정 : 2016년 1월 4일~1월 16일/12박 13일(현지 11일)
② 여행 지역
- 남섬 : 더니든, 데카포, 마운트 쿡, 와나카, 퀸스타운, 밀포드 사운드
- 북섬 : 오클랜드, 로토루아, 타우랑가

③ 여행 참가자 : 4명
- 김형원, 배명중학교 진로진학상담교사 재직 중
- 강인환, 배명고등학교 국어과 교사 재직 중
- 송재민, 배명중학교 수학과 교사 재직 중
- 이장익, 배명고등학교 영어과 교사 재직 중

2. 항공

뉴질랜드 여정의 항공요금이 인터넷에 떴다. 인천에서 중국 광저우를 경유하여 오클랜드를 왕복하는 중국남방항공이다. 세금 포함 총 111만5천4백 원. 뉴질랜드의 남북섬을 둘러보는 일정으로 볼 때 남섬의 크라이스트처치로 들어가서 북섬의 오클랜드에서 나오는 일정을 잡는 것이 좋으나 요금이 많이 비쌌다. 어차피 뉴질랜드에도 현지를 운항하는 저가항공들이 있으니 약간의 불편함을 감수하기로 하고 이 항공편을 예약했다. 여행 떠나기 10개월 전

인 3월 초였다. 뉴질랜드는 남반부에 위치하여 1월이 여행의 성수기인 여름철이라 뉴질랜드를 오가는 항공편 요금이 비싼 것을 생각해 볼 때 이 정도 요금은 예상했던 금액을 밑돌았다.

  우리 일정은 북섬의 오클랜드에서 남섬의 더니든으로, 남섬의 퀸스타운에서 북섬의 오클랜드로 두 번 이동하는 것이다. 현지 항공편은 에어 뉴질랜드와 제트스타 두 가지가 있다. 일반적으로 제트스타가 저가항공으로 알려져 있으나 항공 요금을 검색해 보니 에어 뉴질랜드와 별 차이가 없

항공 이동 -------
차량 이동 -------

었다. 그리고 에어 뉴질랜드 운항편 수가 제트스타보다 훨씬 많아서 두 번의 현지 이동 모두 에어 뉴질랜드를 이용하기로 했다.

에어 뉴질랜드는 수화물로 부치는 짐은 비용을 따로 지불해야 한다. 기내에 7kg까지는 가지고 탈 수 있고 그 이상의 무게는 비용을 더 내고 수화물 처리를 해야 한다. 오클랜드에서 더니든으로 이동할 때는 짐이 많지 않은 관계로 두 사람만 수화물 처리를 하기로 했다. 수화물 처리는 한 개당 23kg까지 가능하고, 퀸스타운에서 오클랜드로 이동할 때는 여행 후반부라 선물 구입 등 짐이 많아지는 관계로 네 사람 모두 수화물 처리를 하기로 했다.

에어 뉴질랜드 현지 국내선 예약은 검색창에 나오는 에어 뉴질랜드 사이트에서는 할 수 없다. 포털 사이트 주소창 http://www.airnewzealand.co.nz에서 예약해야 한다.

3. 여정 짜기

첫 번째 여정은 남북섬을 모두 둘러보는, 뉴질랜드를 여행하는 사람들이 일반적으로 선택하는 여정으로 짰다. 크라이스트처치에서 출발하여 마운트 쿡을 거쳐 퀸스타운과 밀포드 사운드까지 간 후에 갔던 길을 되돌아 다시 크라이스트처치를 거쳐 남섬의 동해안을 따라 북상하고 픽턴에서 페리를 타고 북섬으로 간다. 뉴질랜드의 수도 웰링턴에서 통가리로 산, 로토루아, 해밀턴을 거쳐 오클랜드에서 마치는 여정이었다.

일정을 의논하면서 남섬의 제일 남쪽에 있는 인버카길을 들르자는 의견이 나왔다. 남반부에 왔으니 남극에 인접한 바다를 보고 남북섬을 종단한다는 의미를 갖자는 것이었다. 동선이 약간 길어지기는 했으나 큰 무리는 없었다.

밀포드 사운드를 본 후 북섬으로 가는 페리를 탈 수 있는 픽턴을 가는데 남섬에서 빠질 수 없는 빙하지대를 보자는 여정이 추천되었다. 밀포드 사운드에서 퀸스타운을 거쳐 남섬의 서해안에 있는 프란츠 조셉 빙하를 본 후 그대로 서해안을 따라 북상하여 픽턴으로 향하는 여정을 생각하였다. 그래도 남섬의 해안은 동해안보다 서해안이 더 야성적이라는 의견이었다. 전체적으로 여정이 많이 길어졌다. 전체 일정 중 2~3일은 차량 운행 시간이 길어지는 부담이 있었다.

뉴질랜드 여행자들이 의견을 교환하는 인터넷 사이트에 우리의 여정을 올렸더니 프란츠 조셉 빙하 구간은 성수기라 차량 통행이 많아 예상보다 더 많은 시간이 소요된다는 조언이 있었다. 일정이 좀 빡빡하다 생각하던 차에 이러한 조언까지 들어 부득이 일정을 재조정했다. 물론 목적지로 오고가는 과정이 여행에 있어 또 다른 즐거움과 의미를 부여하지만 그것이 전체적인 흐름에 무리가 될 때에는 피하는 것이 좋다. 무리하게 하루 일정을 진행하면 다음 날 진행에 영향을 준다.

빙하 체험 장소를 바꾸었다. 프란츠 조셉 빙하 대신 우리가 움직이는 동선인 마운트 쿡에 위치한 타스만 빙하를 가기로 했다. 동선이 확 줄었다. 퀸스타운에서 남섬의 북단인 픽턴으로 가는 이유는 차를 반납하고 북섬으로 넘어가기 위해서다. 꼬박 하루를 운전해야 하고 북섬으로 가는 페리도 쿡 해협을 건너는 데 3시간 정도 걸리니 꼬박 하루와 반나

절이 걸린다. 페리 요금도 그리 싼 편이 아니라 남섬에서 북섬으로의 이동은 뉴질랜드 현지 항공을 이용하기로 했다. 퀸스타운에서 현지 항공편을 이용하여 북섬의 웰링턴으로 가면 하루 이상 이동 일정이 줄어든다.

 크라이스트처치는 남섬의 관문이지만 2011년 2월, 인근에서 발생한 지진으로 아직도 도시를 복구하는 중이므로 굳이 크라이스트처치를 고집할 이유가 없었다. 오클랜드에서 남섬의 여러 도시를 항공편이 연결해 주므로 더니든에 관심을 가졌다. 아직 영국의 정서가 있는 도시 더니든. 인근에 오타고 반도가 있어 관광거리도 많고 뉴질랜드에서 제일 먼저 세워진 오타고 대학교까지 있어 밋밋한 크라이스트처치보다 나아 보였다. 더니든에서 여행을 시작하면 크라이스트처치에서 시작하는 것보다 1시간 정도 차량 운행이 많지만 이 정도면 큰 무리는 없을 것 같았다.

 남섬 여정을 확정한 후 북섬 여정도 다시 점검하였다. 가능하면 의미 없는 이동 시간을 줄이기로 했다. 뉴질랜드 수도인 웰링턴에서 시작하여 계속 북상하는 루트는 종단의 의미가 있었다. 그러나 좀 더 실속을 차릴 생각에 남섬에서 항공편으로 오클랜드로 가기로 했다. 통가리로 산을 빼는 대신 뉴질랜드 바다를 감상하고 싶어 코로만델 반도를 넣었다. 오클랜드에서 로토루아를 거쳐 코로만델 반도까지 북상하여 다시 오클랜드에 가서 여정을 마치는 일정으로 여행 루트를 확정지었다. 처음 계획안보다 전체적으로 이동 거리가 절반 정도 줄었다.

현지진행을 담당한 송 선생이 로토루아에서의 세부 일정을 짜다가 생각보다 체험할 것이 많아 그곳에서의 일정이 너무 빡빡하다는 의견을 냈다. 원래 일정은 로토루아에서 지낼 수 있는 시간이 만 하루, 24시간 정도인데 계획대로 모든 것을 체험하려면 저녁때까지 일정을 소화하고 밤길을 3시간 이상 달려야 코로만델 반도에 도착할 수 있다. 더군다나 코로만델 반도로 가는 길은 꼬불꼬불한 구간이 많아서 야간운전은 위험하다는 것이다. 출발을 보름 정도 앞둔 상태에서 여정을 다시 한 번 바꾸었다. 코로만델 반도 대신 로토루아에서 차로 1시간 정도 거리에 있는 타우랑가로 결정했다. 또 한 번 동선이 줄어드는 결정이었다.

4. 렌터카

캠핑카와 일반 차량을 비교해 볼 때 캠핑카의 장점은 단연 편리함이다. 차 안에서 의식주의 많은 부분을 해결할 수 있으며 여정 변화의 융통성도 많다. 그러나 일반 차량보다 이동 속도가 떨어지고 뉴질랜드 문화체험에 제한 조건이 많다는 단점이 있다. 특히 오클랜드나 퀸스타운, 더니든 같은 대도시에서는 캠핑카의 거취가 아주 불편할 것이다.

뉴질랜드 여행의 꽃이라 불리는 캠핑카는 여행에서 맛볼 수 있는 특별한 체험이지만 일반 차량을 이용하면 포기해야 한다. 일반 차량은 우선 기동성이 있다. 작은 공간에도 주차할 수 있고 뉴질랜드의 숙박 문화도 충분히 경험할 수 있다. 요즘은 아파트형 숙박 시설이 많이 보급되어 있어 숙소에서도 취사를 할 수 있다. 대도시 한복판에 숙소를 잡으면 늦은 밤까지 도시가 제공해 주는 여러 가지를 경험할 수 있다.

Rentalcars.com(http://www.rentalcars.com/ko/country/nz) 에서 차량을 알아보기로 했다. 뉴질랜드 렌터카를 취급하는 사이트인데 크고 작은 렌터카 회사들이 있어 선택의 폭이 넓었다. 유명 렌터카 회사보다는 중소형 렌터카 회사가 차량 렌트 면에서 가격이 저렴한 편이다. 인원 4명에 짐까지 실으려면 일단 중형차 이상은 되어야 하고, 운행 여정이 대부분 뉴질랜드 자연이라 SUV 4륜구동 차를 선택했다. 일본 미쓰비시에서 제작한 Outlander가 기능과 크기에 적당해 보여 남섬 6일, 북섬 4일의 렌트 기간을 같은 차종으로 예약했다.

5. 숙소

숙소는 특별한 경우를 제외하고는 취사시설이 갖추어진 아파트형 숙소를 선택했다. 뉴질랜드는 2인이 숙박할 수 있는 방부터 4인 이상이 숙박할 수 있는 방까지 모두 갖추고 있다. 뉴질랜드 숙소는 숙박요금에 아침식사가 포함되어 있는 경우가 드무니 아침식사를 하려면 따로 비용을 지불해야 한다. 가격은 예약 사이트에 나와 있다.

첫날 오클랜드 숙박은 다음 날 아침에 남섬의 더니든으로 출발하는 항공편을 이용해야 하므로 공항에서 가까운 지역에 있는 숙소를 선택했다. 트윈 룸으로 2개의 방을 예약하고 나머지 9박은 4인이 한 객실에서 묵을 수 있도록 했다. 뉴질랜드에서의 마지막 숙소는 오클랜드 시내로 잡았다. 호텔 예약 조건에 아침식사가 포함되어 있었다.

우리가 여행할 1월은 뉴질랜드 여행 성수기여서 호텔 예약을 여행 6개월 전부터 시작했다. 물론 여행을 떠나기 전에 임박하게 숙소를 알아봐도 되지만 좀 더 좋은 위치와 조건 그리고 좋은 가격의 숙소를 잡으려면 아무래도 몇 개월 전에는 시작하는 것이 좋을 것 같았다. 실제로 예약하는 과정에서 우리에게 적합한 형태의 방이 이미 예약이 끝난 경우도 있었다.

6. 투어 예약

뉴질랜드에서 원하는 날짜와 시간에 맞추어 원하는 것을 하려면 예약을 해두어야 한다. 그렇지 않으면 몇 시간을 기다리거나 당일에 못할 수도 있다. 타스만 빙하 체험은 두 가지 방법이 있다. 헬리콥터를 타고 빙하 위에 내려 빙하 위를 걷는 체험과 보트를 타고 다니며 빙하를 관찰하는 방법이다. 보트 투어가 약간의 트레킹과 보트를 타고 빙하에 접근하는 다양성이 있어 보트 투어를 선택했다.

밀포드 사운드 투어는 두 가지 방법이 있다. 당일 투어와 1박 2일 투어. 당일 투어는 퀸스타운에서 버스를 타고 왕복 8시간 정도의 거리를 이동하여 예약된 시간에 크루즈선을 타고 밀포드 사운드를 둘러보는 방법이고(크루즈선은 출발 시간에 따라 요금이 다르다), 1박 2일 투어는 오버나이트 크루즈라 해서 첫째 날 오후 4시 넘어 배를 타고 바다에 나가서 당일은 선택 액티비티를 하고 바다 한가운데서 잠을 잔 다음, 다음 날 아침 밀포드 사운드를 둘러보고 항구로 귀환하는 여정이다. 두 끼 식사와 간식, 침실이 제공된다. 날씨가 좋으면 오염되지 않고 인위적인 불빛이 없는 뉴질랜드의 밤하늘 은하수를 관찰할 수 있다. 뉴질랜드의 완벽한 자연 속에서의 하룻밤이 낭만적으로 다가왔다. 오버나이트 크루즈로 예약했다.

7. 역할 분담

동료들과의 여행 성패 여부는 인원 구성에 달려 있다. 전체적으로 구성원의 성격이 원만해야 여정에 무리가 없는데 예민한 사람이 있으면 갈등의 소지가 될 수 있다. 그리고 구성원 각각에 맞는 적절한 역할 분담이 주어져야 한다. 한 사람에게 많은 역할이 몰리면 그 사람은 여행 내내 부담을 안고 있으므로 여행의 재미가 반감된다.

전체적인 기획은 내가 맡았는데 여행의 동선을 짜는 것이었다. 뉴질랜드 현지 11일의 일정에 남북섬을 다 돌아보아야 하니 하루하루의 여정이 중요하였다. 동선을 짜다 보니 숙박 예약과 투어 예약까지 해야 했고 여행경비 집행까지 맡아야 했다.

현지에서의 진행도 중요하다. 각 지역에서의 하루 일정을 세밀하게 세워 놓고 그 일정에 따라 리드할 사람이 필요하다. 기획을 담당한 사람이 겸할 수도 있지만 그렇게 되면 한 사람이 맡은 역할이 너무 커져 현지진행은 송 선생이 담당하기로 했다. 큰 그림이 나온 뒤부터 송 선생은 세부 동선을 짜고 정보를 확인하면서 작은 그림까지 채워 넣었다.

여행은 익숙한 모든 것으로부터 떠나는 것이다. 여행이 순조롭기 위해서는 IT를 잘 활용하는 것이 중요하다. 현지에서 내비게이션을 대여하지만 보조적으로 휴대폰을 이용해 사용할 수 있는 내비게이션을 준비하고, 한국에 있는 가족들과 통신할 수 있도록 휴대폰을 이용한 핫스팟을 하는 테더링 작업과 찍은 사진과 동영상들을 백업시켜 놓을 수 있는 노트북 준비 등의 모든 작업은 강 선생이 담당하였다.

여행의 격을 높이는 일은 현지에서의 원활한 의사소통이다. 영어권 국가인 뉴질랜드에서의 의사소통은 이 선생이 담당하기로 했다. 주로 아파트형 숙소로 예약했기 때문에 취사할 수 있는 기회가 많아 한국에서 준비해야 할 식사 및 간식에 관한 준비와 현지에서의 다양한 음식 경험을 하기 위해 맛집 알아보기 등 전체적인 계획과 준비는 이 선생이 담당하기로 했다. 그리고 이 선생에게는 '위기돌파'라는 한 가지 역할이 더 맡겨졌다.

8. 경비

• 1인당 경비 : 3,565,143원

1) 항공료

	항공사	비용	비고
인천-오클랜드 왕복	중국남방항공	1,115,400	
오클랜드-더니든	에어 뉴질랜드	85,768	2인 수화물 탁송비 포함
퀸스타운-오클랜드	에어 뉴질랜드	123,229	4인 수화물 탁송비 포함
합 계		1,324,397	(1인 기준)

2) 숙박비

	도시	숙소	조건	가격
첫째 날	오클랜드	Hotel Grande Auckland Airport	트윈룸 2	192,804
둘째 날	더니든	Owens Motel	APT식 4인 1실	196,000
셋째 날	테카포	Lake Tekapo Cottages	APT식 4인 1실	278,400
넷째 날	와나카	Manuka Crescent Motel	APT식 4인 1실	168,000
다섯째 날	퀸스타운	Sherwood	APT식 4인 1실	148,000
여섯째 날	밀포드 사운드	Overnight Cruises	4인 객실	–
일곱째 날	퀸스타운	Heartland Hotel Queenstown	APT식 4인 1실	198,400
여덟째 날	로토루아	Malones Motor Inn	APT식 4인 1실	140,000
아홉째 날	타우랑가	The Tauranga On The Waterfront	APT식 4인 1실	168,000
열째 날	오클랜드	Waldorf Stadium Apartments Hotel	APT식 4인 1실	229,600
합 계				1,719,204
1인당 숙박비 (오버나이트 크루즈 숙박 제외)				429,801

3) 렌터카

지역	Check Out 도시	Check In 도시	기간	차종	비용
남섬	더니든	퀸스타운	6일	Outlander	817,238
북섬	오클랜드	오클랜드	4일	RAV4	446,989
합 계					1,264,227
1인당 렌터카 비용					316,057

4) 투어 비용

투 어	비 용	비 고
밀포드 사운드 오버나이트	236,365	4인 객실, 저녁식사, 아침식사, 간식, 액티비티
타스만 빙하 투어	118,524	
합계	**354,889**	(1인 기준)

6) 현지 비용

	교통비	식비	렌터카	연료비	입장료	슈퍼마켓	액티비티	간식비	기타	합계
첫째 날	택시비 144	저녁 140						11		295
둘째 날	셔틀버스 24	아침 35.1	추가운전자 60 내비게이션 60 공항이용료 18		라나크성 60	97.4			세탁 4	358.5
셋째 날		점심 76 저녁 80.8		72.85				37		266.65
넷째 날		점심 72 저녁 52				26.5		47.5		198
다섯째 날		점심 34 저녁 221.5		79.5			제트보트 540	34	주차비 2 사진 79	990
여섯째 날		점심 74 크루즈 13						24		111
일곱째 날		점심 74 저녁 113	렌터카 연장 137	66.85	글로웜 316		곤돌라 128	14	화장실 1	849.85
여덟째 날		아침 54 점심 63.6 저녁 105.2		53.63	폴리네시안 스파 180	61.03			세탁 4	521.46
아홉째 날		점심 63.5 저녁 150			테 푸이아 204 박물관 80		루지 192 헬리투어 380	16		1085.5
열째 날		핫도그, 토스트 21 저녁 158		68.36		41.2		31	주차료 43.6	363.16
열한째 날		점심 71 저녁 61		124				5.5		261.5
합계	168	1732.7	275	465.19	840	226.13	1240	220	133.6	5,300.62

1인당 비용 **1,060,124**

7) 기타 비용

한국에서 준비해 간 식재료	70,000	
현지 와이파이 핫스팟 비용	121,000	1일 10,000원, 11일, 10% 부가세 포함
여행자보험	128,500	
합 계	**319,500**	
1인당 기타 비용	**79,875**	

세계는 한 권의 책이다.
여행하지 않는 사람은
그 책의 한 페이지만 읽는 것과 같다.
― 성 아우구스티누스 ―

NEW ZEALAND TRAVEL

첫째 날 _ 1월 5일(화) 오클랜드

오클랜드 공항에 도착해 수속을 밟기 위하여 입국장 쪽으로 가는데 입국 면세점이 보인다. 인천에서 출발하여 중국 광저우 환승을 거쳐 21시간 만에 뉴질랜드에 도착한 후 보는 공항의 첫 풍경이다. 세계의 어지간한 공항에서는 출국 시에만 면세점을 이용할 수 있는데 오클랜드에서는 입국할 때도 면세점을 이용할 수 있다. 언뜻 보니 전자제품과 주류를 많이 다루는 것 같다.

뉴질랜드 역시 입국심사를 받기 전에 입국신고서를 작성한다. 신고서를 작성하는 테이블에 인접한 벽면에 여러 나라 말로 입

뉴질랜드 국적기 에어 뉴질랜드

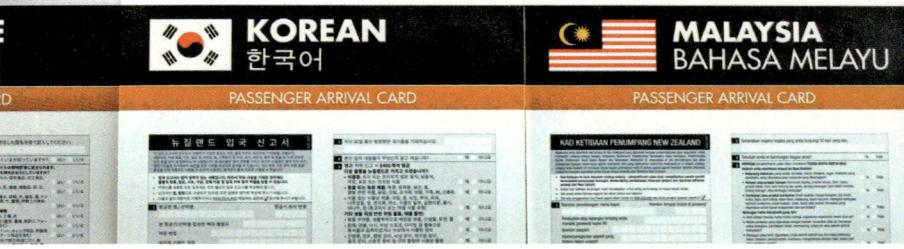

한글로 입국신고서 작성 방법이 나와 있어 큰 불편 없이 입국신고서를 작성할 수 있다.

국신고서(PASSENGER ARRIVAL CARD)를 작성하는 안내가 붙어 있다. 세계에서 많이 사용되는 언어와 뉴질랜드에 가까이 위치한 나라들의 언어(타갈로그어, 사모아어), 그리고 뉴질랜드를 찾는 관광객이 많은 나라의 언어들이다. 한글 안내문도 마련되어 있다.

  뉴질랜드는 식품 반입이 엄격할 뿐만 아니라 심한 경우는 등산화에 흙이 묻어 있으면 흙을 제거해야 입국할 수 있다는 말을 들어 우리는 식품 반입 여부에 신경이 곤두섰다. 짐 속에는 숙소에서 해먹을 즉석밥과 라면 그리고 캔으로 포장된 밑반찬 몇 가지가 들어 있다. 입국신고서에 '1인당 담배 반입 50개비 이하' 여부를 묻는 난이 있는데 일행 중 담배를 피우는 사람이 없어 '50개비 이하' 난의 'Yes'에 표기를 했다. 그런데 문득 우리나라에서 출국 시 면세점에서 산 담배 생각이 났다. 국내 여러 여행 안내서에는 뉴질랜드 입국 시 허용 가능한 담배 양이 1인당 250개비로 되어 있어, 일행 중 한 명이 한국에서 출국할 때 직장동료가 부탁한 담배를 세 보루 샀다. 모두 'Yes' 표기에 두 줄을 긋고 'No'에 다시 표기했다. 입국심사관이 우리 신고서를 보더니 담배 소유량 표기를 가리키며 저쪽으로 가라고 했다.

우리를 맞이한 직원이 담배를 다 꺼내 보라고 하더니 "당신들은 입국신고서를 성실하게 작성하지 않았으니 벌금을 내야 한다"고 한다. 벌금 금액은 245NZD. 1NZD(뉴질랜드 달러)는 800원 정도 금액이니 196,000원이다. 남 좋은 일 해주려다가 이게 무슨 날벼락인지. 담배를 포기하겠다는 의사를 표했더니 직원이 우리 네 사람을 보더니 한 사람당 허용 가능한 분량이 50개비이니 총 200개비의 담배를 우리에게 돌려주고 나머지는 두고 가라고 한다. 다행이다. 정직하게 신고하지 않아서 무조건 벌금을 내야 하는 줄 알았는데, 초과되는 분량을 포기하면 허용되는 분량은 가져가게 하고 벌금을 물지 않는다.

　공항 밖에 나서니 정신이 없다. 입국 절차를 밟는 동안 혼을 다 빼 놓은 것 같다. 오늘 우리가 묵을 숙소는 Hotel Grande Auckland Airport

Hotel Grande Auckland Airport는
호텔 내 여유 공간이 많다.

이다. 내일 아침 일찍 남섬에 있는 더니든으로 가는 비행기를 타려면 오클랜드 시내는 공항에서 멀리 떨어져 있어 시간적으로 부담스럽기 때문에 가능한 한 공항에서 가까운 곳으로 정했다. 호텔은 오클랜드 공항에서 차로 8분 거리에 위치하며 공항에 셔틀버스가 있다는데 이에 관한 자세한 정보가 없어 택시를 이용하기로 했다. 뉴질랜드의 택시 요금이 비싸다는 것은 알고 있지만 호텔까지 그리 먼 거리가 아니라 편리성을 위하여 선택했다. 공항 앞에 줄 서 있는 택시를 타고 호텔 바우처를 보여주었다. 도로 주위에 집들이 별로 보이지 않는다. 택시는 금방 호텔에 도착했다. 요금은 22달러 정도인데 기본요금이 있고 주행요금이 따로 계산되었는지 구분이 안 되어 30달러를 주고 내렸다.

호텔이 있는 곳은 공항 주변의 작은 도심으로 생각했는데 호텔 건물만 달랑 있을 뿐 주위에 다른 건물은 없었다. 일단 체크인을 했다. 오늘은 트윈 룸 2개다. 배정받은 방은 1층으로 밤색 계열의 침대가 놓여 있고 정원 쪽으로 통창이 나 있는데 방에서 문을 열고 직접 정원으로 나갈 수도 있다.

새소리 들리는 정원 벤치에 앉아 사색하는 여인의 모습이 무척 한가롭게 느껴진다. 야외 수영장이 있다는데 우리 방에서는 보이지 않는다. 50MB의 무료 와이파이가 1시간 제공되며 몇 가지 종류의 차들이 준비되어 있고 커피포트까지 있어 차를 마음대로 마실 수 있다. 복도 한쪽에 있는 세탁실에는 세탁기가 마련되어 있어 빨래를 할 수 있다.

호텔 주변에 식당이 있으면 식사하며 뉴질랜드에서의 첫날을 기념하고 싶었는데 저녁식사를 할 만한 상황이 아니었다. 물론 호텔에 요청하

호텔의 부대시설은 누리는 자의 것이다

면 저녁식사를 할 수 있지만 비용이 만만치 않을 뿐만 아니라 저녁 6시가 넘었는데도 대낮 같았다. 뉴질랜드의 대부분 지역은 우리나라보다 위도의 절댓값이 크기 때문에 여름에 해가 길다. 더군다나 뉴질랜드는 지금 썸머타임을 실시하고 있어 해가 더욱 늦게 진다(여름에 한국과의 시차는 4시간). 오늘 오클랜드의 한두 곳을 둘러보면 마지막 날 오클랜드에서의 시간이 여유로울 것이다.

  부두 쪽으로 나가기로 했다. 오클랜드 공항은 시내에서 남쪽으로 21km 정도 떨어져 있다. 공항에서 시내 쪽으로 조금 들어왔으나 그래도 시내와 꽤 떨어져 있어 택시 요금이 부담스러웠지만 지금 선택은 택시밖에 없다. 체크인해 준 직원에게 택시를 불러 달라고 부탁했다. 뉴

셀프힐링 인 **뉴질랜드**   25

질랜드는 한창 여름이라 반팔 티셔츠에 얇은 긴 팔 남방을 걸쳤는데 피부로 느껴지는 기온은 달라 방으로 가 남방 대신 가을 점퍼를 걸쳤다. 이제야 조금 옷차림이 맞는 것 같다. 호텔 앞 도로에는 차의 통행량이 별로 없다. 뉴질랜드 도로는 제한속도 변화가 크기 때문에 운전자는 속도 표시에 신경 써야 한다. 호텔 앞 도로는 제한 속도가 60km/h인데 오른쪽은 공사를 하고 있어 제한 속도 30km/h의 이정표가 도로 양쪽에 큼지막하게 설치되어 있다.

　택시가 출발했다. 이번 여행에서 현지진행을 담당할 송 선생이 도로를 눈으로 읽고 있다. 택시 요금 체계를 눈여겨 살펴보니 우리나라 방식과 같이 기본요금이 있고 그 위에 주행요금이 덧붙었다. 오늘 저녁은 오클랜드 하버(Auckland Harbour)에서 보내기로 했다. 오클랜드 하버에는 3개의 부두가 있는데 프린세스 워프와 퀸스 워프 그리고 캡틴 쿡 워

뉴질랜드의 도로는 제한속도 변화가 많아 주의해야 한다.

프이다. 택시 기사는 우리를 프린세스 워프에 내려 주었다. 택시 요금은 58.6달러 나왔다. 뉴질랜드 택시는 별도로 팁을 주는 일이 없어 59달러만 주어도 되는데 우리 수중에는 한국에서 환전한 10달러짜리가 최소 화폐 단위라 그냥 60달러를 지불했다. 한국 돈으로는 48,000원. 그리 만만한 금액은 아니지만 4명이 타고 왔으니 그러려니 하는데 한두 사람이 타고 오기에는 큰 결심을 해야 한다.

세계에서 요트가 가장 많은 도시답게 날이 어두워지는데도 바다에 몇 대의 요트가 떠 있고 옆에 있는 퀸스 워프에는 많은 요트들이 정박해 있다. 크루즈 선박도 정박해 있는데 크기가 엄청나다. 워프를 따라 많은 식당들이 있다. 늦은 시간임에도 사람들이 유쾌하게 식사하고 있다.

오늘 저녁식사는 어디에서 할까. 식당마다 사람들이 가득 차 있으니 선뜻 고르기가 쉽지 않다. 그런데 저 앞쪽에서 우리나라 말소리가 들려 반가운 마음에 그쪽으로 다가가 인사를 나누었다. 차림새가 여행자 복장이 아닌 듯하여 살짝 물어보니 오클랜드에 사는 교민으로 노부부와 딸 그리고 외손녀다. 근처에 식사할 만한 식당을 추천해 달라고 하니 한 곳을 추천해 준다. "오클랜드는 물가가 비싸서 음식값이 만만치 않지만 그래도 그곳이 비용도 그리 세지 않으며 맛도 있다"는 것이다.

디그리(Degree). 네 사람 모두 다른 음식을 시키기로 했다. 우선 선택한 것이 피시 앤 칩스(Fish & Chips). 메뉴판 왼쪽 맨 첫 번째에 나와 있다. 음식점에 가서 선택이 어려우면 메뉴판의 왼쪽 맨 위에 있는 음식을 선택하라는 말이 있다. 그 음식이 그 집에서 가장 많이 팔리는 대표적인 음식일 가능성이 높다는 것이다. 가격은 small 19.9, large 26.9

Degree는 프린세스 워프의 맛집이다.

피시 앤 칩스

이다. 다른 두 가지를 시키고 STONE GRILL DINING 파트에서도 한 가지를 시켰는데 어떤 흐름인지 짐작이 잘 안 된다. 뉴질랜드 식당에서는 물이 무료로 제공되는데 우리나라처럼 음식만 주문하면 되는 것이 아니라 음식 주문이 끝나면 어떤 음료를 마실지 음료 선택이 뒤따른다.

　STONE GRILL DINING 분야의 음식은 바짝 달군 넓적한 돌과 그 위에 올려놓고 구워 먹는 재료들이 나왔다. 피시 앤 칩스가 제일 저렴했는데 내용은 제일 푸짐하다. 음식값으로 135달러가 나왔다. 계산하면서

밤에도 오클랜드의 대중교통은 움직인다.

140달러를 주니 종업원이 큰 소리로 "Thank you"라고 외친다. 이 상황에 "거스름돈 5달러 주세요"라는 말을 할 수 없어서 그냥 나왔다. 아무래도 지폐만 들고 있으니 예기치 않은 팁이 자꾸 나간다. 가게에서 뭐라도 사서 동전을 확보해 놓아야 할 것 같다.

오클랜드 시가지를 거니는데 웬만한 가게들은 이미 문을 닫았다. 문을 연 곳은 편의점과 기념품점 정도이다. 그래도 오클랜드 시내버스는 계속 운행하고 있다. 스카이 시티에 도착할 즈음 노숙자들이 우리 일행을 보고 "China"를 외치며 돈을 요구하고 있다. 뉴질랜드는 요즘 중국인 여행자들이 몰려들어 중국에서 뉴질랜드를 오가는 항공편도 증설되고 있다. 그들을 외면한 채 그냥 걸었다. 'Korea'를 외쳐도 속 보이는 일이라 망설였을 텐데 다른 나라를 외치니 관심을 보이지 않을 수밖에.

스카이 타워(Sky Tower). 뉴질랜드는 물론 남반부에서 가장 높은 탑으로 방화시설과 내진, 내풍 설계가 되어 있는 최첨단 건물이다. 높이 328m, 이 자체만으로도 많은 즐길 거리를 가지고 있다.

Level 60(높이 220m)에 있는 Sky Deck 전망대에서는 날씨가 좋을 때는 전방 80km까지 360도로 환상적인 전망을 볼 수 있다. 특히 이 전망대는 중간 이음새가 없어 완벽한 파노라마 풍경을 감상할 수 있다고 한다. Level 53(높이 194m)에는 The Sugar Club, Sky Jump, Skywalk Platform 등이 있어 타워 외벽을 따라 걷는 스카이워크, 타워에서 뛰어내리는 스카이점프도 해볼 수 있다(스카이워크나 스카이 점프를 하면 스카이 타워 무료입장 가능). 스카이 점프는 시속 85km의 속도로 낙하해 16초 만에 내려온다.

Level 52(높이 190m)에는 Orbit 360도 Dining이 있어 식사를 할 수 있다. 이곳 역시 360도 회전하는 곳이라 오클랜드 전망을 전체적으로 볼 수 있으며 음식을 먹으면 타워 입장권을 따로 끊지 않아도 된다(음식 값이 만만치 않다). Level 51(높이 186m)은 Main Observation Level이다. 이 메인 레벨에서는 38mm 두께의 투명 유리판 위에서 걸어 볼 수 있다. 유리를 통하여 오클랜드 시가지가 보인다. 재미있어 보이는데 실제 유리판 위에 올라서면 상당히 떨린다고 한다.

Level 50(높이 182m)에는 Sky Lounge Cafe and Bar가 있어 차를 마시며 오클랜드의 전망을 즐길 수 있다. 관광대국 뉴질랜드답게 타워 하나에도 다양한 시설을 만들어 놓아 사람들이 많은 시간을 보내면서 돈을 쓰도록 설계하였다.

스카이 타워(Sky Tower)

〈입장료〉

개인	가족 티켓	연간이용권
• 어른 : 28달러 • 어린이 : 11달러 　(6~14세) • Senior : 22달러 • 학생 : 20달러 　(신분증 소지) ※ 5세 이하 무료	• 어른 2, 어린이 2 : 61달러 • 어른 1, 어린이 3 : 61달러 ※ 어린이 1명 추가될 때마다 　9달러 추가	• 어른 : 84달러 • 어린이 : 33달러 • 어른 1, 어린이 1 : 95달러 • 어른 1, 어린이 3 : 135 　달러 • 어른 2, 어린이 3 : 175 　달러

　스카이 타워 아래 위치한 스카이 시티는 복합쇼핑몰로, 오클랜드의 명물인 스카이 타워를 비롯하여 멋진 바와 레스토랑, 카페, 호텔 두 곳, 국제 수준의 스카이 시티 카지노 등이 입주해 있다.

　스카이 시티 정문으로 들어가 지하로 내려가는 에스컬레이터를 탔다. 지하에서 타워 입장권과 액티비티 티켓을 판매하고 있으나 야간이라 타워에 올라 오클랜드 전경을 보는 것이 별 의미가 없고 나중에 다시

다양한 관광 안내 전단

스카이 타워 내의 안내 영상물

　오클랜드에 왔을 때 데본 포트에 가는 일정을 계획해 놓아 안에서 상영하는 안내 영화를 통해 화면으로 오클랜드 전경을 감상했다. 여러 가지 기념품을 판매하는 기념품점에 마음에 드는 물건이 있으나 더니든으로 가는 비행 편의 짐 관계로 일단은 모두 생략했다.

　오클랜드 도로의 보행자 신호등은 초록색일 때만 보행자가 건너는 것이 아니다. 붉은색으로 바뀌고 '07' 등의 표시가 나올 때는 앞으로 7초 동안 건널 수 있으니 빨리 건너라는 내용이다. 우리나라 신호등 시스템과 비슷한데 다만 우리나라는 초록색 표시에서 남은 시간이 나오지만 뉴질랜드에서는 붉은색으로 바뀌고 남은 시간이 나온다. 길 건너 편의점에 들어가니 휘태커스 초콜릿(Whittaker's Chocolate)을 팔고 있다. 휘태커스 초콜릿은 우리나라 여행객들이 뉴질랜드 여행 시 선물로 많이 구매하는 물품이다. 250g짜리가 5.5달러이다. 스카이 시티 내에 있는 기념품점에서는 똑같은 물건이 하나에 7달러였다. 2개를 구입하니 11달러. 가볍게 잔돈 9달러를 만들었다.

보행자에게는 길을 건널 7초의 시간이 있다

호텔로 가기 위해 택시를 탔다. 요금으로 53.2달러가 나와 54달러를 지불했다. 더 이상 불필요한 지출은 안 하게 되었다. 내일은 새벽에 공항으로 가야 한다. 직원에게 셔틀버스를 문의하였더니 우리 일행의 비행 편 시간을 묻고 아침 6시 이전에 짐을 챙겨서 로비로 나와 있으라고 한다. 일찍 잠을 청했다.

오늘의 지출 : 295NZD		
택시비 30(공항 - 호텔)	저녁식사 140	택시 54
택시비 60(호텔 - 시내)	휘태커스 초콜릿 11	

NEW ZEALAND TRAVEL

둘째 날 _ 1월 6일(수) 오클랜드 → 더니든

새벽 5시. 밖에서 들려오는 새 소리가 요란하다. 커튼을 걷고 정원을 내다보니 어둠이 채 가시지 않았다. 오클랜드는 우리나라보다 위도의 절댓값이 크기 때문에 해가 더 일찍 뜰 것이라 생각했는데 그렇지 않다. 가만 생각해 보니 뉴질랜드는 지금 여름철이라 썸머타임을 실시하고 있다. 우리나라로 치면 새벽 4시이다.

짐을 챙겨 로비로 나가니 6시가 안 되었는데 셔틀버스가 이미 와 있다. 이곳이 셔틀버스의 출발지점이라 한다. 로비 한쪽에 'Yellow Bus' 티켓을 파는 티켓 자동판매기가 보인다. 공항까지 이용 요금이 1인당 6달러인데 신용카드로만 구입할 수 있다. 로비에 문의하였더니 직원이 현금을 받고 티켓을 내어 준다.

Yellow Bus 티켓 자동판매기

오클랜드 공항을 왕복하는 셔틀버스   오클랜드 공항 국내선 터미널

 Hotel Grande Auckland Airport에서 오클랜드 공항을 왕복하는 셔틀버스 교통 편 서비스는 하루 22시간 운행된다. 요금은 편도 기준 NZD 6이며, 12세 미만의 어린이는 무료이다. 공항으로 가는 동안 몇 군데 호텔을 더 들르는데 각 정류장의 티켓 자동판매기에서 티켓을 구입할 수 있다.

 공항에서는 매시간 15분과 45분에 30분 간격으로 운행되고 첫차는 04:15, 막차는 01:45이고 02:00~04:00에는 운행하지 않는다. 호텔에서는 매시 정각과 30분에 출발한다. 공항 근처의 Holiday Inn, Sumida, Ibis bugget 등의 호텔 숙박객이 이 셔틀버스를 이용할 수 있다. Grande 호텔에서는 우리 일행 네 사람이 탔다. Holiday Inn, Sumida, Ibis bugget 등의 호텔을 거치는 동안 여러 사람이 올라탄다.

 오클랜드 공항 국내선 터미널에 도착하니 에어 뉴질랜드의 터미널이 보인다. 벌써 여러 사람이 탑승 수속을 밟고 있는데 대부분이 셀프 발권기를 이용하고 있다. 에어 뉴질랜드의 직원들이 돌아다니면서 어려움

 셀프 발권기
 Kiwi Big Breakfast

을 겪는 사람들의 발권을 돕고 있는데 우리 모습을 본 한 직원이 다가왔다. 우리는 비행 편을 예약할 때 두 사람은 23kg까지 수화물을 부칠 수 있도록 했다. 에어 뉴질랜드는 승객이 7kg까지의 짐은 가지고 탈 수 있는데 직원이 셀프 발권기 바로 옆에 있는 저울에 짐을 올려놓으라고 한다. 내 작은 배낭과 카메라 가방의 무게를 합쳐 7kg이 넘으니 직원이 무게를 줄이라고 하여 얼른 몇 개의 짐을 꺼내어 부치는 짐 속에 넣었다. 웬만한 항공사는 무게가 조금 넘어서는 정도면 탑승을 허락하는데 에어 뉴질랜드는 무게 개념이 아주 확실하다.

짐을 부치고 보딩 패스까지 받았으니 이제 우리가 할 일은 아침을 먹는 것이다. 공항 내에 여러 개의 식당이 있는데 맥도날드도 보인다. 오클랜드 공항 내 위치한 맥도날드에는 뉴질랜드에서만 판매하는 품목이 있다. 이름하여 'Kiwi Big Breakfast'이다. 햄버거는 아닌데 스크램블 에그와 여러 가지 것들이 담겨져 있다. 커피 없이 먹으면 6.20달러이고 커피와 함께 먹으면 9.30달러이다. 커피 포함하여 2개, 커피를 포함한 핫

케이크, Egg Bac Wrap 등을 시켰더니 모두 합쳐 35.1달러가 나왔다. 뉴질랜드에서 음료수를 포함하여 10달러 이하의 가격으로 식사를 할 수 있는 곳은 패스트푸드점이 유일한 듯싶다. 4명이 각자 한 가지씩 시켰는데 아침이라서 그런지 양이 꽤 많게 느껴졌다.

뉴질랜드에서 많이 이용되는 저가항공인 제트스타의 터미널은 공항 한쪽에 있다. 크기 면에서 보면 에어 뉴질랜드의 터미널이 훨씬 더 크다. 오클랜드 공항은 바다에 인접해 있다. 흰색과 검은색의 조화가 잘 이루어진 에어 뉴질랜드 비행기들이 바다를 배경으로 자리 잡고 있는 광경을 보니 이제야 정말 뉴질랜드에 와 있다는 것이 실감 난다.

우리 일행 좌석은 뒤쪽이었다. 3-3 배열의 비행기인데 우리 뒤쪽 좌석으로는 승객들이 타지 않아 몇 자리가 비어 있다. 비행기의 출입문이 닫힌 후 빈 좌석 쪽으로 이동하려는데 승무원이 비행기가 이륙하고 안정고도에 올라서면 그때 자리를 옮기라고 한다. 비행기가 이륙했다. 모니터로 비행 중 안전수칙에 대하여 설명하는데 모니터에 등장한 사람들은 수영복을 입은 젊은이들이다. 보통은 기장이나 승무원들이 정장 차림으로 설명하는데 에어 뉴질랜드는 전혀 다르다. 그들은 나름대로 재미있게 놀면서 상황에 따라 안전수칙에 관한 설명을 한다. 그러한 영상을 보고 있으니 마음에 여유가 생긴다.

안정고도에 올라서니 승무원들이 기내 서비스를 시작한다. 국내선이라 서비스가 없을 줄 알았는데 과자와 음료 서비스를 해준다. 과자는 쿠키 타임(Cookie Time)에서 만든 것이다. 쿠키 타임은 뉴질랜드의 과자 회사로 과자에 방부제를 사용하지 않아 유통기한이 짧은 것이 특징이

에어 뉴질랜드는 인심이 좋다.

가늘고 긴 만이 보인다.
남섬이다.

다. 1983년 한 청년이 만들기 시작한 쿠키가 지금은 뉴질랜드를 대표하는 쿠키가 되었다.

뉴질랜드는 영연방 국가라 차(Tea) 문화가 발달해 있어 차를 주문했는데 담아 주는 컵이 크다. 보통 우리나라 커피전문점에서 음료를 주문했을 때 담아 오는 컵의 크기이다. "Milk"를 넣겠느냐고 묻기에 얼떨결에 "Yes" 했더니 우유를 부어 준다. 컵의 겉면에는 뉴질랜드의 문화를 물씬 느낄 수 있는 무늬가 그려져 있고 에어 뉴질랜드의 문양이 찍혀 있다.

잠시 바다 풍경이 보이더니 가늘고 긴 만이 보인다. 남섬이다. 땅의 모양을 보아하니 남섬 북서부에 위치한 Farewell Spit이다. 오클랜드에서 더니든으로 가는 비행 코스는 직선 코스가 아닌 정해진 항로가 있는 것 같다. 덕분에 우리는 높디높은 하늘에서 남섬의 '숨막히는 비경'을 감상하고 있다. 서던 알프스의 험준한 지형들이 계속되다가 갑자기 하얀 땅이 살짝 보이기 시작한다. 빙하지대이다. 한 여름에 보는 얼음에 덮여 있는 땅. 바로 이런 풍경을 보기 위해 이곳을 찾은 것이 아닌가.

에어 뉴질랜드 비행기는 비행시간 동안 승객들이 무료하지 않게 기내에 설치되어 있는 여러 개의 모니터를 통해 퀴즈 문제를 낸다. 질문 내용이 상당히 다양한데 영연방 국가이다 보니 서양 세계에 대한 내용이 많다.

"케빈 코스트너가 주연한 '늑대와 춤을'이라는 영화는 뉴질랜드의 북섬에서 촬영했을까, 아니면 남섬에서 촬영했을까?"

"배우 오드리 햅번이 사망한 때는 언제인가?"

"Zurich는 스위스의 남쪽에 있는가 아니면 북쪽에 있는가?"와 같은 질문들이다.

착륙지점이 가까워지고 비행기의 고도가 낮아지자 승무원이 엄격하다 못해 딱딱할 정도로 우리에게 다시 원래의 자리로 돌아가라고 말한다. 그만큼 안전 시스템과 질서에 대하여 원칙적인 자세를 유지하는 나라이다.

더니든(Dunedin) 공항. 더니든은 크라이스트처치에 이어 남섬에서 두 번째로 큰 도시이다. '중국인들이 가장 좋아하는 뉴질랜드의 도시'에도 더니든이 꼽힌다. 렌터카 사무실들은 공항청사 바로 옆에 위치해 있다. Terminal Rental Cars라고 씌어 있는 이정표를 따라가면 된다. 우리가 한국에서 예약한 렌터카 담당 회사는 Ezi이다. 이곳에는 Ezi 외에도 Europcar, Hertz, Budget, Avis, Thrifty, Jucy 등의 렌터카 회사들

더니든 공항의 렌터카 사무실

렌터카 업체는 한 공간 안에 모여 있다.

이 들어서 있다.

우리가 한국에서 예약한 차종은 일본 미쓰비시사의 Outlander이다. 뉴질랜드와 일본 모두 차가 좌측통행이다 보니 이곳에서는 일본 차들이 많이 이용되고 있다. 한국에서 운전자 2인으로 예약하여 다시 2명을 추가 운전자로 등록하려 하니 추가 운전자 비용이 1인당 하루 5달러이다. 남섬에서 6일간 대여하였으므로 추가 운전자 비용은 60달러, 내비게이션(여기에서는 GPS로 통한다)의 하루 대여비는 10달러이다. 한국에서 휴대폰으로 사용할 수 있는 내비게이션을 준비해 왔지만 현지 내비게이션을 사용해 볼 겸 빌리기로 했다.

차가 공항에 있어 공항 이용료 18달러를 지불하니 총 138달러가 들어갔다. 우리 네 사람의 국제운전면허증을 달라 하여 복사하고 운전 가능 정도(1종, 2종)까지 체크한다.

드디어 차를 넘겨받았다. 이전에 뉴질랜드와 운전 시스템이 같은(차 좌측통행) 말레이시아에서 운전을 해본 경험이 있는 내가 제일 먼저 운전대를 잡기로 하였다. 30분 정도 운전하면 대충 적응되는데 조수석에 앉아 있는 사람이 신경 써서 운전자가 순간적인 착각을 하지 않도록 해주어야 한다. 보통 '오른쪽 옆구리에 중앙선을 끼고 간다'라고 생각하면 되는데 제일 어려운 지점이 원형 교차로에 진입했을 때이다. 이곳에 진입하면 순간적으로 머릿속이 하얗게 된다.

더니든 공항은 시내에서 남서쪽으로 27km 떨어져 있는데 시내를 향해 가다가 조금 방향을 바꾸어 터널 비치(Tunnel Beach)라는 곳에 도착했다. 터널 비치는 태평양의 거친 파도가 치는 바닷가에 위치해 있는데, 1870년대 이곳에 영향력을 미치던 한 가문이 해안을 사유지로 개발하기 위해 터널을 뚫었는데 세월이 지나면서 파도와 바람에 침식당해 신기한 자연조형물이 되었다. 뉴질랜드에서의 첫 관광은 이곳으로 정했다.

내비게이션의 안내에 의존해 차를 주차장에 주차시켰다. 그런데 말이 주차장이지 황량한 들판에 차 몇 대 세워 놓을 수 있는 장소일 뿐이다. 우리나라에서 흔히 볼 수 있는 관광지의 가게도 없고 인위적으로 만들어 놓은 흔적도 보이지 않는다. 단지 'Tunnel Beach Walking Track'이라는 안내판과 '해변까지 1시간이면 왕복할 수 있다'는 설명문구가 있을 따름이다. 사유지를 통과하니 정해진 길로만 다니라는 안내도 있다. 그러고 보니 양이 새끼를 낳는 8월부터 10월까지는 진입이 통제된다는 내용을 블로그에서 본 적이 있다. 진입로도 짐승들이 못 들어가도록 나무판으로 가로막혀 있고 한쪽에는 나무판을 넘어갈 수 있는 작은 계단식 사다리가 있다.

터널 비치 입구는 짐승들의 출입을 막고자 울타리를 쳐 놓았다.

원시의 햇볕이 쏟아진다. 공해가 없는 이곳의 햇볕은 참 강렬하다. 파란 바다와 기묘한 풍경의 해안 모습이 보인다. 해안을 향해 내려가고 올라오는 사람들이 서로 "Hi" 하고 인사를 나눈다. 해안을 향해 달려오는 파도가 거칠다. 이러니 해안이 파도에 침식당해 이런 풍경이 나오지.

초등학교 저학년 또래의 아이들이 해안이 내려다보이는 경사면에 앉아 선생님의 설명을 듣고 있다. 작은 터널을 통해 해안으로 내려갔다. 1870년대 손으로 절벽을 뚫어 만든 터널이다. 이 터널로 인해 이곳의

소풍 나온 초등학교 아이들

터널 비치 이름이 만들어지게 한 터널

이름이 터널 비치가 되었다. 터널 안은 축축하고 좁으며 길지 않아 계단 몇십 개만 걸으면 끝이 난다. 원래 터널 비치는 모래 해변이 있는데 우리가 갔을 때는 모래사장 부분은 그리 넓지 않았다. 모래사장을 즐기려면 물이 빠진 간조 때 가야 하는데 그것까지 맞추어 갈 수는 없었다.

운이 좋으면 바다사자나 물개가 돌 위나 해변가에서 쉬고 있는 모습을 볼 수 있다는데 오늘은 보이지 않는다. 넓지 않은 공간에 앉아 바다를 바라보고 있는데 갑자기 큰 파도가 순식간에 몰려와 우리를 덮쳤다. 옷이 다 젖었는데 작은 바위에 올라가 있던 이 선생이 제일 큰 피해를 입었다. 파도가 조금만 더 셌으면 바다로 떠밀려 내려갈 뻔했다.

더니든은 19세기에 영국의 스코틀랜드 지방에서 이주해 온 이민자들이 많이 정착해 뉴질랜드에서도 가장 스코틀랜드틱한 분위기를 풍기는 도시이다. 시내에 그 당시에 지은 여러 건물들이 잘 보존되어 있어 더니든만의 특색 있는 도시 모습을 갖추고 있다. 더니든도 사람 사는 큰 도시인데 길거리에 어쩜 이리도 사람이 없는 것일까.

세찬 파도가 바위를 깎아 오늘의 풍경이 만들어졌다.

오늘 우리의 숙박지는 Owens Motel로 오타고 대학교 서점 인근의 길가에 위치해 있다. 체크인 시간이 멀었지만 일단 들어가 보기로 했다. 만약 체크인이 안 되면 차라도 주차시켜 놓을 생각이다. 점심식사도 해야 하고 오타고 대학교가 바로 모텔 근처에 있기 때문이다. 다행히 체크인해 주었다.

우리는 4인이 사용할 방 하나를 예약했는데 우리 일행만 사용할 수 있는 2층 전체를 내어 주고 장당 300메가를 사용할 수 있는 와이파이 이용권 5장을 내어 준다. 방에 들어서니 완전히 대궐이다. 침대만 해도 7개인데 그중 하나는 더블침대이다. 널찍한 거실과 주방이 따로 있고 커다란 테이블에 화장실 공간까지 마음에 든다. 첫날부터 이렇게 좋은 곳에서 숙박하면 눈높이가 높아져서 내일부터는 어떻게 해야 하나 걱정이 살짝 든다.

점심식사는 해먹기로 했다. 나가서 사 먹어도 어차피 시간은 걸리니 여기서 점심을 해먹고 본격적인 오후 관광을 나가기로 했다. 라면 3개와 즉석밥 2개, 그리고 가져간 밑반찬으로 점심을 해결했다. 한 잔의 커피가 마음의 여유를 가져다준다.

오타고 대학교(University of Otago, 마오리어 Te Whare Wānanga o Otāgo). 1869년에 개교한 뉴질랜드 최초의 대학으로 특히 의학 분야에서 세계적으로 인정받고 있다. 2만 명이 넘는 학생들이 더니든 인구의 20% 이상을 차지하는데 캠퍼스가 시내 한가운데 위치하고 있어 일반인들에게도 개방한다. 시계탑이 상징적인 네오고딕 양식의 건물은 더니든을 상징하는 건축물이며 관광 명소가 되었다. 남반부에 있는 학교라

오타고대학교. 1869년 개교한 뉴질랜드 최초의 대학이다.

시계탑이 상징적인 네오고딕 양식의 건물은
더니든을 상징하는 건축물이다.

1월이니 여름방학이겠구나 생각하며 교문에 들어서니 역시 조용하다. 나는 여행을 떠나면 그 도시에 있는 대학교를 둘러보기를 좋아한다. 젊은이들의 활기찬 모습을 보고 있노라면 내 마음도 젊어질 뿐만 아니라 언뜻 대학생이 된 듯한 느낌도 든다.

각 대학교는 그 대학만의 분위기가 있는데 오타고 대학교에는 많은 학교 기념품들을 만들어 판매한다. 학교 기프트 숍(Gift Shop)에서 판매하는 여러 물품 중에서 메리노 울로 만든 목도리와 백팩을 구입하고 싶었다. 특히 보온성이 좋다는 메리노 울 목도리는 나를 위한 여행 선물이고, 백팩은 직장에서 은퇴한 후 다른 활동을 할 때 사용할 예정이었다.

비지터 센터와 기프트 숍이 같은 건물에 있는데 숍 내부에 사람이 별로 없어 불안하다. 여행을 떠나기 전 참고한 블로그에 휴가철에는 문을 열지 않는다는 글이 있었는데 아니나 다를까 12월 22(화)일 오후 3시에 일찍 문을 닫고, 1월 11일(월) 11시에 문을 연다는 안내문이 붙어 있다. 오늘은 1월 6일(수)이니 다음 주 월요일에 문을 연다는 것이다. 우리는 내일 오전 중으로 더니든을 떠날 예정이니 기프트 숍에서 기념품을 살 수 없어 마음을 접었다.

캠퍼스 구경에 나섰다. 방학인데도 학교에 나와 있는 학생들이 있다. 나무 밑 벤치에서 휴식을 취하는 학생이 있고, 실개천 옆 경사진 곳의 잔디에서는 햇볕을 받으며 책을 읽는 학생들도 있다. 한 건물에 들어서니 근무하는 직원이 있어 잠시 말을 나누었는데 지금은 방학기간이라 학교의 가게들이 모두 문을 닫아 커피 한 잔도 사서 마실 수 없다고 한

방학기간의 한가한 오후

학기가 시작되면 이 자리들은 다시 학생들로 가득 차리라.

다. 그러면 오타고 대학교의 학교 기념품을 살 수 있는 방법이 없느냐고 물어보니, 얼른 책상서랍 속에서 오타고 대학교의 로고가 찍힌 볼펜 두 자루를 꺼내어 건네준다. 참 멋있는 사람이다. 중앙도서관에 들어섰다. 자료를 찾아볼 수 있는 컴퓨터 시스템이 잘 되어 있다. 조용한 분위기 속의 학교 풍경을 보는 것으로 만족했다.

 오타고 대학교 졸업식 날, 교수들과 학생들은 오타고 시내를 퍼레이드 한다고 한다. 스코틀랜드풍이 많이 남아 있는 곳이라 백파이프와 북 등을 연주하는 연주단이 앞장서고 그 뒤로 교수진과 졸업생들이 당당히 시내를 걷고 차량이 통제된 거리의 인도에 서 있는 주민들이 그들을 향해 박수를 쳐 주는, 아름다운 졸업식이 지금도 진행된다고 한다. 아름다운 전통을 유지하는 그들의 삶이 부럽다.

 오타고 대학교 근방의 도로는 유료주차장이다. 시간당 주차료는 2달러로 비싸지는 않다.

 오타고 반도로 간다. 태평양을 향해 길게 뻗어 나간 오타고 반도는 앨

오타고 반도의 갈매기

라나크 성

버트로스와 노란 눈 펭귄의 서식지이다. 우리는 해안을 따라 바다를 옆에 끼고 가려 했는데 내비게이션은 능선 위 길로 가라고 안내한다.

　라나크 성(Larnach Castle)에 도착했다. 이름은 성(城)이지만 뉴질랜드에는 왕이 다스리던 때가 없다. 그러므로 당연히 성이 있을 리 없다. 이곳은 19세기 대부호가 살던 호화주택이다. 라나크 경은 인부 200명을 동원해 3년 동안 이 성을 지었다고 한다. 상당히 고급스런 자재를 사용했고, 유럽에서 초빙한 최고의 기술자들이 인테리어를 맡았다고 한다. 뉴질랜드의 높은 물가를 반영하듯 정원만 둘러보는 데도 20달러이고, 성 내부까지 둘러보면 입장료가 훨씬 더 올라간다. 우리는 정원까지만 보기로 했다. 뉴질랜드 여행의 테마는 '자연'이지 '역사'가 아니다. 정원에 노랗고 빨간 여러 꽃이 피어 있는데 우리나라에서 쉽게 볼 수 있는 꽃이 아니다. 아치형의 나무 터널 속에서 오늘의 모습을 간직하기 위해 많은 관광객들이 사진을 찍고 있다. 사람은 세월이 무섭다.

　차는 해안비탈을 따라 달린다. 왕복 2차선으로 조금만 실수하면 비

왕복 2차선의 해안도로. 조금만 실수하면 미끄러져 바다에 빠질 것 같다.

탈로 미끄러져 바다에 빠질 것 같다. 운전하는데 차가 자꾸 도로의 왼쪽으로 붙는다. 우리나라와 달리 차의 운전석이 반대쪽에 있고, 도로의 중앙선이 오른쪽에 있어 신경 쓰며 운전하여도 순간적으로 차가 도로의 왼쪽으로 붙는다. 심하면 갓길을 경계하는 선까지도 닿는다. 조수석에 앉은 송 선생이 몇 번 주의를 주는데 안전운전을 위해서 빨리 고쳐야 한다.

반도 끝자락에 있는 로열 앨버트로스 센터(Royal Albatross Centre)에 도착했다. 우리나라에서는 신천옹(信天翁)이라고 불리는 앨버트로스는 슴새목의 조류인데 남반구의 바다와 북태평양에 분포하며 날개를 편 길이가 3~4m 되는 현존하는 가장 큰 조류로 알려져 있다. 주차

로열 앨버트로스 센터 전경

장에 차를 세우니 앨버트로스는 보이지 않고 갈매기가 우리를 맞이한다. 갈매기들이 사람을 무서워하지 않고 차 위에 올라앉아 우리를 내려다본다.

센터 건물에 들어가 앨버트로스에 관한 설명을 읽어 보고 기념품들을 둘러보고 나오니 다른 일행은 전망대까지 둘러보고 왔다고 한다. 전망대에서 바라보는 경치가 좋으니 한 번 가 보라고 해서 전망대를 향해 가는데 갑자기 하늘에서 뜨거운 것이 얼굴과 옷에 떨어졌다. 갈매기가 지나가면서 똥을 쌌는데 그것이 나에게 떨어진 것이다. 옷에 얼룩이 생기고 비릿한 냄새가 났다.

내 모습을 본 일행이 박장대소한다. 오늘 재수가 좋으니 빨리 한국의 가족들에게 연락해서 복권을 구입하라고 놀려 댄다. 외국에서는 새 똥을 맞으면 아주 재수가 좋은 날이라고 복권을 산다고 한다. 저 많은 갈

로얄 앨버트로스 센터에서 앨버트로스는 보이지 않고
갈매기들만 우리를 맞이한다.

매기 중 어떤 놈이 나에게 실례했는지 알 수 없어 그들을 한 번 째려보았다. 화장실에 가서 세수하고 옷에 떨어진 오물을 대충 제거했는데도 냄새가 가시지 않는다.

주차장 한쪽으로 반도의 더 높은 곳으로 올라가는 차가 다니는 길이 있는데 길의 중간쯤 되는 곳에 설치되어 있는 차의 출입을 통제하는 칸막이가 열려 있고 가끔 차들이 그곳에서 나온다. 저기에는 뭐가 있을까. 차를 몰고 올라가 보니 Natures Wonders라는 노란 눈 펭귄을 보러 가는 관광상품을 판매하는 곳인데 오늘은 운영 시간을 넘겨서 더 이상 진행하지 않는다. 커피와 식사도 판매하는데 오늘은 모두 영업 끝이다. 이곳에서 보는 앨버트로스 센터 주위의 풍경이 아주 멋있다. 센터 건물과 주차장, 오타고 반도의 끝에 위치하고 있는 하얗고 빨간 등대 그리고 그 뒤에 펼쳐져 있는 바다의 모습이 참 곱다. 방향을 살짝 돌

앨버트로스 관찰 투어

1. Unique Taiaroa Tour(Royal Albatross + Fort Taiaroa) : 90분

어른 50달러, 어린이 20달러(5~17세), 패밀리 110달러(어른 2, 어린이 3까지)

2. Classic Albatross Tour(Visit Dunedin's Royal Albatross Colony) : 60분

어른 45달러, 어린이 15달러(5~17세), 패밀리 100달러(어른 2, 어린이 3까지)

3. Fort Taiaroa Tour(Visit the Historic Fort Taiaroa) : 30분

어른 20달러, 어린이 10달러(5~17세), 패밀리 50달러(어른 2, 어린이 3까지)

4. Double Albatross Combo : 어른 87달러, 어린이 34달러

앨버트로스 관찰 투어 60분과 Monarch사의 크루즈선을 타고 60분 동안 바다에 나가 20종류의 바다 새를 보고 돌고래까지 관찰할 수 있는 상품

5. Blue Penguin Viewing Tour(Discover Kororā, the Little Blue Penguin)

어른 25달러, 어린이 10달러(5~17세), 패밀리 60달러(어른 2, 어린이 3까지)

- 웹사이트 : http://albatross.org.nz/otago-peninsula-tours
- 2016년 9월 30일까지 요금. 이후에는 인상될 가능성 있음

려서 보면 산등성이에 걸쳐 있는 구름이 산과 바다와 어우러져 또 하나의 풍경화를 만든다.

더니든 시내에 들어와 NEW WORLD라는 슈퍼마켓에서 장을 본다. 대형마트라서 그런지 휴일에도 쉬지 않고 1주일에 7일간 영업을 한다고 한다. 영업시간도 아침 7시 30분부터 밤 10시까지이다. 그러나 뉴질랜드의 모든 마트가 이렇게 영업하는 것은 아니다. 더니든이라는 큰 도시에 위치한 대형마트이기 때문에 이렇게 운영하는 것이다.

목축의 나라 뉴질랜드답게 많은 고기들이 전시되어 있다. 양고기가

뉴질랜드에서는 값싸고 질 좋은 쇠고기를 마음껏 즐길 수 있다.

눈에 띄고 쇠고기도 판매되고 있다. 확실히 우리나라보다는 고기 값이 싸다. 쇠고기 스테이크 감이 kg당 30.99달러인데 세일한 가격이 20.99달러이고, 팩에 포장된 926g의 가격이 28.69달러가 아닌 세일 가격으로 19.43달러에 판매된다. 우리는 같은 가격대의 상품을 500g 넘는 것을 11.16달러에, 400g 넘는 것을 9.40달러에 구입했다. 우리나라로 따지면 1근 반 넘는 쇠고기 스테이크 감을 16,500원 정도에 구입한 것이다. 스테이크 소스, 양송이버섯, 야채, 과일, 분위기를 내기 위한 와인 한 병 또한 내일 아침 해물을 가득 넣은 라면을 끓이기 위하여 새우와 진공 포장된 조개를 구입했다.

슈퍼에서 우리나라의 커피전문점처럼 내림 커피를 판매하는데 Espresso 3달러, Latte 3.5달러, Mocha 4달러, Hot chocolate 4달러, Chai Latte가 4달러 정도이다. 우리나라와 다른 점은 Soy Milk/Decaf/

Syrups additional이 0.5달러라는 것이다. 우리나라에서는 취향에 따라 커피에 시럽을 넣을 수 있고 무료인데 반해 이곳에서는 시럽을 첨가하려면 0.5달러를 추가로 지불해야 한다.

숙소에 비치되어 있는 프라이팬에 스테이크와 양송이버섯을 굽고, 야채를 씻고 과일을 깎아 와인과 함께 식탁을 차리니 그럴싸했다. 뉴질랜드 여행 로망 중의 하나인 질 좋은 쇠고기 스테이크를 마음껏 먹는 멋진 저녁시간이 펼쳐지고 있다.

식사 후에는 각자 가족들과 카톡을 하였다. 강 선생의 휴대폰을 로밍해 와서 강 선생이 로밍을 켜 놓으면 나머지 세 사람에게 와이파이 가능 공간이 만들어지고 그 공간 내에서는 모두 자유롭게 와이파이로 카톡과 보이스톡을 할 수 있다. 물론 이곳 숙소에서 제공하는 와이파이를 사용할 수 있지만 오늘 더니든 시내와 인근을 여행하면서 자료를 찾고 우리말이 가능한 내비게이션을 시험 작동하느라 로밍을 이용했다. 오늘 운전 중에 차에 장착된 내비게이션을 이용하면서 강 선생의 휴대폰

뉴질랜드 여행의 버킷 리스트 중 하나는 질 좋은 쇠고기를 마음껏 먹는 것이다.

을 이용한 내비게이션을 병행해 사용했다.

오늘 아침은 오클랜드에서 더니든행 비행기를 타느라 아침 일찍 서둘렀는데 내일 아침은 더니든을 관광하고 데카포 호수까지만 가면 되므로 아침 기상시간에 대한 강박이 없어 마음이 편안하다. 숙소에 있는 런더리 룸(Laundry Room)에서 세탁을 하기로 했다. 숙소 한쪽에 있는 룸에 가 보니 세탁통과 건조통이 각각 2개씩 있다. 비용은 사용 후 동전을 바구니에 넣는 시스템으로 각자 양심에 맡긴다. 텔레비전을 켜니 뉴질랜드 방송국에서 송출하는 방송이 나오고 중국 TV사에서 송출하는 방송도 2개 나온다. 요즘 뉴질랜드에는 중국인 관광객들이 많다는데 정말로 중국의 입김이 크긴 큰가 보다.

오늘의 지출 : 358.5NZD

셔틀버스비 24	내비게이션 대여 60	슈퍼 장보기 97.4
아침식사 35.1	차량 공항이용료 18	세탁 4
추가운전자 비용 60	라나크 성 입장료 60	

NEW ZEALAND TRAVEL

셋째 날 _ 1월 7일(목) 더니든 → 오아마루 → 데카포

아침에 일어나니 부지런한 강 선생이 라면 끓일 물을 이미 올려놓았다. 어제 사온 스테이크 고기가 남아서 프라이팬에 다시 스테이크를 굽는다. 오늘 아침식사의 주인공은 해물을 듬뿍 넣은 라면이라 기대를 하며 어제 사 온 조개의 진공포장을 뜯으니 생 조개가 아닌 익혀서 포장해 놓은 조개였다. 신선하고 진한 해물 맛을 보기는 틀렸다. 대신 새우를 라면 끓일 때 넣고 프라이팬에도 새우를 구웠다. 스크램블 에그도 만들고 어제 사 온 빈즈 깡통을 뜯어 콩도 접시에 담았다. 즉석밥을 데우고 사과까지 깎으니 훌륭한 아침식사가 되었다. 식사를 준비하느라 시간은 좀 걸렸지만 대신 하루를 시작할 훌륭한 식탁이 완성되었다.

한국 사람은 여행 중에도 밥을 먹어야 힘이 난다. 그리고 믹스 커피 한 잔. 아시아권이 아닌 다른 대륙을 여행하다 보면 믹스 커피를 찾아보기 힘든데 우리나라 사람들은 안다. 식후에 마시는 믹스 커피 한 잔의 그 맛을.

더니든 기차역. 1906년에 완공된 이 기차역은 외부와 내부를

1906년 완공된 르네상스 양식의 더니든 기차역

르네상스 양식으로 완성하여 마치 르네상스 시대에 와 있는 듯하다. 현재 이 역은 더니든 시가 매입하여 열차 운행은 물론 1층에는 식당, 2층에는 스포츠 명예 전당과 오타고 예술협회로 사용하고 있다고 한다. 역이 시내 한복판에 위치하여 주차할 공간을 찾느라 고생하지 않을까 걱정하였는데 역 건물 바로 앞에 크지 않은 주차장이 있고 P30이라는 안내표가 있어 마음 놓고 주차하였다. 30분 범위 내에서 무료주차가 가능하다. 역사 내부에 들어서니 바닥에는 타일이 깔려 있고 창문은 스테인드글라스로 되어 있어 고급스러웠다.

전성기에는 하루 100대 이상의 기차가 다녔는데 더니든 경제의 쇠퇴로 요즘은 타이에리 협곡열차(Taieri Gorge Railway)만 운행하고 있

더니든 기차역 내부

다. 타이에리 협곡열차는 해안도시인 더니든에서 내륙에 있는 미들마치(Middlemarch)에 이르는 77km의 구간을 달리는 관광열차이다. 공휴일에는 미들마치까지 운행하고, 평일에는 더니든에서 58km 지점에 있는 푸케랑이(Pukerangi)까지만 운행한다.

원래 이 철길은 19세기 말엽 금광에서 금을 캐어 싣고 오기 위한 수송용으로 만들었는데 깊은 산속까지 계곡을 따라 철길이 만들어졌기 때문에 그 풍경이 너무나 멋져 지금은 관광용으로 운행하고 있다. 더니든에서 퀸스타운으로 갈 사람들은 푸케랑이나 미들마치에서 기차 시간에 연결되어 운행하는 셔틀버스를 타고 갈 수도 있고, 관광을 목적으로 탔던 사람들은 곧바로 돌아오는 열차 편을 이용하여 다시 더니든으

타이에리 협곡열차

1) 하절기 푸케랑이 왕복
   - 하루 2회 운행. 왕복 4시간 소요. 요금 91달러
   - 오전 : 더니든 출발 9:30 → 푸케랑이 도착 11:35 → 푸케랑이 출발 11:45 → 더니든 도착 13:30
   - 오후 : 더니든 출발 14:30 → 푸케랑이 도착 16:35 → 푸케랑이 출발 16:45 → 더니든 도착 18:30

2) 동절기 푸케랑이 왕복
   - 하루 1회 운행. 왕복 4시간 소요
   - 더니든 출발 12:30 → 푸케랑이 도착 14:35 → 푸케랑이 출발 14:45 → 더니든 도착 16:30

3) 미들마치 왕복
   - 하루 1회 운행. 왕복 6시간 소요. 요금 113달러
   - 더니든 출발 9:30 → 미들마치 도착 12:00 → 미들마치 출발 13:00 → 더니든 도착 15:25

※ 퀸스타운까지의 연계 운행 요금 : 195달러

  로 돌아올 수 있다.

  우리 일정에 타이에리 협곡열차 탑승은 없다. 협곡열차를 타면 오전 시간을 다 사용해야 하는데 점심식사 후 데카포를 향해 출발하면 피곤한 오후의 머나먼 일정이 기다리고 있기 때문이다(그리고 재미로 살짝

타 보기에는 요금이 비싸다). 역의 플랫폼을 일반인들에게 개방하여 타이에리 열차를 타지 않더라도 플랫폼에 들어가 사진을 찍을 수 있다. 시간이 일러서인지 아직 타이에리 열차가 역 구내에 들어와 있지 않다. 넓은 잔디밭과 예쁜 조경으로 가꾼 역 앞 광장이 개방되어 있어 많은 사람들이 사진을 찍는다. 역 건너편에는 고풍스런 법원 청사가 있어 도시 풍경을 더해 주고 있다.

볼드윈 스트리트(Baldwin Street). 공식적으로 세계에서 경사가 가장 심한 도로이다. 경사가 심해 일반 버스는 올라갈 수 없고 승용차나 4륜 구동 차만 올라갈 수 있다. 이곳에서 우리나라의 한 디젤자동차 광고를 촬영하였다. 우리나라의 도로경사 허용기준은 최대 17%이고, 경사각

공식적으로 세계에서 가장 경사가 심한 도로인 볼드윈 스트리트

이 가장 큰 곳은 12도이다. 그러나 이곳은 가장 급한 구간의 경사도가 19도이기 때문에 도로에 아스팔트조차 깔 수 없다고 한다.

이러한 지리적 특성을 이용해 매년 2월, 볼드윈 스트리트 언덕을 달리거나 각종 스케이트를 타고 오르내리는 '볼드윈 스트리트 거트버스터(Baldwin Street Gutbuster)' 경기를 펼치는데 경사가 심한 언덕을 오르는 일이 무척 힘들어 '볼드윈의 내장 파열'이라는 독특한 이름이 붙었다고 한다.

매년 7월에는 '더니든 캐드버리 초콜릿 카니발(Dunedin Cadbury Chocolate Carnival)'이 열린다. 캐드버리 회사에서 출시되는 초콜릿인 붉은색 원형 초콜릿인 자파(Jaffa) 초콜릿을 활용한 다양한 행사가 진행된다. 특히 볼드윈 스트리트 언덕에서 3만 개의 초콜릿을 한꺼번에 굴려 보내 가장 빨리 언덕 아래로 내려온 초콜릿을 뽑는 '자파 레이스(Jaffa Race)' 초콜릿 굴리기가 유명하다고 한다.

이곳을 찾은 관광객들은 아래쪽 도로가에 차를 주차해 놓고 걸어 올라갔다가 다시 내려오는 것으로 관광을 마무리하는데 가끔은 용기 있는 사람들이 차를 몰고 올라간다. 우리 일행도 일단 차를 주차해 놓고 걸어 올라가고 있는데 강 선생이 한 번 시도해 보겠다고 다시 내려가 차를 몰고 언덕을 오른다. 우리가 렌트한 Outlander는 4륜구동이다.

차는 거친 소리를 내며 거뜬하게 언덕을 올라갔다. 언덕 중간에 여러 채의 집이 있고 차가 주차되어 있는데 도대체 이 사람들은 어떻게 차를 매일 움직이는 것일까. 출퇴근길이 스릴로 넘칠 것 같다. 언덕을 다 오르니 흑백으로 볼드윈 스트리트 광경을 그린 벽화가 보였다.

볼드윈 스트리트 꼭대기에는 볼드윈 스트리트 그림이 그려져 있다

강 선생이 이번에는 차를 몰고 내려간다. 나도 그 차에 타고 세계 최고의 경사를 스릴 있게 내려가고 싶었는데 미처 내 마음을 읽지 못한 강 선생이 쏜살같이 가 버렸다.

더니든의 마지막 코스는 시그널 힐(Signal Hill)이다. 해발 393m의 언덕으로 오타고가 한눈에 내려다보인다. 일정에는 없었는데 오늘 아침 출발이 일러서 이곳까지 올 시간적 여유가 생겼다. 부지런한 여행자는 소득이 많다. 오타고 식물원에서부터 걸어서 올라오면 1시간 정도 걸린다. 하이킹으로 생각하고 걸어오는 사람들도 있으나 우리는 차를 타고 단숨에 올라왔다.

오타고 시내와 오타고 반도의 전경이 한눈에 들어와 어제 우리가 다

더니든의 마지막 코스 시그널 힐

녔던 오타고 반도의 구체적인 코스가 읽힌다. 오타고 시내는 바다에 인접한 평지와 구릉으로 구성되어 있는데 구릉에도 많은 집들이 있다. 생각보다 오타고에 많은 사람이 살고 있다.

데카포 호수를 향해 본격적인 길을 떠났다. 뉴질랜드 도로는 시가지를 제외하고는 거의 왕복 2차선이다. 언덕을 올라갈 때는 차 속도의 차이를 고려하여 패싱 레인(Passing Lane)이 생긴다. 올라가는 차선이 하나 늘어나면서 속도가 느린 차는 바깥 차선으로 주행하며 전체적인 교통의 흐름을 유지해 나가는 제도이다. 도로에 패싱 레인에 관한 안내가 나와 있다. 'PASSING LANE 5km AHEAD.' 앞으로 5km 후에 패싱 레인이 나타나니 성질 급한 사람들 조금만 참고 안전운행해라. 이런 당

패싱 레인 안내표지판

부이다.

　패싱 레인이 나타나면 또 하나의 안내판이 등장한다. 'KEEP LEFT UNLESS PASSING.' 추월하지 않으려면 왼쪽 바깥 차선으로 운행하여 도로의 흐름을 방해하지 마라는 당부도 잊지 않는다. 해안가이지만 그래도 집들이 띄엄띄엄 보인다. 뉴질랜드의 도로는 상황의 변화에 따라 제한속도가 바뀌기 때문에 운전자는 항상 도로가에 설치한 제한속도 표시를 주의 깊게 보아야 한다. 우리가 빌린 내비게이션에도 도로의 제한속도가 표시되어 있다.

　바다를 따라 달리던 차가 모에라키 볼더스(Moeraki Boulders)가 있는 코에코헤(Koekohe) 해변에 도착했다. 도로에 표시되어 있는 이정표를 보고 들어왔는데 어째 주차장의 모습이 시원치 않다. 차를 주차할 공

모에라키 볼더스

간은 많은데 시설이 너무 원시적이다. 바닷가임을 감안해 옷을 따뜻하게 입고 해안을 향해 걸어간다. 바다에 도착하니 모에라키 볼더스가 보인다. 모에라키 볼더스는 바다에 있는 구(球) 모양의 바위 이름이다.

지질학적 관점에서 볼 때 이 바위 안에는 핵이 있다. 결핵체(結核體, Concretion)라고 하는데 처음에는 해양 동물의 뼈나 나뭇조각 같은 것이 핵이 되어 여기에 석회암이 스며들어 가고 암석이 자라면서 진흙이 흘러 들어간다. 그것을 석회암이 막고 다시 방사형으로 자라면서 석회암에 진흙이 흘러 들어간다. 또 석회암이 진흙을 막고 그런 일련의 과정을 반복함으로써 암석은 크기가 자란다.

이 해변에는 구 모양의 모에라키 볼더스만 있는 것이 아니라 구 모양에서 손상된 것들도 존재한다. 깨진 것들을 보면 생성과정을 알 수 있는데 완전히 갈라진 암석은 핵이 보인다. 지질학적으로 해안에 모습을 드러낸 모에라키 볼더스도 있지만 해안 절벽에 많은 모에라키 볼더스가 묻혀 있다고 추정할 수 있다.

마오리 전설에 의하면, 1천여 년 전 뉴질랜드로 향하던 카약이 좌초하자 카약에 있던 조롱박이 바위가 되었다고 한다. 오래전에는 수백 개 정도의 볼더가 있었다는데 사람들이 신기함에 가져가기도 하고, 세월의 흐름에 손상되기도 하여 현재 정상적인 구의 모습으로 남아 있는 것은 50개 정도라고 한다. 그런데 볼더스를 항시 볼 수 있는 것은 아니다. 만조 때는 물속에 잠겨 이곳을 찾은 사람들은 아쉬움을 안고 발길을 돌려야 한다. 지구상에 이런 자연현상이 많을 텐데 이곳에서만 확인할 수 있다는 것이 신기하다.

해안에는 파도에 의하여 바다 속 해초들이 많이 올라와 있다. 우리나라에서는 보기 힘든 해초들이다. 바다 속도 지역에 따라 살아가는 생물들이 다른 것 같다. 사람들이 볼더 위에 올라가 사진을 찍는다. 밀물이 시작되어 바닷물이 들어오자 볼더가 서서히 물에 잠기기 시작한다. 그때 한 남자가 여자를 업고 바닷물 속을 걸어 여자를 볼더 위에 올려놓는다. 남자들의 삶이 가끔은 고달프게 느껴진다.

코에코헤 해변에서 40km 정도 북상(더니든에서는 120km 북상)하면 오아마루(Oamaru)라는 도시가 나타난다. 오아마루는 뉴질랜드에서 건물이 잘 보존되어 있는, 전체적으로 유럽 분위기가 많이 풍기는 도시이다. 이 도시는 얼마 전까지 뉴질랜드에서 유명한 부자 동네였다고 한다. 그래서 그런지 건물들의 외관이 크고 화려하다.

오아마루에서는 블루 펭귄을 볼 수 있다. 블루 펭귄은 30종이 넘는 펭귄 중에서 가장 작은 펭귄으로 다 자라도 크기가 30cm를 넘지 않는다. 그런데 이 펭귄은 낮에는 바다로 나가기 때문에 볼 수 없고 다시 이곳으로 돌아오는 야간 이동 시간에나 볼 수 있다고 한다.

뉴질랜드는 2014년 전 국토를 지나는 총 연장 2,500km에 달하는 사이클 루트를 개장함으로써 세계 최고의 자전거 여행 환경을 갖추었다. 남섬 중앙에서 6일간 종주하는 300km 길이의 알프스 투 오션(Alps 2 Ocean) 사이클 트레일은 뉴질랜드에서 가장 긴 트레일인데 뉴질랜드 최고봉인 아오라키 마운트 쿡에서 출발해 해안마을인 오아마루까지 달린다. 알프스 투 오션 트레일에는 세계 유산 국립공원과 빙하를 수원으로 하는 호수들, 수력댐, 석회암 절벽들, 마오리 암석화 등 여러 절경들이 이어진다.

오아마루의 건물들은 고풍스럽다. 관광안내소를 지나 해안가에 위치한 올드타운 지역으로 가자 창고형의 석회암 건물들이 이어지는데 이 건물들은 1800년대에 지어졌다고 한다. 오아마루의 질 좋은 석회암으로 지은 건물들은 100년이 넘어도 그런대로 깨끗함을 유지하고 있다. 주차지역이라고 따로 표시되어 있지 않아 건물들 앞에 많은 차들이 어영부영 주차되어 있어 우리도 그곳에 주차하였다. 별일 없겠지. 철길이 지나가는 큰길로 나오니 역시 누런 고풍스러운 건물 앞에 아주 고전적인 기관차가 녹슨 철길과 함께 하늘을 향해 있고 바로 옆에는 해골 무늬에 날카로운 이빨이 그려진 회색의 비행선이 하늘에 떠 있다. 완전히 빈티지 풍이다. 상점들도 서부시대에 온 것 같은 느낌을 준다.

오아마루는 뉴질랜드에서 건물이 잘 보존되어 있는 전체적으로 유럽의 분위기가 많이 풍기는 도시이다.

오아마루에는 특이한 구조물이 많다.

관광안내소에서 받은 지도를 보니 펭귄을 볼 수 있는 콜로니(Colony)가 두 군데 있다. 시가지 아래 해안에 블루 펭귄을 볼 수 있는 곳이 표시되어 있고, 더 남쪽으로는 노란 눈 펭귄을 관찰할 수 있는 곳이 나타나 있다. 블루 펭귄을 보는 곳은 돈을 내야 하고, 노란 눈 펭귄을 볼 수 있는 곳은 무료라고 한다. 오아마루는 한때 바다표범 사냥으로 유명했다는데 물개들도 많아 바닷가 근처 어디에서나 물개를 볼 수 있다.

확실히 오아마루는 도시의 정체성을 그대로 유지하고 있다. 다른 어떤 도시에서는 보기 힘든 옛날의 모습을 그대로 보존, 발전시켜 나가면서 현대를 살아가고 있다. 요즘 관광객들은 대중적이고 일반적인 모습의 도시보다는 자신의 고유한 특색을 지켜 나가면서 현대와 공존해 나가고 있는 도시에 후한 점수를 준다.

관광안내소 앞에 있는 탬스 스트리트를 걷는다. 길도 넓고 직선으로 죽 뻗어 있다. 길가에 1867년에 지은 호텔 건물도 있다. STAR & GARTER는 나름 이 도시에서 유명한 레스토랑이다. 입구에 점심 메뉴가 15달러라고 씌어 있다. 우리 돈으로 12,000원. 이럴 때 비싸다고 발길을 돌리면 안 된다. 뉴질랜드에서 햄버거 종류가 아닌 음식을 먹을 때 15달러면 착한 가격이다. 분위기가 마음에 들면 얼른 들어가야 한다.

안을 살짝 들여다보니 손님들이 제법 있다. 식당 안으로 들어서니 유구한 역사를 자랑하듯 흑백으로 찍힌 많은 결혼식 사진들이 벽에 걸려 있다. 메뉴판을 보니 샌드위치 종류는 13달러, 오늘의 생선이 양에 따라 15달러, 20달러, 오늘의 고기는 15달러, 20달러이다. 뉴질랜드는 요리가 있으면 Small과 Large에 따라 다른 가격을 받는다. 다들 무난하다고 생각되는 것들을 주문하는데 이 선생은 호기심이 작동했는지 양고기를 주문했다.

음료는 커피로 정했다. 고풍스러운 도시에서 식사와 함께하는 커피 맛은 어떨까. 가장 일반적인 음식 Fish & Chips는 이번에도 무난하게

뉴질랜드 식당에도 점심특선이 있다.

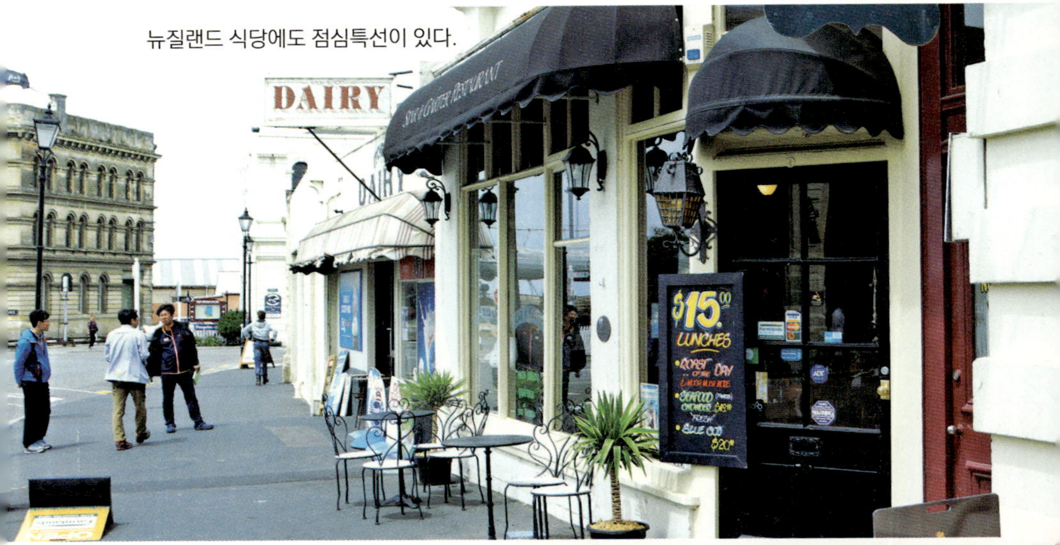

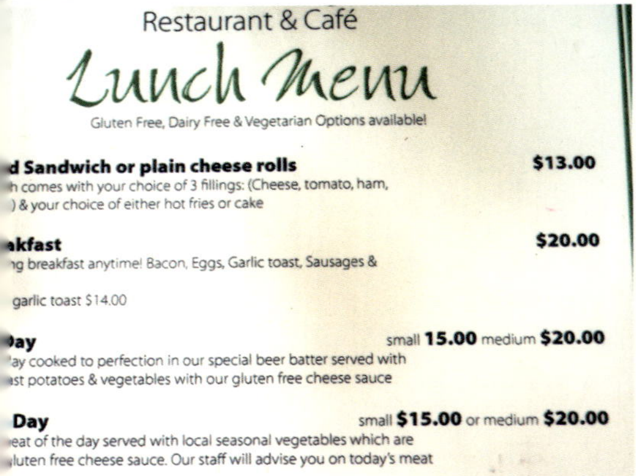
Restaurant & Café

Lunch Menu

Gluten Free, Dairy Free & Vegetarian Options available!

d Sandwich or plain cheese rolls $13.00
h comes with your choice of 3 fillings: (Cheese, tomato, ham,
) & your choice of either hot fries or cake

akfast $20.00
ng breakfast anytime! Bacon, Eggs, Garlic toast, Sausages &

garlic toast $14.00

Day small 15.00 medium $20.00
ay cooked to perfection in our special beer batter served with
st potatoes & vegetables with our gluten free cheese sauce

Day small $15.00 or medium $20.00
eat of the day served with local seasonal vegetables which are
luten free cheese sauce. Our staff will advise you on today's meat

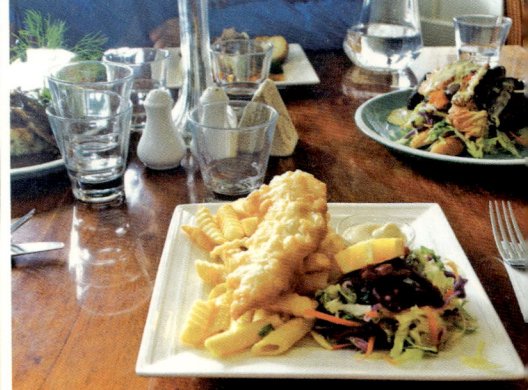

사람들의 입맛을 만족시켰다. 해산물 요리도 그런대로 합격점을 주었다. 그러나 이 선생이 시킨 양고기는 살코기보다는 간과 허파 같은 내장들이 많이 들어 있어 맛보기로 한 점씩 먹어 보던 동료들의 얼굴이 펴지지 않는다. 모두 안타까운 표정으로 이 선생을 쳐다본다.

다시 올드타운 지역으로 돌아갔다. 차는 여전히 우리가 주차해 놓은 그대로였다. 옆쪽에 늘어서 있는 창고 같은 건물들의 문이 열려 있어 들여다보니 식당과 기념품 가게들이다.

차 뒷자리에 앉아 잠이 들었다가 눈을 떠 보니 어느새 차가 길가 가게 옆에 주차되고 있다. 앞쪽으로 과일 농장이 보인다. Butler's Fruit Farm 간판이 붙은 가게에 들어서니 많은 과일을 판매하고 있다. 딸기, 토마토, 여러 종류의 베리(berry)들이 적당한 크기의 플라스틱 박스에 먹음직스럽게 담겨져 있다.

베리 종류는 비싸고 토마토가 제일 싼데 2kg에 5달러 가격으로 판매되고 있다. 토마토는 탱글탱글한 것이 금방 농장에서 따온 것 같다. 냉

도로변에 있는 농산물을 파는 가게

직거래로 팔리는 싱싱한 과일들

동시킨 베리는 조금 가격이 싸서 1kg에 12.5달러이다. 생각 같아서는 많이 사서 뉴질랜드 자연의 맛을 충분히 음미하고 싶지만, 먹다 남으면 짐이 되므로 베리류를 충분히 맛볼 수 있는 아이스크림을 하나씩 먹기로 했다. 이름 하여 Berry Sundaes 아이스크림. 금발의 아가씨가 통에 아이스크림을 담아 준다. 바닥에 먼저 베리들을 깐 뒤 아이스크림을 담고 그 위에 2개의 베리를 또 얹는다. 아이스크림 하나에 5달러인데 충분히 그 값어치가 담겨져 있다. 가게 밖 정원의 탁자 주위에 앉아 아이스크림을 먹는다. 맛있는지 모두의 표정이 즐겁다.

　차는 다시 초원을 달린다. 길가에 있는 소 한 마리가 우리 차를 물끄러미 쳐다본다. 이곳의 소들은 초원 위에 방목된다. 단지 길가에 쳐 놓은 철조망이 이들의 방황을 제지할 뿐이다. 이렇듯 너른 초원의 풀밭을 거닐며 풀을 뜯고 적당한 운동을 하면서 자란 소들이 육질이 좋아 맛있는 스테이크를 제공하리라.

　소들이 노니는 초원은 아주 넓어서 비가 안 올 때를 대비하여 설치한 엄청난 크기의 이동식 살수 장치가 물을 뿌려 주고 있다. 물론 사람은

너는 누구고 또 나는 누구인가.

기계를 주로 사용하는 뉴질랜드 농가

보이지 않는다. 아무도 없는 초원에 기계만이 묵묵히 자기 일을 하고 있다. 길가에 띄엄띄엄 집들이 보이는데 역시 사람은 찾아볼 수 없다. 뉴질랜드에서는 도시를 떠나면 사람의 모습을 보기 힘들다.

뉴질랜드의 도로는 자연 훼손을 최소화하다 보니 직선길이 그리 많지 않고, 꼬불꼬불한 커브길이 계속 이어질 때가 많다. 우리가 가는 반대차선으로 지나가는 차도 없다. 우리 차만 한적한 시골길을 달리고 있을 뿐이다.

도로를 달리다 보면 가끔 'GIVE WAY'라는 도로 이정표가 나타난다. 왕복 2차선 도로가 작은 개울 등에 의하여 도로 폭이 좁아질 때가 있는데 왕복 1차선, 즉 도로에 차 한 대만 겨우 지나다닐 수 있다. 우리나라 같으면 운전의 흐름을 위하여 당장 왕복 2차선 다리를 놓겠지만 뉴질랜드는 그렇지 않다. 자연의 흐름을 유지하는 것을 최우선으로 한다.

이런 경우 어느 방향의 차가 먼저 건널 것이냐. 다리 앞에 먼저 머리를 내민 차가 우선일까. 그렇지 않다. 차들이 서로 비슷하게 다리에 접근하고 있을 때는 'GIVE WAY' 이정표 바로 위에 있는 원형의 표시를 잘 봐야 한다. 2개의 화살표가 서로 방향을 달리하여 그려져 있는데 내가 가는 방향은 왼쪽에 하늘 방향으로, 상대방이 오는 방향은 오른쪽에 땅 방향으로 그려져 있다.

이때 검은색으로 더 길게 그려진 방향이 우선적으로 갈 수 있다. 내 방향이 빨간색으로 짧게 그려져 있으면 도로 저쪽을 내다봐서 이 방향으로 오는 차가 없거나 거리가 많이 떨어져 있어 내가 먼저 지나가더라도 상대 차의 통행에 전혀 지장이 없다는 판단이 설 때는 먼저 가도 되지만, 내가 통행함으로써 상대 차의 정상적인 주행에 조금이라도 지장을 준다고 생각되면 다리에서 조금 거리를 두고 기다려야 한다.

해안을 따라 북상하던 차는 티마루(Timaru)를 얼마 앞두고 내륙 길로 들어섰다. 데카포까지 이동하는 시간을 절약하기 위해서다. 8번 국도를 타고 달리다 보니 이정표가 나타난다. 아오라키 마운트 쿡(Aoraki Mount Cook)은 앞으로 175km 남았고, 팔리(Farlie)라는 도시가 28km 후에 나타난다. 뒤쪽으로는 티마루가 36km 거리에 있다.

제랄딘(Geraldine)이라는 도시에 도착했다. 차에 기름을 넣기 위해 주유소에 차를 대니 옥탄가 91과 옥탄가 95 두 종류의 가솔린이 있다. 옥탄가 91은 레귤러 무연 휘발유이고 옥탄가 95는 고급 무연 휘발유이다. 우리는 옥탄가 91 가솔린을 넣었다. 기름값은 리터당 1.869달러. 셀프일 것이라 생각했는데 직원이 나와서 서비스해 준다. 연료통을 가득 채우니 72.85달러이다. 더니든 공항에서 렌트할 때 차에 기름을 가득 채워서 나왔는데 이틀 동안 오타고 반도를 왕복하고, 더니든에

뉴질랜드의 주유소 모습

한가하게 풀을 뜯는 양들

서 오아마루를 거쳐 제랄딘까지 오는데 거의 6만 원 정도의 연료를 사용했다.

오후 햇볕이 사그라질 무렵, 양들이 저녁 산책을 하고 있다. 이번에는 평지가 아닌 비탈이다. 차를 세우고 그들을 쳐다보니 꽁지가 빠지게 달아난다. 점심을 먹은 지 한참 되어 배가 출출하다. 아이스크림도 먹었건만 시간이 지나니 흔적도 없다. 어제 뉴월드 슈퍼에서 산 빵을 꺼내 길가에 서서 먹는다. 이런 모습이 우리가 한국에서 꿈꿔 왔던 뉴질랜드 여행의 로망은 아니지만 그래도 어스름 석양 무렵에 서로가 보여주는 여행의 낭만이 펼쳐지고 있다.

머리 위 하늘에는 구름이 덮여 있고, 저쪽에는 옅은 구름이 살짝 덮여 있는 듯하고, 더 멀리에는 좀 더 짙은 구름이 깔려 있다. 뉴질랜드의 하늘은 우리나라 같은 단선형이 아닌 복선형이다. 얼마를 더 달리자 마운트 쿡의 산자락들이 보이기 시작한다.

여행을 떠나오기 전 참고한 블로그에 마운트 쿡과 데카포 호수는 티마루에서 서쪽으로 접근할 때 아주 멋있는 경치를 선사한다고 했다. 우리는 더니든에서 데카포로 향하는 최단거리 도로를 달려오지 않았다. 이러한 경치를 감상하고자 일부러 해안 길을 좀 더 달려서 약간 돌아서 왔다. 하얀 구름대가 산 중턱에 걸려 있는 듯 보인다. 좀처럼 보기 어려운 경치가 펼쳐지고 있다. 이래서 블로거들이 좀 멀더라도 돌아서 가라고 했나 보다.

지금은 1월, 뉴질랜드의 여름이 한창이건만 마운트 쿡의 산등성이에는 흰 눈들이 여전히 덮여 있다. 만년설인가 보다. 이러한 경치를 달리 여름이 한창이건만 마운트 쿡의 산등성이에는 여전히 흰 눈이 덮여 있다. 이러한 경치를 감상하고자 일부러 해안 길을 좀 더 달려서 약간 돌아서 왔다. 하얀 구름대가 산 중턱에 걸려 있는 듯 보인다. 좀처럼 보기 어려운 광경이다. 이래서 블로거들이 좀 멀더라도 돌아서 가라고 했나 보다.

는 차 안에서만 볼 수 없어 중간에 차를 세웠다.

드디어 Lake Tekapo 이정표가 나타났다. 오늘 일정은 데카포까지이다. 데카포에서의 숙소는 Lake Tekapo Cottages. 전원 속의 독립된 방갈로 숙소이다. 이곳을 예약할 때는 무료 자전거 렌트까지 포함했다. 리셉션에 가서 바우처를 내밀자 담당직원이 만면에 웃음을 띠고 우리

를 맞이한다. 숙소를 안내하는데 제일 바깥쪽의 전망 좋은 방갈로를 준다.

 일단 짐만 넣어 놓고 테카포 호수로 걸어갔다. 생각보다 호수가 너무 가까워 자전거는 필요 없다. 호수에 다가가니 선한 목자 교회가 바로 코앞이다. 뉴질랜드 여행을 준비하며 본 여행 책들, TV 여행 프로그

데카포 호수

램, 블로그에서 여러 차례 보았던 교회가 바로 앞에 서 있다. 정말로 내가 뉴질랜드에 오기는 온 모양이다. 시간이 늦어서인지 선한 목자 교회 문은 잠겨 있었다. 사람들이 교회를 배경으로 사진을 찍고 있다. 데카포 호수 건너편은 높은 산들이다. 밀키 블루색 호수에 바람이 세게 불고 있다.

숙소가 참 넓다. 예약할 때 싱글침대 2, 더블침대 2로 되어 있어 그런대로 넓을 것이라 생각했는데 가운데 주방 공간을 두고 양쪽으로 같은 구조로 되어 있다. 싱글침대 1, 더블침대 1, 화장실 1이다. 두 부부 4명이 묵는다면 거의 프라이버시가 보장되는 구조이다. 저녁은 나가서 사먹을 생각에 차를 몰고 데카포 번화가로 갔다. 숙소에서 번화가까지는 걸어서 충분히 갈 수 있는 거리이다.

선한 목자 교회는 데카포의 랜드마크이다.

　　여행자들이 추천하는 데카포 YHA 건물이 보인다. 바로 호숫가에 있어 전망도 좋고 시설도 괜찮다는데 도미토리이다. 전 세계에서 모인 젊은이들과 대화를 나누며 친교를 쌓고 견문을 넓힐 수 있다는 장점이 있지만 그러기에는 이 선생을 제외한 우리의 영어 실력이 너무 짧다. 몇 마디 나누면 금방 대화의 줄기가 끊어지고 할 말이 없어진다. 그리고 우리 일행의 프라이버시가 보장되지 않는다. 날이 어두워지면 우리끼리 조용히 대화를 나누며 쉬고 싶다.

　　데카포 스프링스(Tekapo Springs)는 데카포 호숫가에 있는 온천시설이다. 노천 스파로 호숫가에 있어 온천수에 몸을 담그고 호수를 내려다보며 '이런 게 사는 것이여' 하고 생각하며 여행의 피로를 풀 수 있는 곳이다. 물론 우리나라 사우나처럼 옷을 다 벗고 입장하는 곳이 아니라 수영복을 입고 입장해야 한다. 오하우(Ohau), 푸카키(Pukaki), 데카포(Tekapo) 호수의 모양을 본 따 설계한 3개의 메인 풀이 있는데 각각의 풀마다 테마가 다르다. 우리나라의 워터파크처럼 넓지는 않다. Hot Pools의 개장 시간은 저녁 9시까지이다.

여행은 새로운 것에 대한 경험이다. 나는 여기 온천을 경험하고 싶었다. 물론 북섬의 로토루아에서의 온천 경험이 일정에 잡혀 있지만 그때는 그때고 지금은 지금 아닌가. 밀키 블루색 호수를 내려다보며 하는 온천욕은 또 다른 맛이 있을 것이다.

그런데 일행의 의견이 엇갈린다. 여기서도 온천 경험을 해보자는 사람, 나중에 로토루아에서 충분히 경험할 수 있는데 굳이 여기서 할 필요가 있냐는 사람. 결국 다수결로 결정하기로 했는데 양쪽 의견으로 둘둘 갈라졌다. 우리는 여행을 떠나기 전에 정해 놓은 원칙이 있다. 여행하

데카포 온천은 동양의 온천과는 느낌이 다르다.

는 도중 두 사람씩 의견이 갈라질 때는 현지진행을 담당하는 송 선생의 의견을 따른다는 것. 송 선생은 반대의견이다. 온천욕은 로토루아에서 해도 충분하다는 것. 모두 흔쾌히 송 선생 의견에 따르기로 했다.

데카포에는 별 관측 투어(Star Watch)가 있다. 데카포는 마을 자체가 크지 않고 높은 건물이 없기 때문에 맑은 날 밤에는 남반부에 떠 있는 별들을 관측할 수 있는 아주 적합한 곳이다. 데카포는 마오리 언어로 'Night Sleeping Place'라는 뜻을 품고 있다. 전문가이드가 슬라이드를 통해 설명하는 별자리 이야기를 듣고 천체망원경을 통해 별자리를 관측하는 행사인데 예약을 해야 한다. 데카포 마을 한가운데 예약하는 곳

데카포 별 관측 투어(Tekapo Star Watch)

1) Mt. John Twilight Tour
- 2시간 소요 / 별 관측과 Astro-Cafe에서의 간단한 식사
- 어른 145달러, 어린이 80달러, 패밀리(어른 2, 어린이 2) 390달러, 패밀리(어른 2, 어린이 3) 450달러

2) Mt. John Observatory Tour
- 2시간 소요 / 별 관측과 천문학 장비 견학
- 어른 145달러, 어린이 80달러, 패밀리(어른 2, 어린이 2) 390달러, 패밀리(어른 2, 어린이 3) 450달러

3) Cowan's Observatory Tour
- 1시간 15분 소요 / 예산이 빠듯하거나 너무 늦게까지 투어에 참여하고 싶지 않은 사람들을 위한 투어
- 어른 90달러, 어린이 50달러, 패밀리 240달러

4) Mt. John Observatory Day Tour
- 30분 소요 / 정오부터 오후 3시 사이에 진행
- 어른 35달러, 어린이 15달러, 패밀리(어른 2, 어린이 2) 80달러

※ 홈페이지 : www.earthandsky.co.nz

이 있는데 가격이 결코 싸지는 않다.

　오늘은 하늘에 구름이 많이 끼었다. 예약했어도 별 관측 투어는 잘 이루어지지 않았을 것이다. 그래도 천문대까지는 가 보고 싶었다. 렌터카 여행의 장점이 무엇인가. 마음먹으면 바람처럼 구름처럼 다녀 볼 수 있는 것이 아닌가. 차를 몰고 Mt. John에 오른다. 바람은 심해지고 날이 많이 어두워졌다. 길은 천문대 입구에서 끝나지 않고 계속 이어져 근처의 또 다른 호수까지 나 있다.

　이제 산 위쪽에는 지나가는 차도 없다. 황량한 벌판에 우리뿐이다. MT. JOHN OBSERVATORY를 4km 남겨 놓고 길이 닫혀 있다. 천문대로 향하는 문은 여름에는 6시에, 겨울에는 5시에 닫힌다는 안내문구가 있다. 문이 열려 있어도 그냥 통과해서는 안 된다. 부스(Booth)에 도로 사용료 5달러를 내고 들어가야 한다.

　날이 완전히 어두워지니 무서운 생각이 든다. 이런 곳에서 갑자기 차가 고장 나면 어떤 상황이 전개될까. 험상궂은 사람들이 우리에게 접근해 오면 어찌 될까. 그래도 우리는 4명이니까 어떤 일이 벌어졌을 때 서로 도우면서 해결해 나갈 수 있지만 혼자나 둘이 왔을 때는 난처할 것 같다.

　호수를 배경으로 사진을 찍는데 바람이 너무 심해서 가벼운 사람은 날아갈 것 같다. 입고 있는 점퍼 안으로 바람이 가득 차서 완전히 빵돌이가 되었다. 바람이 세찬데 양 두 마리가 노닐고 있다. 낮에 너무 멀리 나갔다가 미처 저녁에 우리로 들어가지 못한 것일까. 아니면 완전히 방목하여 기르는 것일까. 그것도 아니면 천문대 측에서 팬 서비스로 만들

날이 어두워져 데카포 천문대로 가는 길이 닫혀 있다.

데카포 호수에 어둠이 내린다.

하늘은 우리에게 이런 풍경을 선물해 주었다.

데카포 호숫가에 있는 오늘의 숙소

어 놓은 상황일까.

데카포 시가지로 내려왔다. Thai Tekapo 내에 한국음식점이 있는데 마침 식사를 마친 한국인 단체 관광객들이 나오고 있다. 여행사 패키지로 온 사람들은 대부분 여기에서 식사하는 것 같다. 한식을 먹기로 했다. 한국인 직원이 와서 친절하게 주문을 받는데 거의 모든 음식값이 18.90달러이고 해산물 요리는 21.90달러이다. 며칠 만에 먹어 보는 제대로 된 한식이다. 그러나 주문해서 나온 음식 맛은 한국에서 먹는 맛과 달랐다. 현지사람들의 기호를 반영한 맛이다.

천천히 걸어서 숙소로 돌아오는 길에 하늘을 보았다. 어둔 석양이 아직 하늘에 남아 있다. 석양빛과 구름과 하늘이 어우러져 장관을 이루고 있는데 카메라에 담아도 그 느낌이 제대로 표현되지 않는다. 눈에 계속 담아 두었다.

오늘의 지출 : 266.65NZD

| 점심식사 76 | 아이스크림 20 | 저녁식사 80.8 |
| 음료수 6.5 | 연료비 72.85 | 음료수 10.5 |

NEW ZEALAND TRAVEL

넷째 날 _ 1월 8일(금) 데카포 → 마운트 쿡 → 와나카

어스름 날이 밝아온다. 모두 잠들어 있어 조용히 문을 열고 밖으로 나왔다. 현명한 여행자는 새벽을 이용할 줄 안다. 새벽은 낮에는 보여주지 않던 그 도시의 민낯을 보여주기 때문이다. 살짝 가랑비가 내리는데 우산을 이용할 정도는 아니다. 선한 목자 교회 쪽으로 발걸음을 옮겼다. 어제는 관광객들로 붐볐는데 오늘은 모

새벽의 데카포 호수

자에 목도리로 중무장한 남녀의 뒷모습만 보일 뿐이다. 낮은 구름이 깔려 있는 하늘과 밀키 블루빛 호수 그리고 그 사이에 우뚝 서 있는 교회가 한 폭의 풍경화를 만들고 있다. 새벽의 청량한 공기가 저절로 미소를 짓게 한다. 부지런할수록 더 많은 것을 느낄 수 있다.

조용히 선한 목자 교회(Church of the Good Shepherd)를 둘러본다. 이 교회는 1935년에 교회 건축가 허먼이 설계했는데 건축 재료로 호수 주변의 모래와 돌을 이용했다. 뉴질랜드에서 카메라에 가장 많이 담긴 교회로 아름다운 호수와 산의 전망을 프레임에 담은 제단 창문이 특색 있다.

아직도 일요일에는 오후 4시에 예배를 드리고 평일의 일반인들에게는 날씨가 허락하는 날에 한해서 오전 9시부터 오후 5시까지 개방한다. 그리고 교회 건물 내에서는 사진을 찍지 말라는 당부가 안내판에 적혀

1935년에 교회 건축가 허먼이 설계한
선한 목자 교회

있다. 밖에서 창을 통해 교회 안을 들여다보니 창문 앞에 십자가가 놓여 있고 나무 의자들이 배열되어 있다. 창에서 조금 떨어지자 창의 유리를 통해 내 모습과 호수의 모습이 반사되어 보인다.

이 모든 분위기를 어떻게 표현해야 할까. 여행은 마음에 담는 것이다. 토끼 두 마리가 교회 주변을 산책하고 있고 호수에도 오리들이 산책을 하고 있다. 무리 지어 있다가 이동을 시작하면서 거의 일렬종대를 유지한다. 나에게만 보여주는 일종의 팬 서비스는 아닐 테고 이놈들도 위계질서가 있나 보다. 호숫가 주위에 피어 있는 루핀 꽃들도 물기를 머금어 더 싱그럽게 보인다.

숙소에 다가가니 잠에서 깬 동료들의 움직임이 보인다. 나 혼자만 새벽 풍경을 보고 와서 미안한 느낌이 든다. 그들이 식사 준비를 하고 있어 얼른 대열에 합류하였다. 오늘도 라면 2개를 끓이고 즉석밥 2개를 데운 후 캔에 포장된 밑반찬을 놓고 식사를 한다. 오늘은 밑반찬이 한 가지 더 늘었다.

오늘 일정은 좀 빠듯하다. 데카포에서 출발하여 푸카키 호수를 거쳐 마운트 쿡에 도착한 다음, 타스만 빙하 투어를 하고 점심식사 후 후커 밸리 트레킹을 한 다음 와나카까지 가야 한다. 아마도 이번 여행에서 제일 바쁜 하루가 될 것 같다. 숙소 문을 열면 작은 베란다가 있고 의자가 하나 놓여 있다. 잠시 의자에 앉아 폼을 잡고 있는데 앞쪽에 보이는 산의 기슭에 구름이 걸쳐 들어가 있다. 뉴질랜드적인 풍경이다.

어제 호숫가에 있는 바운더리 개 동상(Boundary Dog Stadue)을 보지 않았다고 해서 오늘 일정은 다시 데카포 호수부터 시작이다. 선한 목자 교회 앞에서 결혼을 앞둔 신랑신부가 웨딩 사진을 찍고 있다. 1935년에 세워진 이래 수천 쌍의 커플이 이곳에서 결혼식을 올렸다는데 이 커플도 여기에서 결혼식을 올리려나. 바운더리 개 동상은 선한 목자 교회 바로 옆에 위치해 있다. 바위 위에 개 한 마리가 데카포 호수와 선한 목자 교회를 바라보며 서 있다.

　이 동상은 조각가 Innes Elliott이 이웃집 개인 Haig를 모델로 삼아 만들었고 런던에서 청동으로 마감한 후 다시 이곳으로 가지고 와서 1968년에 세웠다. 동상으로 만들어진 개는 양몰이 견으로 유명한 콜리(Collie) 견이라 한다. 뉴질랜드 개척 초기 당시에는 넓은 방목지 전체에 울타리를 다 칠 수 없어서 양몰이 개의 역할이 중요했다고 한다. 양을 잘 돌보고 주인들을 위험 속에서 구출해 내는 등 수많은 역할을 잘해 내어 이를 기념하기 위해 동상을 세웠다고 한다.

바운더리 개 동상

아무래도 오늘 일정이 만만치 않아 음료수와 간식을 좀 챙겨 놓아야 할 것 같아 데카포 시가지에 있는 슈퍼에 들어갔다. 휘태커스 초콜릿 250g짜리가 4.69달러에 판매되고 있다. 뉴질랜드 여행 중에서 본 휘태커스 초콜릿 가격 중 가장 저렴하다. 휘태커스 초콜릿은 우리나라에도 수입되어 판매되는데 대형 마트에서 같은 상품이 여기보다 비싼 가격으로 판매되고 있다. 여행 선물용으로 준비하면 좋을 것 같다. 근처 화원에서 재배된 꽃들이 안개꽃 무늬 비닐에 쌓여 'TEKAPO' 스티커를 붙여 판매되고 있다. 아침에 보는 꽃이 참 싱그럽다. 일행 중에 여자가 있으면 "무조건 축하한다"며 꽃을 안겨 줄 텐데 불행히도 보이는 얼굴은 모두 남자뿐이다.

새벽에는 구름이 낮게 깔렸고 가랑비까지 내렸는데 다행히 하늘이 맑아지고 있다. 파란 하늘을 배경으로 구름들이 살짝 지나간다. 비 온 뒤의 경치라 너무 선명하다. 데카포에도 비행장이 있는지 비행장 이정표가 보인다. 길가에 그동안 보기 힘들던 나무들이 보이기는 하는데 아직도 대부분의 산은 나무가 없는 민둥산이다. 다른 자연과 어우러져 경치는 좋아 보이는데 왠지 생명력이 없는 죽은 산처럼 느껴진다. 마운트 쿡으로 가는 도로는 계속 커브길이라 잠깐이라도 도로에서 눈을 뗄 수가 없다.

잠시 차를 멈추고 쉬었다 간다. 너른 평원이지만 사유지이기 때문에 차량 통행이 금지된 곳이 있다. 데카포 운하지역인데 자전거 통행과 도보 통행은 가능하다. 그곳에서 쉬고 있던 두 사람이 우리를 보고 인사한 후 자전거에 올라타고 운하 옆에 난 비포장도로를 달리기 시작한다. 이

마운트 쿡으로 가는 길

길의 제한속도는 시속 50km이다.

한참을 가니 푸른색의 호수가 나타났다. 푸카키 호수(Lake Pukaki)다. 데카포에서 45km 정도 달리면 나타나는데 데카포보다 더 진한 밀키 블루색 호수이다.

푸카키 호수 면적은 178.7km², 수면은 해발 518.2m~532m에 위치한다. 맥켄지 분지의 북단을 따라 남북으로 뻗어 있고 이 호수와 평행하게 위치하는 3개의 고산 호수(테카포 호수와 오하우 호수) 중에서 두 번째로 크다. 호수 저편의 눈에 덮인 마운트 쿡 산지와 어울려 또 한 폭의 풍경화를 만들어 낸다. 호숫가에 있는 Visitor Centre에는 연어도 판매하고 커피를 비롯한 음료도 판매하는데 당연히 화장실도 있다. 저기에서 판매하는 연어는 마운트 쿡에 갔다가 와나카로 가는 길에 들러서 사 먹으리라.

차는 푸카키 호수를 따라 달린다. 정면으로 눈 덮인 마운트 쿡이 눈부 푸카키 호수 면적은 178.7km², 수면은 해발 518.2m~532m에 위치한다. 맥켄지 분지의 북단을 따라 남북으로 뻗어 있고 이 호수와 평행하게 위치하는 3개의 고산 호수(테카포 호수와 오하우 호수) 중에서 두 번째로 크다.

시게 바라보인다. 왕복 2차선이던 8번 국도는 살짝 우회전 차선이 등장하더니 푸카키 호수를 조망하기 좋은 주차장으로 들어갈 수 있도록 해주고 있다. 그러나 우리는 지금 푸카키 호수에 열광할 수 없다. 타스만 빙하 투어 시간에 맞추어 마운트 쿡에 있는 허미티지 호텔에 10시 30분까지 가야 한다. 투어는 11시에 시작하지만 준비하는 데 30분 정도 걸리니 30분 일찍 도착해 달라는 안내가 있다.

　마운트 쿡에 가까이 갈수록 점점 바람이 거세진다. 길가의 작은 나무들이 바람에 밀려 쓰러질 듯이 버티고 있다. 잠시 바람이 잦아들었다. 한 여자가 마운트 쿡 지역에서 이쪽을 향해 조깅하고 있다. 뉴질랜드 사람들이 조깅을 좋아하는 것은 알고 있었지만 여기에서도 조깅을 할지는 몰랐다. 바람은 거세졌다가 잦아들었다를 반복한다. 겨우 약속 시간

마운트 쿡은 푸카키 호수를 따라가다 보면 나온다.

에 맞추어 허미티지 호텔에 도착했다.

허미티지 호텔은 마운트 쿡이 제일 잘 보이는 곳에 위치해 있다. 이곳은 자연보호구역이라 숙박시설을 마음대로 짓지 못한다. 허미티지 호텔은 몇 개 안 되는 숙박시설 중에서 제일 럭셔리하다. 우리나라 여행사의 패키지 상품도 이곳에서 숙박이 이루어지는 것으로 알고 있다.

허미티지 호텔은 마운트 쿡 관광의 거점이 되는 곳으로 공항 셔틀버스는 물론이고 각종 레포츠 안내 데스크가 마련되어 있어 모든 투어버스가 이곳에서 출발하며, 마운트 쿡 주변 트램핑 코스의 출발점이기도 하다. 또한 호텔 경내에는 세계 최초로 에베레스트 산 정상에 오른 에드먼드 힐러리 경의 기념관(The Sir Edmund Hillary Alpine Centre)이 있어 전시관에서 힐러리 경의 생애와 유물을 볼 수 있다. 힐러리 경은 에베레스트로 가기 전에 마운트 쿡에서 등정훈련을 하였다고 한다.

호텔 안에 있는 타스만 빙하 안내 데스크에서 서류를 작성하고 나니 호텔 앞에서 기다리라고 한다. 타스만 빙하 투어 방법에는 두 가지가 있다. 헬리콥터를 타고 빙하 위에 내려서 깨끗한 빙하를 마음껏 감상하는 황제 빙하 투어가 있고, 보트를 타고 호수에 떠 있는 빙하를 감상하는 투어가 있다. 헬리콥터를 타는 헬리투어는 가격이 550달러이고, 보트 체험 투어는 155달러이다. 400달러 정도의 차이는 한국 돈으로 32만 원 정도이다. '물론 일생에 한 번'이라는 명제를 붙이면 어지간한 비용은 감수해야 하겠지만 그래도 빙하 체험에 45만 원이라는 비용은 부담스럽다. 그래서 우리는 155달러짜리 보트 체험을 하기로 하였다.

출발 시간이 다 되어 가니 버스 한 대가 다가온다. 버스에 오른 인원은 대충 보아하니 30명이 넘는다. 오늘은 손님이 많은 모양이다. 버스는 타스만 호를 향해 달린다. 밀키 블루색 호수가 보인다. 푸카키 호수의 끝자락인 모양이다. 빙하가 녹은 물이 흘러내리는 작은 개울도 지나는데 저쪽에 보이는 산기슭에도 빙하가 녹은 물이 폭포를 이루며 흘러내리고 있다. 이곳 역시 수채화이다.

　버스에서 내린 일행이 호수를 향해 걷는다. 서양 사람들이 많은데 동양 사람들도 제법 있다. 한국말이 들려 돌아보니 부모가 아들 3명과 함께 여행하고 있었다. 그중 큰 애는 퀸스타운에서 번지점프를 해보았다 한다. 우리도 퀸스타운에서 번지점프를 할 계획이라 그 아이에게 번지점프에 대해 물어보니 해볼 만하다고 한다. 혹시 하다가 허리 안 부러지느냐고 물으니

타스만 빙하 보트 체험

9월 중순부터 5월까지 진행하며 겨울철에는 호수가 얼기 때문에 진행하지 않는다. 총 소요 시간은 2시간 반이고 버스를 타고 트레킹 출발점까지 가서 트레킹으로 호숫가에 도착 후 보트를 타고 호수 위에서 빙하를 체험한다. 호수에서 머무는 시간은 45분 정도이다. 하선 후 다시 트레킹으로 버스 정류장까지 와서 버스를 타고 허미티지 호텔로 돌아온다.
- 체험 시작 시간 : 8시, 9시 30분, 11시, 12시 30분, 14시, 15시 30분, 17시
- 체험 당일은 체험 시작 30분 전까지 허미티지 호텔 내에 있는 데스크에 와서 서류를 작성해야 한다.
- 비용: 15세 이상 어른 155달러, 4세~14세 어린이 77.5달러(4세에서 9세 아이는 어른과 1:1로 동반하여야 함)
- 한국어 홈페이지는 가격 등의 분야에는 업그레이드가 늦은 편이니 영어 사이트와 비교해 봐야 한다(홈페이지 : www.glacierexplorers.com).

타스만 빙하 탐험은 버스를 타면서 시작한다.

타스만 빙하 탐흠 트레킹

셀프힐링 인 **뉴질랜드** 99

웃는다. 다리에서 뛰어내리면 순간적으로 아무 생각이 없다고 한다. 그러다가 자신이 번지점프를 했다는 사실이 느껴지고 기분이 좋아진다고 한다. 나는 어떨까. 잘할 수 있을까. 뛰어내리는 순간 겁에 질려 까무러치는 것은 아닐까. 허리에 무리가 가는 것은 아닐까. 부정적인 생각이 많이 드는 것이 아무래도 나이를 많이 먹었나 보다.

드디어 타스만 호에 도착했다. 호수 물색이 시멘트를 풀어 놓은 듯 회색이다. 지금까지 뉴질랜드에서 본 호수는 밀키 블루가 많았는데 회색빛은 좀 낯설다. 호수 물이 회색빛이라 더러워 보이지만 호수 바닥에 있는 흙 때문에 반사되어 그렇게 보이는 것이고 사실 호수 위의 물은 더할 나위 없이 맑다고 한다.

호숫가에 인위적으로 만들어 놓은 시설은 거의 없다. 보트 몇 대 정박

타스만 빙하 호수는 지구 온난화의 산물이다.

되어 있고, 보트 탑승객들의 짐을 보관할 궤짝(?) 하나가 있을 뿐이다. 안전을 위하여 구명조끼를 입도록 하고 검은색 판초우의를 하나씩 지급한다. 가이드는 물이 튈 때 옷이 젖지 않도록, 특히 카메라에 물이 튀지 않도록 주의하라고 말한다. 사진을 찍지 않을 때는 카메라를 우의 밑에 넣어 두라는 당부도 계속한다. 가이드가 일행을 세 팀으로 나눈다. 각 팀별로 보트를 따로 타는데 우리 보트에는 11명이 탔다. 보트의 좌우 균형을 맞추기 위하여 가이드가 한 사람 한 사람 자리를 지정해 준다. 우리가 탄 보트는 맨 마지막에 출발했다. 형세를 보아하니 우리 배의 가이드가 제일 우두머리인 모양이다.

호수에 크고 작은 빙하들이 떠 있다. 가이드는 어제 바람이 세게 불어서 호수 저쪽에 있던 빙하들이 이쪽까지 떠내려왔다고 설명한다. 도

가이드는 타스만 빙하 호수의 곳곳을 설명한다.

대체 얼마나 세찬 바람이기에 큰 얼음 덩어리들이 여기까지 밀려왔을까. 빙하 중에서 물 위에 떠오른 부분은 전체의 10% 정도이다. 위에 떠오른 부분이 깨지거나 녹으면 빙하는 자신의 몸을 굴려서 언제나 10%를 유지한다. 빙하가 깨끗하게 보이는 부분은 자신의 몸을 굴린 흔적이다. 빙하는 윗부분은 흙에 덮여 있고 그 아래는 하얀색 그리고 밑의 부분은 빛을 반사해 푸른색으로 보인다.

빙하가 언제 무너져 내릴지 모르기 때문에 더 이상 가까이 갈 수 없다.

보트가 빙하에 접근하자 가이드는 빙하를 한 번 만져 보라고 한다. 그리고 자신이 먼저 빙하에서 얼음조각을 떼내어 먹은 후 우리에게도 떼서 먹어 보라고 한다. 얼음 맛은 차가운 생수를 마시는 느낌이다.

보트가 속도를 내 호수를 달릴 때 물방울이 세차게 보트에 들이친다. 모두 우의를 뒤집어쓰고 물을 피한다. 가이드는 보트를 몰아 여러 빙하에 접근하는데 때로는 보트의 오른쪽, 때로는 왼쪽을 빙하에 닿게 하여 양쪽 사람들이 모두 빙하를 체험할 수 있도록 한다.

지금 우리가 즐기고 있는 타스만 호수는 1973년부터 형성되기 시작했다. 타스만 빙하가 지구 온난화에 의하여 계속하여 자연적으로 후퇴하면서 1973년에 작은 웅덩이가 생겼는데, 1980년대에 들어서 큰 폭으로 확장되면서 2012년에는 최대 폭 2km, 길이 5km, 깊이 200m를 기

록했다. 긴 세월 동안 만들어진 빙하는 지구 온난화 덕에 점점 녹고 있어 타스만 빙하도 얼마 못 가 더 이상 관광객들을 불러 모으지 못할 수도 있다.

이제 보트는 빙하의 본거지로 향한다. 순간 앞쪽에 보이는 빙하의 한쪽이 무너졌다. 순간적으로 일어난 일이라 모두들 '어' 하고만 있을 뿐 사진 찍을 생각을 못하고 있다. 보트는 빙하 쪽으로 가까이 접근하지 못하고 적당한 거리를 두고 빙하를 보여주었다. 빙하가 떨어져 나올 때 그 충격에 배가 딸려 들어가거나, 그때 생기는 파도에 보트가 전복될 수 있으므로 안전을 위하여 거리를 유지한다고 한다. 내 뒤에 있는 한국 아이는 가이드가 설명할 때마다 옆에 앉아 있는 엄마에게 완벽하게 해석해서 알려 준다. 나도 그 아이가 엄마에게 해주는 설명을 들으며 가이드의 해설 내용을 파악한다. 어쩜 저리 영어 실력이 좋을까. 지금까지 내가 쏟아 부은 영어공부는 다 어디에 가 있는 것일까.

호수 위 체험을 마치고 다시 트레킹으로 버스정류장까지 간다. 길가에 노란 식물들이 많이 피어 있다. 밑은 푸른데 꽃처럼 위로 올라온 부분은 줄기가 진노랑이고 그 위에 꽃이라고 생각되는 곳은 언뜻 봐서는 송충이 모양이다. 쉽게 만져 볼 엄두가 나지 않는다.

타스만 빙하 관광객 중 혼자 온 사람도 있고 둘이 온 사람도 있다. 혼자 온 사람은 자신만의 낭만이 있겠지만 어딘지 외로워 보이고, 둘이 온 사람은 균형은 잘 맞지만 순간적으로 허전해 보인다. 그래서 소수인원으로 온 사람들이 타인에게 마음을 열고 대화를 나누는 건지 모른다. 우리는 4명으로 우리 자체의 대화만으로 충분하다. 이게 좋을 수도 있지만 우리만의 성에 갇혀 버리는 상황이 될 수도 있다. 혼자 온 아가씨가 내 카메라를 보더니 자기를 찍어 달라며 나에게 카메라를 준다. 받은 카메라에 설명이 중국어로 되어 있어 "이 얼 싼" 하고 찍으니 웃는다.

점심은 어디에서 먹을까. 조사해 온 바로는 허미티지 호텔에 점심뷔페가 있다는데 그곳으로 갈까 하다가 같이 타스만 빙하 체험을 한 사람 중에 뉴질랜드 현지 한국인 가이드로 일하는 사람이 있어 이 근처에 식사를 할 만한 적당한 곳이 있는지 물으니 한 군데를 추천한다. '오래된 산꾼의 집'이라고 한다. 허미티지 호텔 앞쪽에 위치한 Visitor Centre를 지나면 바로 있어 호텔에서 걸어서 몇 분 안 걸린다고 한다.

식당 이름은 The Old Mountaineers' Cafe이다. 산자락에 있는 식당이지만 근처 푸카키 호숫가에 연어 양식장이 있어서인지 연어요리가 많다. Aoraki Salmon Pizza가 메뉴판 맨 밑에 있다. 가격은 28달러로 좀 비쌌으나 하나 시키고 적당히 다른 음식도 시켰다. 산에서 먹는 연어

마운트 쿡을 바라보면서 먹는 점심

피자는 어떤 맛일까. 주문을 하니 번호표를 주면서 테이블에서 기다리라고 한다. 번호표는 식탁 위에 세워 놓아 종업원이 번호표를 보고 조리된 음식을 가져다주는 용도이다. 여기는 커피도 Organic이다. 카푸치노를 주문했다.

옆 테이블에 한국 사람 일행이 앉았다. 한 아가씨가 부모를 모시고 마운트 쿡에 온 것이다. 크라이스트처치에서 인터시티 버스를 타고 여기에 막 도착했다고 한다. 부모님이 연세가 좀 있어 보이는데 아버지는 시골에서 올라오신 것 같다. 잘난 딸 덕분에 이렇게 머나먼 이국땅에 관광을 왔는데 모든 것이 낯선 모양이다. 피자와 햄버거에는 역시 콜라가 어울린다. 콜라까지도 Organic 콜라이다. 뉴질랜드 사람들은 끔찍이도 자연을 보호하려 애쓴다.

화장실을 물어보니 우리가 음식을 계산할 때 받은 영수증에 비밀번호가 적혀 있으니 화장실 앞에 있는 키패드에 비밀번호를 눌러야 들어갈 수 있다고 한다. 화장실 안에 문을 잠그는 장치가 예전에 우리나라에서 한참 사용하던, 고리를 거는 방식이다. '옛 산꾼의 집'의 분위기를 맞추려고 한 것일까.

트레킹을 출발하기 전 얼른 기념품점에 들렀다. 마운트 쿡에 관한 기념품이 있을까. 볼펜이 보인다. 마운트 쿡의 이미지가 담겨 있다. 색(sack)도 보인다. 펼치면 마운트 쿡의 그림이 한 가득 펼쳐지고 접으면 아기 주먹만 하게 되어 겉봉에 넣어 휴대하기 편한 모양이다. 가격도 20달러. 이 정도면 나를 위한 선물로 좋을 것 같다. 계산하는데 30달러가 넘어간다. 볼펜이 5달러, 색이 20달러면 25달러여야 하는데. 계산서를 보니 색이 25달러 넘게 찍혀 있다. 붙여진 정가와 계산금액이 달랐다. 밖에 나와서 다시 정가표를 보니 원래 정가표는 25달러가 넘는데 어느 녀석이 장난으로 20달러짜리 정가표를 그 위에 덧붙여 놓았다. 언뜻 보아서 잘 몰랐는데 자세히 보니 두 장의 정가표가 겹쳐 붙어 있었다. 그래, 어차피 나를 위한 선물이니 편하게 받아들이자. 나를 위해서 이 정도도 못해 주랴.

'아오라키 마운트 쿡 국립공원(Aoraki/Mount Cook National Park)은 남섬에 위치한 국립공원 중 하나이다. 이 지역은 1953년 10월 국립공원으로 정식 지정되었고, 1990년에는 인근의 국립공원들과 함께 테와히포우나무 국립공원이라는 명칭으로 유네스코의 세계자연유산에 등록되었다. 마운트 쿡은 19세기의 캡틴 쿡에서 유래하며, 아오라키는 마오리어로 '구름을 뚫은 산'이라는 뜻에서 유래하고 있다. 아오라키 마운트 쿡 국립공원은 약 700km² 의 넓이에, 총면적의 40%가 빙하로 덮여 있다. 그중에서도 쿡 산 동쪽에 위치한 타스만 빙하는 온대 지방에서 가장 큰 빙하로 유명하다. 뉴질랜드에 있는 20개의 3,000m 이상의 산 중에 어스파이어링 산을 제외한 19개 산이 이 공원에 위치한다.

아오라키 마운트 쿡은 해발 3,724m의 산으로 뉴질랜드의 최고봉이다. 통칭 '마운트 쿡'이라고 하며, 한때는 고도가 3,764m였는데 1991년 11월 14일 정상이 붕괴되어 10m 정도 낮아져서 해발 3,754m로 줄어들었다. 그 이후 산 정상 부근의 두꺼운 얼음 층이 30m가량 추가로 붕괴되어 2013년 11월 GPS로 새로 측정결과 고도는 이보다 더 낮아진 3,724m로 나타났다.' 〈위키백과〉

마운트 쿡에서 할 수 있는 트레킹은 여러 코스가 있다. 가장 많이 알려진 코스는 후커 밸리(Hooker Valley)이고 그 외에 실리 탄스(Sealy Tarns), 키아 포인트(Kea Point) 등 여러 코스가 있다. 실리 탄스 트레킹은 이정표에 왕복 3시간으로 되어 있고, 키아 포인트는 종점까지 15분, 즉 왕복 30분이면 충분히 다녀올 수 있다. 시간 여유가 적거나 힘이 부치는 사람은 키아 포인트를 다녀오면서 트레킹의 맛만 보아도 될 것 같다. 짧은 코스지만 만년설과 빙하 모습을 볼 수 있다고 한다.

후커 밸리 트레킹은 보통 4시간 정도를 잡아야 한다고 한다. 출발 후 트레킹의 종점인 후커 호수까지는 아무런 편의시설이 없기 때문에 물과 간식을 충분히 챙겨서 출발해야 한다(물론 후커 호수에도 편의시설이 없다). 보통 허미티지 호텔에서 출발하는데 여름철에는 캠핑장을 개방하기 때문에 캠핑장의 주차장까지 차를 몰고 가서 주차장에서 출발하면 시간을 절약할 수 있다.

남들은 모자를 쓰고 선크림을 바르고 선글라스까지 끼고 중무장했는데 나는 멋진 사진을 위해서 모자도 거꾸로 쓰고 선크림도 바르지 않고 선글라스도 쓰지 않았다. 뉴질랜드의 햇볕을 가볍게 본 것이다. 결과적으로 그날부터 완전히 얼굴이 새카만 토인으로 변했다.

차를 주차하니 후커 밸리 트레킹 안내판이 보인다. Alpine memorial 5min, Mueller lookout 15min, 종점인 Hooker Lake 1h 35min이다. 주차장 인근에 몇 동의 텐트가 쳐져 있고 두 사람이 야외식탁에서 햇볕을 받으며 식사하고 있다. 저쪽으로 허미티지 호텔이 보인다. 여름철이라 저곳에서 여기까지 왕복하는 시간을 절약할 수 있었다. 종점인 후커 호

후커 밸리 트레킹은 여유 있게 4시간 정도는 잡아야 한다.

후커 밸리 트레킹은 주위의 경치가 좋다.

수까지 가려면 3개의 다리를 건너야 한다.

뮬러 전망대에서 내려다보이는 물빛은 회색이다. 빙하가 녹아서 만들어진 개천. 금방 첫 번째 다리에 도착했다. 현수교이다. 안전을 위하여 많은 사람이 한꺼번에 다리를 건너는 일은 금하고 있다. 밖에서 볼 때는 저까짓 다리쯤이야 하고 만만히 보았는데 다리 위에 올라서니 그게 아니다. 걸을 때마다 다리가 흔들려 중심을 잘 잡아야 한다. 휴대폰이라도 떨어뜨리게 되면 상황은 심각해진다. 나는 사진을 찍느라 동료들 뒤쪽에서 많이 걷게 되는데 한 걸음씩 내딛는 그들의 모습이 거대한 자연 속에 파묻혀 보인다.

두 번째 다리를 통과했다. 골짜기에 흘러내리는 물은 여전히 회색빛이다. 마운트 쿡이 점점 더 앞으로 다가오는 듯하다. 화장실이 나타났다. 그나마 하나 만들어 놓은 편의시설이다. 간이화장실인데 푸세식으로 손님들이 많다. 옆에는 갑작스런 비바람을 피할 수 있는 통나무 건물이 한 채 있다. 잠시 쏟아지는 햇볕을 피할 겸 들어갔다. 집안에는 전 세계 사람들이 해놓은 낙서로 가득했다. 당연히 우리나라 사람이 해놓은 낙서도 빠질 수 없다. 전망창으로 마운트 쿡이 정면으로 보인다.

초원 위에 만들어 놓은 나무 데크를 따라가니 세 번째 다리가 나타난다. 다리를 건너 조금 더 걸어 드디어 트레킹의 종점인 후커 호수에 도착했다. 이정표에는 1시간 35분 걸린다고 되어 있으나 우리는 1시간 20분 만에 도착했다.

후커 호수의 물빛은 회색이다. 호수 저쪽에 빙하가 있다. 가끔은 빙하에서 떨어져 나온 얼음덩어리가 호수에 떠다닌다고 하는데 오늘은 날

후커 밸리 트레킹 첫 번째 다리

후커 밸리 트레킹 두 번째 다리

후커 밸리 트레킹 세 번째 다리

이 워낙 맑아서 얼음덩어리가 다 녹았는지 보이지 않는다. 기왕에 온 걸음 호수까지 내려갔다. 호수물에 발을 담그니 참 차갑다. 준비해 온 체리를 먹는다. 호수 저쪽에는 만년설이 녹으며 생긴 물이 산을 타고 내려와 호수에 합쳐지고 있다.

다시 주차장으로 내려간다. 세 번째 다리(Upper Hooker Bridge)에 도달하니 한 번에 이용할 수 있는 최대 인원은 20명이라고 안내하고 있다. 타스만 빙하 트레킹 때 보았던 연노랑 꽃이 여기도 간간이 피어 있다. 생긴 모양으로 보아 아무래도 선인장 종류의 하나인 듯하다. 주차장에 도착할 무렵 점심 먹을 때 우리 옆자리에 앉았던 아가씨를 만났다. 후커 밸리 트레킹을 막 시작하여 올라오고 있는 중이었다. 부모님도 같이 트레킹할 예정이었는데 부모님은 숙소에서 쉬고 본인 혼자 오게 되었다고 한다. 그 연세에 이곳을 트레킹하시기는 힘에 부칠 것이다. 그래서 여행은 한시라도 젊었을 때 기회가 닿으면 떠나야 한다.

Alpine memorial에 들렀다. 멀리 푸카키 호수를 바라보며 서 있는 이 돌탑은 마운트 쿡 등반을 나섰다가 숨진 산악인들을 기리기 위한 탑으로 뒷면에 숨진 이들의 이름과 간단한 사연이 기록되어 있다.

와나카를 향해 출발했다. 차의 백미러에 마운트 쿡의 모습이 보인다. 얼마쯤 가니 차는 다시 푸카키 호수와 만난다. 푸카키 호수를 조망할 수 있는 전망대에 차를 멈추고 잠시 푸카키 호수를 바라본다. 밀키 블루색이 참 신선하기는 한데 살짝 피로감이 느껴진다. 어제부터 저 물빛을 너무 많이 보았나 보다.

전망삼거리가 나타났다. 와나카 방향에 있는 오마라마로 가는 길과

푸카키 호수 연어 판매장

다시 데카포로 가는 길로 갈라진다. 삼거리에서 잠깐 데카포 방향으로 돌렸다. 오전에 지나쳤던 Visitor Centre에서 판매하는 연어를 사기 위해서다. 그런데 해가 아직도 중천에 떠 있는데 Mt. Cook Alpine Salmon Shop은 벌써 Closed다. Shop 옆쪽으로 산양 동상이 하나 보이는데 영국의 공작이 뉴질랜드에 선물했다는 타르(tahr) 히말라야 산양 동상이다. 오마라마 방향으로 가는 길에는 주변 호수에서 끌어들인 빙하수 수로들이 보인다. 이 청정한 물로 연어를 양식한다는데 우리는 이번 여행에서 연어 재미를 못 보고 있다.

트와이젤(Twizel). 뉴질랜드 지도상에 나와 있는 도시이니 당연히 시가지가 형성되어 있어야 하고 거리에 사람들이 보여야 하는데 전혀 아니올시다이다. 우리나라 면 소재지 정도의 분위기에 간간이 차만 지나갈 뿐 사람 한 명 보이지 않는다는 게 놀랍다. 아니면 우리가 도시의 외

트와이젤은 생각보다 크지 않은 도시이다.

곽을 통과하고 있는 것일 수도 있다. 트와이젤은 마운트 쿡에서 63km 떨어져 있는 지역이라 퀸스타운 쪽에서 마운트 쿡을 향해 가는 사람들이 하룻밤 묵어가는 전초기지 역할을 하는 곳이다. 크라이스트처치나 더니든에서 오는 사람들이 우리처럼 데카포에서 하루 묵고 아침에 마운트 쿡을 향해 오듯이. 실제로 이곳은 Information Centre도 있고 숙박업소도 제법 있는 편이다.

다시 길은 이어진다. 8번 국도를 타고 트와이젤에서 30km를 더 가면 오마라마에 도착한다. 호수를 따라가던 차는 이제 양들이 노니는 벌판을 달리고 다시 소들이 풀을 뜯는 초지를 지난다. 뉴질랜드의 남섬은 도시와 마을을 잠깐 지나면 바로 이런 대자연과 계속 만난다.

오마라마(Omarama)는 글라이더로 유명한 도시이다. 낮에 뜨거워진 공기가 상승기류를 만들어 주어 글라이더가 뜨기 좋고, 평야에서 부는 바람이 산에 부딪혀서 또 상승기류를 만들어 주어 글라이더가 떠 있기 좋고 그렇게 바람을 타고 남알프스 산맥을 넘어 서해안으로 갔다가 다시 거기서 상승기류를 타고 돌아오기도 한다고 한다. 여기에서는 자동차로 글라이더를 끌다가 글라이더가 떠오르면 일정 높이에서 자동차와 글라이더를 연결하는 연결고리를 끊어 글라이더 혼자 비행을 하게 한다. 1995년, 이곳에서 세계 글라이더 챔피언십 경기를 개최하였으며 이곳 사람이 우승을 했다고 한다.

오늘 우리가 머물 숙소가 있는 와나카까지는 아직도 멀고 특히 오마라마에서 와나카까지 가는 길은 아주 험하다고 알려져 있다. 그래서 피곤하고 지친 상태에서 차를 운행하다 보면 뜻밖의 어려움을 겪을 수도 있어 오마라마에서 저녁식사를 하고 떠나기로 했다.

영업 중인 한 군데 식당을 기웃거려 보니 단순한 식당이 아니고 바(bar) 같은 곳으로, 식사와 아울러 술도 판매하여 분위기가 시끌벅적하고 소란스럽다. 식사 장소로 탐탁지 않아 주변을 둘러보니 조금 떨어진 길가의 식탁에 사람들이 앉아서 식사를 하고 있다. 차가 주차되어 있는 것을 보니 여행객들 같은데 음식은 어디서 구한 것일까. 바로 옆에 테이크 어웨이(take away) 식당이 있다(뉴질랜드는 take out보다는 take away라는 표현을 사용한다). 아하, 여기에서 음식을 사서 먹는구나.

오마라마를 떠나면 와나카까지 중간에 지나는 도시가 없으므로 여기에서 저녁을 해결해야 한다. Take away 메뉴는 Smokey Beef, Chicken, Hawaiian 세 가지 버거류가 있는데 모두 똑같은 가격인 12.50달러이다. 맥도날드 같은 대형 매장에는 10달러를 넘지 않는데 이곳에서 판매하는 버거는 모두 수제 버거라 그런지 이 정도 가격을 유지한다. Spring Roll, Hot dog, Sausage 같은 사이드 메뉴는 보통 3.5달러이고 Crab Stick 같은 메뉴는 2달러 정도 한다. 음식을 주문하니 만드는 시간이 있어서 20분 정도 기다려야 하는데 괜찮겠느냐고 묻는다. 달리 다른 선택을 할 수 없는 우리는 무조건 오케이다.

음식을 기다리며 생각해 보니 오늘 밤과 내일 아침에 먹을 음료수와 반찬거리 등을 구입해야 할 것 같아 두 사람은 음식을 기다리기로 하고 강 선생과 길 건너에 있는 FOUR SQUARE SUPERMARKET으로 달려갔다. 시간은 막 20시로 아직 문이 열려 있어 뛰어들어갔는데 가게 내에는 전등이 절반쯤 꺼져 있고 직원이 뭐라고 하는데 영어가 짧은 우리는 잘 못 알아듣고 몇 가지를 골랐다. 다행히 직원이 계산을 해주어 물건을 가지고 나왔다. 길을 건너면서 생각해 보니 직원이 우리에게 "이제 문 닫을 시간이라 물건을 팔 수 없소"라고 한 것 같은데 우리가 확실히 이해를 못한 면도 있지만 솔직히 시간적으로 어떤 내용이라는 것을 대충 짐작했어도 그냥 밀고 들어갔던 면도 없지 않다. 직원에게 좀 미안했지만 '관광객이니까' 이해해 주었으리라 생각한다.

주문해 나온 음식이 따끈한 걸 보니 막 만들어 낸 표시가 팍 난다. 좀 전에 보았던 사람들처럼 길가의 식탁에 앉아서 먹으려고 자리에 앉았는데 바람이 불고 춥다. 무슨 여름 날씨가 이럴까. 뉴질랜드의 여름은 여름이 아니다. 얼른 차에 들어가서 먹기로 했다. 좁은 차 안에 종이를 깔고 맥가이버 칼로 자른 버거를 흘리면서 먹는 모습이 처량하게 느껴졌으나 여행은 바로 이런 순간들이 기억에 오래 간다.

길가에 Public Toilets가 있어 볼일을 보러 들어가려니 문이 잠겨 있다. 공중 화장실도 운영 시간이 있나 보다(20시 30분까지 open). 그런데 옆에 있는 장애인용 출입구는 열려 있다. 어떻게 해석해야 할까. 관리 차원에서 시간이 지나면 폐쇄하지만 꼭 필요한 사람들을 위해 장애인용만 열어 놓은 것일까. 아니면 장애인의 편의를 위한 예외 방침으로 보아야 할까. 화장실 옆에는 재활용품을 수거하는 통들이 종류별로 여러 개 놓여 있다. 전반적으로 도시 전체가 잘 정비된 느낌이다. 오마라마 주유소는 옥탄가 91의 가솔린이 1리터에 1.95달러이고, 경유는 1.19달러이다. 제랄딘에서는 옥탄가 91과 옥탄가 95, 두 가지 가솔린을 판매했는데 오마라마는 옥탄가 91 한 가지이다. 기름값은 거의 비슷한 것 같다.

이제 와나카까지의 긴 여정이 남았다. 도로가 굴곡이 많고 비탈도 많아 험하다. 해도 지고 있고 여건이 좋지 않은 드라이브 길이지만 대화

뉴질랜드의 공공화장실은 운영시간이 정해져 있다.

와나카까지 가는 멀고 험한 길이 남았다.

를 나누며 즐겁게 가기로 한다. 혼자가 아닌 타인과의 여행은 팀워크가 중요하다. 산과 산 사이의 골짜기를 주로 달려가는데 대부분 나무가 없는 민둥산이다. 왜 나무를 심지 않을까. 인위적인 조림을 하지 않고 원 상태 그대로인 자연을 관리하는 것일까. 역사적으로 보면 원래 뉴질랜드 땅은 삼림이 우거진 곳이 많았는데 초창기 정착하는 과정에서 소, 양을 먹이는 초지를 만들려고 많은 삼림에 불을 질러 이렇게 민둥산이 된 곳이 많다고 한다.

날이 완전히 어두워졌다. 길가에는 집이 없고 지나다니는 차도 보이지 않고 캄캄한 벌판을 우리 차 한 대만 달리고 있다. 이럴 때는 옆에 동료들이 있다는 것이 참 위안이 된다. 그들의 모습이 참 정겹다. 그런데 와나카에서 숙소의 체크인을 어떻게 해야 하나. 밤 10시는 되어야 도착할 것 같은데 그때까지 리셉션이 열려 있을까. 만약에 너무 늦어서 닫혀 있으면 어떻게 하나. 이 밤에 "누구 없소?" 하고 외칠 수도 없고, 다른 숙소를 알아봐야 하나. 만약 다른 숙소도 다 닫혀 있으면 차에서 노숙을 해야 하나. 여러 생각이 밀려들었으나 여행에서의 걱정은 그중에 많은 것이 일어나지 않는 것에 대한 쓸데없는 염려이다. 그곳도 사람 사는 세상이니 또 다른 대책을 강구해 놓았겠지. 숙박 며칠 전까지 취소 신청을 안 했으니 거기에서는 당연히 카드 결제를 해놓았을 것이고 그 다음은 나 몰라라 하지는 않을 것이다. 여행을 살찌게 하는 중요한 핵심 중의 하나는 '긍정적인 사고'이다.

밤 10시 조금 못 되어 와나카(Wanaka)에 도착했다. 숙소는 호수에서 1km 정도 떨어져 있어 시간이 걸린다. 내비게이션의 안내로 숙소인 Manuka Crescent Motel에 도착하니 10시가 넘었다. 리셉션이 열려 있으리라는 기대를 접고 모텔 내부에 진입하니 거의 모든 방의 불이 꺼져 있다. 우리 차의 불빛이 저들의 숙면에 방해가 될 수 있으므로 차 헤드라이트를 껐다. 목소리도 크게 내지 못한다. 불이 켜진 방에 숙박객인 듯한 여자가 나와 있어 체크인 장소를 물어보니 불 꺼진 리셉션 문을 가리킨다. 리셉션에 쪽지가 하나 붙어 있는데 저녁 8시까지 등장하지 않은 우리를 위한 쪽지이다.

저녁 8시까지 등장하지 않은 우리를 위한 쪽지

Late Check in

Hyungwon Kim

Welcome to Manuka Crescent motel.
You are in unit 10. Please see the map below for directions.

The key is in the door and the outside light on. Please find a map on the table and milk in the fridge. The wifi details are on your T.V. We hope you find everything that you need.

Reception will open at 8am.

We hope you find everything that you need.

Thanks

Lauren

고마웠다. 쪽지 위에는 숙소의 약도가 그려져 있는데 리셉션에서 10호실로 가는 길 안내, 그리고 차를 주차할 장소가 그려져 있다. 쪽지에는 방 키가 있는 곳 안내, 그리고 문을 열기 편하게 우리 숙소에 전깃불을 켜 놓았다는 것. 와이파이 사용 방법, 와나카 도시 안내지도 그리고 냉장고에 서비스로 주는 우유까지 있다는, 리셉션에 일찍 도착해서 안내받을 때 들을 수 있는 모든 내용들이 적혀 있었다. 우리가 묵을 10호실은 숙소의 맨 바깥쪽 길가에 위치해 있고 주차도 늦은 시간 다른 방에 방해가 되지 않도록 길에서 가장 가까운 곳에 주차장소를 정해 주었다.

조용히 차 안에 있는 짐을 방에 옮겼다. 오늘 일정이 참 고되었다.

오늘의 지출 : 198NZD

음료수/간식 38	커피 9.5	저녁식사 52
점심식사 72	슈퍼마켓 26.5	

NEW ZEALAND TRAVEL

다섯째 날 _ 1월 9일(토) 와나카 → 퀸스타운

어제 늦게까지 일정을 소화한 탓에 모두 지쳐 잠이 들어 있다. 조용히 문을 열고 나왔다. 와나카 호수 새벽 산책이다. 어제 대충 와나카 안내 지도를 봐 놓아서 방향은 잡을 수 있다. 그리고 숙소가 고도가 조금 높은 곳에 있으니 금방 호수가 보일 것이다.

큰길로 나오니 숙소의 안내판이 길가에 서 있다. 전체적으로 하얀 바탕에 아래 면을 파란색으로 칠해 놓았고 마누카 꽃이 그려져 있다. 마누카(Manuka)는 뉴질랜드와 호주 태즈매니아 섬이 원산지인 식물로, 잎은 생것이나 말려서 차로 사용하고 마누카로 만든 에센셜 오일은 근육 피로를 풀어 주는 효과가 있다. 마누카에서 얻은 기름 역시 곤충을 쫓고 살균하는 데 쓰인다.

뉴질랜드의 가장 유명한 수출 식품 중 하나인 마누카 꿀은 균으로 인한 피부병과 궤양은 물론 내과 질환 및 소화불량에도 효험이 있다고 한다. 이 살균 효과를 뉴질랜드에서는 '액티브 마누카 허니'라고 광고하는데, 그 효능은 UMF(Unique Manuka Factor)로 수치화한다. UMF 10 이상이면 괜찮은 꿀이라고 한다.

- UMF 0-4 Not detectable
- UMF 5-9 Maintenance Level(건강 유지 수준)
- UMF 10-14 Suitable for therapeutic usage(건강에 도움이 되는 수준)
- UMF 15이상 Superior levels for therapeutic usage(확실히 건강에 도움이 되는 수준)

마누카는 보통 6m까지 키가 자란다고 하는데 안내판 옆에 심어져 있는 식물이 마누카와 비슷해 보인다.

앞쪽에 보이는 산의 정상이 눈에 덮여 있다. 뉴질랜드는 만년설이 어느 한 곳에만 있지 않고 남섬 같은 경우에는 처처에 여름인데도 산에 눈이 남아 있다. 이곳에도 신문이 가정집으로 배달된다. 우리나라처럼 신문을 담 안에 던져 놓고 가는 것이 아니라 신문이 물에 젖지 않도록 비닐에 잘 싸여 있다.

몇 분 걸어서 와나카 호수에 도착했다. 이른 아침 햇살이 비치는 호수에 요트 몇 대가 떠 있다. 호수 바로 옆으로 난 작은 산책로의 벤치에 잠시 앉았다. 한가롭고 평화롭다. 뉴질랜드의 호수에 대해서는 사람마다 평가가 다르나 한국인의 정서에는 와나카 호수가 알맞다고 한다. 데카포나 푸카키 호수는 밀키 블루색으로 시각적인 즐거움을 주지만 다가가기에는 뭔가 이질적인데, 와나카 호수는 한국에서 많이 볼 수 있는 호수의 분위기를 지니고 있어서 사람에 따라서는 이곳이 더 정감 있게 느껴진다고 한다.

토끼들도 호수 주변에서 아침 산책을 한다. 호수 옆 오솔길을 조깅하

와나카 호숫가의 오솔길

는 사람도 있고 산악자전거를 타고 세차게 달리는 사람도 있다. 어떤 사람은 개와 함께 다정하게 호수의 아침 분위기를 장식한다. 나는 그냥 평온한 마음으로 호수를 바라본다. 나무 벤치를 자세히 보니 이 벤치를 기증한 사람의 이름이 붙어 있다.

숙소 문 바깥에 둥그런 간이 식탁이 있고 4개의 의자가 있다. 그늘져서 햇살이 들지 않는다. 여유가 있으면 아침식사 후 이런 곳에서 커피를 마시며 여행의 낭만을 즐길 텐데 오늘도 우리의 일정은 그리 여유롭지 않다. 오늘 아침식사는 어제 오마라마 슈퍼마켓에서 산 오이와 사과가 빛을 발한다. 여전히 라면과 즉석밥이 우리의 주식이고, 여유를 즐기는 커피가 아닌 달달한 믹스커피 한 잔이 아침 낭만을 대신해 주고 있다.

리셉션에 가서 Lauren을 만났다. 어제 자세한 숙박안내 쪽지를 남겨주어 고맙다는 인사를 하고 와나카 관광에 대하여 묻는데 와나카에서도 패러글라이딩을 할 수 있음을 알았다. 오늘 퀸스타운에 가서 패러글라이딩을 하려고 했는데 차라리 여기 와나카에서 지금 예약을 해놓으면 와나카 호수를 거닐다가 시간에 맞추어 그곳으로 가서 하늘을 날면 시간도 여유 있게 운영할 수 있고 퀸스타운 하늘을 나는 것보다 적은 비용으로 빙하 산의 풍경을 보며 나는 즐거움을 느낄 수 있을 것이다.

Lauren이 패러글라이딩을 운영하는 회사에 전화했는데 오늘은 바람이 너무 세서 날 수 없다고 한다. 밖을 내다보니 바람 부는 풍경은 전혀 아니다. 하지만 평지와 언덕 위는 바람의 느껴지는 감각이 다르고 우리 같은 아마추어가 보는 바람과 전문가들이 보는 바람은 차이가 있기 때

와나카 호수에서 키위들이 오전 산책을 하고 있다.

문에 아쉬움 속에 호텔을 출발했다.

　이번 여행에 세 가지 로망을 가지고 있었다. 오타고 대학교에서 판매하는 다양한 기념품을 구입하는 것과 패러글라이딩해 보기, 마지막으로 북섬의 레드우드 삼림욕장을 걸어 보는 것이었다. 여행의 중반으로 접어들고 있는데 3개의 로망 중 2개가 물 건너갔다. 하지만 여행에는 반전이 있는 법, 한번 기다려 보자.

　와나카. 이곳의 기후는 뉴질랜드에서도 보기 드문 사계절이 있는 지중해성 기후이다. 호수와 산으로 둘러싸인 아름다움으로 유명한 관광지가 되었다. 이웃한 퀸스타운이 거대한 관광 도시가 되었음에도 와나카는 아직까지 뉴질랜드의 시골 분위기가 남아 있다고 평가받고 있다. 뉴질랜드 남섬에서 장기 체류하는 여행자는 숙박비가 높은 퀸스타운보다 와나카를 많이 이용한다.

　와나카 호숫가에 차를 대 놓고 호수를 거닌다. 남자 아이 2명이 호수에 들어가더니 호수 물을 그냥 마신다. 와나카 호수가 맑다는 것은 알고 있지만 아이들이 거침없이 호수 물을 마실 줄은 몰랐다.

　오늘은 토요일, 무슨 마라톤 대회가 열린 것 같다. 호숫가 길로 연신 마라토너들이 달린다. 물론 42.195km를 달리는 정식 마라톤 대회는 아니고, 날씨 화창한 주말에 한 번 멋있게 뛰어보는 행사이다. 하지간 참가한 대부분의 사람들이 모두 완벽한 마라토너의 복장을 갖추고 있다. 그렇다고 호숫가 길이 그들의 독차지는 아니다.

　산악자전거를 탄 사람들도 그 길을 달린다. 우리나라처럼 무슨 대회가 있으면 그 길을 완전히 통제하여 다른 활동을 하지 못하게 하는 경직

된 대회가 아닌 화창한 날에 모든 사람이 그 길을 공유하여 즐기는 모두를 위한 Happy Day의 한 풍경이다. 아이들은 산악자전거를 타고 그 길을 달리고 한가한 산책꾼들도 그 길을 여유롭게 걷는다.

와나카 호수

마라톤은 코스가 짧다 보니 한 번 왕복으로 끝나는 것이 아니고 몇 번을 계속 왕복하여 뛰는 것 같다. 어느 지점에 도달하면 체크를 하고 다시 뒤돌아서 또 뛴다. 혹시 이런 것은 아닐까. 자선 달리기 대회로, 코스를 한 번 왕복할 때마다 어려운 사람들을 위하여 얼마를 기부하는 그런 대회. 어쨌든 한가한 우리는 호숫가 그늘이 나타났을 때 그늘에 앉아 그네도 타고 호수를 하염없이 바라보기도 한다.

호수를 따라 조금 더 가면 요트장이 나온다. 사람들이 자동차 뒤에 요트를 매어 달고 이곳에 와서 요트를 호수에 띄운다. 주차장에서 호수까지 요트를 밀고 갈 수 없으니 호수 바로 옆까지 차를 가지고 내려가 요트를 차에서 분리한 뒤 차는 다시 주차장으로 올려놓아야 한다. 언뜻 봐

와나카 동네 마라톤이 열렸다.

마라톤이 열어지는 길을 자전거와
보행자가 똑같이 나누어 사용하고 있다.

셀프힐링 인 **뉴질랜드**

서는 요트를 가져온 차만 주차하는 것 같아 망설였는데 한쪽으로 요트 연결대가 없는 차량도 몇 대 보여 얼른 그곳에 주차하였다.

사람들이 요트를 호수에 띄우고 어떤 사람들은 요트를 타고 호수로 나가고 어떤 사람들은 선탠을 한다. 또 다른 사람들은 파라솔 밑에서 모자를 쓰고 햇빛을 피하며 호수에서의 망중한에 빠져 있다. 그 모습을 부러운 듯이 쳐다보고 있는, 호숫가에 있는 유일한 동양인 무리인 우리 네 사람을 요트에 한 번 태워 줄 '정의의 사도'는 정녕 나타나지 않는다.

호숫가의 번화가로 가니 차를 주차하기가 만만치 않다. 해가 긴 여름철 토요일에 날씨까지 맑으니 와나카에 사는 사람들 모두 이곳에 나와 있는 것 같다. 겨우 빈 공간을 찾아 주차했다. 많은 사람들이 흥청거리

와나카 호숫가에 요트를 끌고 온 차들이 주차되어 있다.

는 모습은 관광지다워서 좋은데 우리도 같이 즐기기에는 사람들이 너무 많다. 호수 이쪽에는 요트가 아닌 카약을 타는 사람들이 차지하고 있다. 이건 또 뭔가. 카약은 편하게 앉아서 노를 젓는 것으로 알고 있는데 일어서서 균형을 잡으며 노를 저어 앞으로 나아가는 사람들도 있다. 확실히 우리는 촌놈인가 보다. 남들 신나게 노는 것을 멀뚱멀뚱 바라보기만 하는 것처럼 재미없는 일은 없다. 와나카 관광안내소가 보여 혹시나 지금은 바람이 잦아 패러글라이딩을 할 수 있지 않을까 하여 물어보니 여전히 바람이 세서 안 된다고 한다. 와나카에서는 우리가 더 이상 할 수 있는 일이 없다. 다만 아이스크림은 맛있게 먹을 수 있다.

호숫가에 공중 화장실이 있다. 한 사람씩 들어갈 수 있는 2개의 공간

동양에서 온 손님을 요트에 한 번 태워 줄 정의의 사도는 아무도 없다.

이 있는데 사람들이 줄 서 있다. 각각의 공간에 사람들이 있는가를 확인하려면 일반적으로 노크를 해야 하는데 이곳은 안내 버튼을 보고 확인하도록 되어 있다. Vacant, Engaged, Not in Service 세 가지 중에서 한 군데 불이 켜지는 것으로 사람들에게 정보를 준다. 화장실 옆에는 산악자전거를 타고 묘기를 부릴 수 있는 경사면들이 만들어져 있어 젊은이들이 자전거로 자신의 즐거움을 찾고 있다.

길가에 포도밭이 계속된다. 뉴질랜드 전역에 유명한 와이너리가 있는데 와나카에도 와이너리가 존재한다. 리폰 빈야드 와이너리(Ripon Vinyard Winery)는 '세계에서 가장 아름다운 와이너리', '사진작가가 가장 많이 찾는 와이너리'라는 수식어가 붙은 곳인데 와나카 호수 근처에 위치해 있어 와이너리에서 와나카 호수를 바라보며 와인을 시음할 수 있다고 한다. 불타는 일정을 소화시키고 있는 우리는 패스다.

뉴질랜드 와인은 포도 재배 역사가 짧은 데 비해서 품질은 높은 편이다. 자연 친화적인 재배법을 이용한 뉴질랜드 와인은 최근 국제대회에서도 좋은 평가를 받고 있다. 뉴질랜드는 여름과 겨울의 일교차가 크지 않은 대신, 낮과 밤의 일교차가 크다. 이러한 기후적인 특성이 포도를 잘 숙성시키고 신맛을 적절히 유지해 맛있는 와인을 만들어 내는 요인이라 한다. 포도를 재배할 때 화학비료의 사용을 최소화하고 자연 친화적인 재배법을 유지하는 것도 뉴질랜드 와인이 높은 평가를 받는데 일조하고 있다.

크롬웰(Cromwell)은 퀸스타운에서 차로 40분 정도 떨어져 있는 곳인데 포도와 체리를 재배하는 지역이다. 대로변에 청과물을 파는 큰 창고

크롬웰은 과일의 도시로 유명하다.

형 가게들이 보인다. 크롬웰이 과일로 유명한 지역이라는 것을 알고 있어 뉴질랜드 과일을 통 크게 한 번 사 먹어 볼 계획이었는데 불행히도 가게들이 우리가 가는 반대방향 차선 쪽에 위치해 있다. 중간에 유턴하는 지역 표시도 별로 없어 일단 크롬웰 시내로 그냥 들어가고 있다. 나중에 차를 돌려 다시 이곳으로 오리라.

I-site에 도착하니 뉴질랜드 여행 안내서에서 보았던 커다란 과일 조형물이 있다. 그 앞에는 여름철 녹색의 푸름을 보여주는 포도밭이 보인다. 파란 하늘에는 뉴질랜드에서 볼 수 있는 특색 있는 구름이 하나 둥실 떠 있다. 커다란 솜을 한 장 뚝 떼어 하늘에 올려놓았다고 표현할 수밖에 없는 구름이다. 우리나라에서는 지금까지 이런 광경을 거의 본 적이 없는데 뉴질랜드에서는 특이한 구름들을 심심치 않게 본다. 이런 구

솜털 같은 뉴질랜드의 구름

름들도 뉴질랜드의 특색 있는 관광자원이다.

   I-site 앞에 위치한 안내판에 Big Fruit가 안내판 바로 앞에 위치해 있다고 해서 일단 과일을 구경하러 나섰는데 안내판이 잘못된 것인지, 아니면 과일을 파는 장터가 폐쇄된 것인지, 그것도 아니면 Big Fruit가 운영하는 날이 따로 있는 것인지 알 수 없다. 오늘이 토요일이기 때문에 어지간하면 문을 열 텐데 말이다.

   I-site 바로 옆에 위치한 Subway에서 점심을 해결하기로 했다. 여기는 음식 주문하는 방법이 조금 길다.

   우선 Step 1에서 전체적으로 내용물을 감쌀 빵을 고른다. 빵 종류도 Italian Herbs & Cheese, White, Honey Oat, Roasted Garlic, Wheat, Flatbread의 여섯 가지이다. 여기다가 or Try a salad or Wrap의 선택

까지 포함되어 있다. Step 2는 'Would you like cheese?'이다. Cheddar, Swiss, Old English 세 종류에서 고른다. Step 3은 'Any Extras?'이다. 치즈를 더 넣을 것인가, 베이컨을 첨가할 것인가, 아보카도를 첨가할 것인가, Double Meat를 할 것인지 정한다. Step 4는 'Choose Your Salads'이다. lettuce(상추), tomato(토마토), cucumber(오이), onion(양파), capsicum(고추) 중에서 골라야 하고, 좀 더 다양한 선택을 하려면 carrot(당근), olives(올리브), jalapenos(할라페뇨-멕시코 요리에 쓰이는 아주 매운 고추), pickles(피클), beetroot(비트-검붉은 뿌리를 채소로 먹음)까지도 확산된다. Step 5는 'Choose Your Sauce(s)'이다. 이것도 Low Fat과 Regular로 나누어 Low Fat은 네 가지 중에서, Regular는 일곱 가지 중에서 선택해야 한다. 이 단계까지 끝나야 드디어 우리의 자리에 먹음직스러운 음식이 도착한다.

차는 카와라우 강(Kawarau River)을 따라 달린다. 이 강은 뉴질랜드 오타고 지방의 북서쪽을 흐르는 강인데 유속이 빠르고 강력하여 위험할 수 있는데 다른 측면으로 보면 이러한 성질 때문에 근처에 많은 액티비티들이 행해지고 있다. 우리가 이곳에 온 목적은 번지점프를 하기 위해서다. 번지점프는 번지게임(bungee game)이라고도 한다. 1986년 뉴질랜드의 A. J. 해킷이 프랑스의 110m 에펠탑에서 점핑한 후 이듬해 고향 퀸스타운에 돌아와 해킷-번지클럽을 결성한 후 47m 높이의 카와라우 강 다리에서 50명에게 번지점프를 지도하면서 인기 레저스포츠로 발돋움했으며 1988년 11월 번지점프는 상업화되기 시작했다.

번지점프는 원래 남태평양에 있는 섬나라 바누아투의 주민들이 매년

봄 행하는 성인축제에서 시작되었다. 나무로 만든 탑 위에 올라가 칡의 일종인 번지라는 열대덩굴로 엮어서 만든 긴 줄을 다리에 묶고 뛰어내려 남자의 담력을 과시하는 의식이었는데 지금은 많은 나라에서 행하는 액티비티가 되었다.

번지점프는 뉴질랜드에서 처음 상업화되었다.

우리는 네 사람 중 한 사람에게 번지점프를 할 수 있는 기회를 주기로 했다. 가위 바위 보를 하여 이긴 사람에게 회비에서 번지점프를 할 비용을 지불하는 것이었는데 만약에 이긴 사람이 번지점프를 하지 않겠다고 하면 그 사람은 귀국 후 여행 뒤풀이 저녁식사 비용을 부담한다.

일단 번지점프장에 가서 당일 번지점프할 수 있는 상황이 되는지를 확인하고 가위 바위 보를 하기로 하였다. 이곳으로 오는 동안 내내 생각해 보았다. 만약에 내가 번지점프할 기회를 얻으면 어떻게 할 것인가. 한 번 힘차게 뛰어내릴 것인가, 아니면 허공에 뛰어내리는 두려움에 포기할 것인가. 하고 싶은 마음이 10%, 포기하고 싶은 마음이 90%였다. 그런데 이곳에 와서 다른 사람들이 뛰어내리는 모습을 보니 마음이 달라진다. 저 사람들도 하는데 나라고 못할 것이 뭐냐. 여행이란 것이 무엇인가. 평소 일상에서는 하기 힘든 경험들을 해보는 것이 아닌가.

그러나 상황이 허락지 않았다. 토요일이라서 번지점프를 하려는 사람들이 많아서 지금 신청하면 2시간 이상을 기다려야 한다는 것이다. 여기서 2시간을 기다리는 동안 할 일은 아무것도 없다. 그냥 기다리는 일뿐이다. 그 시간 동안 어디를 다녀오는 것도 그리 만만치 않다. 급히 의견을 나누어 시간 관계상 번지점프를 안 하기로 했다. 어쩌면 모두가 마음속으로 바라던 일인지도 모른다.

카와라우 번지의 백미는 '입수'라고 한다. 줄 높낮이를 조절해 천연 빙하수가 흐르는 카와라우 강에 살짝 젖거나 푹 빠질 수 있다. 점프를 완료하면 티셔츠를 공짜로 준다. 나이 제한도 없어 10세부터 110세까지 가능한데 다만 15세 미만 어린이는 어른을 동반해야 한다. 몸무게는 최소 35kg에서 최대 235kg까지. 일단 신청하고 돈을 지불하면 환불은 없다. 점프대에 올라 까마득히 내려다보이는 강물에 현기증을 느껴 점프를 포기해도 이미 지불한 돈을 돌려받을 수 없다(공식 홈페이지 www.bungy.co.nz에서 카와라우 번지에 관한 안내를 찾아볼 수 있다.

중국어, 일본어 버전까지는 있지만 한국어 버전은 없음).

번지점프는 한참을 기다려야 하는데 그 옆 집라이드(Zipride)는 하는 사람이 적어 신청만 하면 금방 할 수 있다. 집라이드는 몸에 안전장치를 한 후 130m의 거리를 줄에 매달려 내려가는 것인데 최대 60km/h의 속도까지 나온다. 혼자 탈 수도 있고 두 사람이 같이 탈 수도 있다.

기왕 번지점프를 못하게 된 것, 남들이 하는 것이나 실컷 보기로 하였다. 번지점프하는 다리 위로 올라갔다. 번지점프를 준비하는 사람들이 안전장비를 착용하면서 번지할 차례를 기다리고 있다. 저쪽 전당대 쪽에서는 많은 사람들이 번지점프하는 광경을 구경하고 있다. 실내 전광판에는 번지점프를 하는 사람들의 모습이 생중계되고 있다.

집라이드를 한 번 해볼까 했으나 일행은 별 관심이 없다. 사실 뉴질랜드에서 집라이드는 비용이 너무 비싸다. 몇 달 전 태국의 치앙다이에 들렀을 때 1일 투어를 했다. 본격적인 액티비티의 첫 번째 순서가 집라인(Zipline)이었는데 이 나무에서 저 나무로 줄에 매달려 이동하는 것

그대의 점프는 나의 구경거리

번지점프가 내키지 않을 때는 집라이드를 선택할 수 있다.

1) 번지점프
성인 195달러, 어린이(10세~14세) 145달러, 패밀리(성인2, 어린이2) 535달러,
둘이 같이 뛰어내려도 각각 195달러

2) Ziproide
성인 50달러, 어린이(8세~14세) 40달러, 3회 연속 105달러, 5회 연속 150달러,
9세 이하의 어린이는 성인과 함께 타야 함

3) Combo
- Bungy + Ziproide : 1회 성인 215달러, 어린이 165달러
- Bungy + Nevis Bungy : 성인 375달러, 어린이 315달러
- Bungy + Nevis Swing : 성인 320달러, 어린이 260달러
- Bungy + Ledge Bungy : 성인 320달러, 어린이 260달러

이었다. 이러한 이동을 열댓 번 정도 질릴 때까지 계속했다. 그 뒤로 뗏목 타기, 코끼리 타기, 점심식사, 고산족 마을 탐방, 래프팅 등 하루 종일 프로그램을 진행하였는데 1일 투어 비용이 할인받아 1,300바트(4만 원 정도)였다. 그런데 여기는 한 번 줄 타고 내려가는데 4만 원이나 하니 상대적으로 뉴질랜드의 비용이 너무 비싼 느낌이 드는 것은 사실이다. 여기 집라이드는 그네에 앉은 자세로 탈 수도 있고, 슈퍼맨이 나는

것처럼 엎드려 팔을 앞으로 멋있게 죽 뻗고 탈 수도 있다. 치앙마이의 집라인은 안전장비로 온몸을 묶은 후 본인이 원하는 자세를 취하고 타게 되어 있다.

이제 퀸스타운(Queenstown) 시내로 들어간다. 퀸스타운은 남섬에서 할 수 있는 대부분의 액티비티가 준비되어 있는 도시로 와카티푸 호반에 위치해 있다. 이 도시는 150여 년 전까지도 양이 풀을 뜯는 목초지였는데 근처 숏오버 강에서 금맥이 발견되면서부터 발전이 시작되었고 지금은 뉴질랜드에서 액티비티의 유명한 메카 도시로 변화하였다.

역시 퀸스타운은 대도시답게 차량이 많다. 오늘 하나 정도의 액티비티를 하려고 하는데 우리 일행 마음에는 숏오버 제트보트(Shotover Jetboat)가 자리 잡고 있다. 차를 일단 주차해야 하는데 주차할 곳이 만만치 않다. I-site 바로 옆에 위치한 숏오버 보트 사무실에서 가까운 곳에 주차를 하기 위하여 두 사람은 차를 몰고 근처에 주차할 곳을 찾고 두 사람은 걸어 다니면서 주차장을 찾기로 하였다.

다행히 보트 사무실 옆 살짝 올라가는 도로에 정식 주차장이 있다. 불과 100m도 되지 않는다. 이름하여 Recreation Ground Carpark이다. 주차료도 그리 비싸지 않다. 아침 8시부터 오후 6시까지 주차요금을 받는데 시간당 0.5달러이고 하루 최고 요금이 2.5달러이다. 당연히 오후 6시 이후 주차하면 주차비는 내지 않는다. 주차비는 관리인에게 내는 것이 아니라 주차요금 기계에 동전을 넣어서 나오는 표를 차 내부 앞쪽에 올려놓으면 된다. 이 주차장에는 P10 구역이 있어 이곳에 주차하는 차량은 주차요금을 안 내도 된다. P10이라는 구역은 10분까지만 주차할 수 있는 지역이라는 것이다.

　제트보트의 한 번 탑승요금은 135달러이다. 10만 원이 넘는 금액이다(어린이 75달러, 패밀리 345달러). 뉴질랜드에서 액티비티를 하려면 눈을 질끈 감아야 한다. 생각하면서 즐기려고 하면 많은 갈등을 하게 된다. 하지만 그럼에도 전 세계 국가로부터 많은 사람들이 이곳에 와서 돈을 쓰며 즐긴다. 공해를 유발하는 산업을 권장하지 않는 나라 뉴질랜드는 관광수입이 나라를 운영하는 데 큰 비중을 차지한다. 우리의 탑승 시간은 오후 5시. 4시 30분까지 이곳에 와서 체크인하고 숏오버 강으로 이동해야 한다.

　티켓을 구입하고 체크인 시간을 기다리는 동안 우리나라에서 온 자유여행자 아주머니들을 만났다. 그녀들은 아이들을 데리고 뉴질랜드 관광을

숏오버 제트보트 타기는
좁은 개울에서 박진감 있게 펼쳐진다.

하는 중이었다. 우리는 남자 4명이 왔다고 하니 "너무하셨어요. 사모님들은 어떻게 하고"라고 한다. 그런데 참 이상하다. 우리가 남자들끼리 왔다면 그녀들은 한국에 남편들을 놓고 온 것이 아닌가. 피차 마찬가지인데. 가끔은 이렇게 남자에 대한 역차별도 있다.

숏오버 제트보트 사무실이 있는 이 공간에는 제트보트만 취급하는 것이 아니다. 번지점프 신청도 받고, 루지(Luge) 타기, 헬리콥터 투어, Guided Walks, 밀포드 사운드 관광, 카약 타기 등 퀸스타운과 인근에서 할 수 있는 여러 가지 액티비티 신청을 할 수 있다. 직원들이 신청을 받는 뒤쪽의 화면은 퀸스타운의 경치를 감상할 수 있는 헬리콥터 투어가 155달러부터 시작된다고 사람들을 유혹하고 있다. 또한 이곳에서 환전도 가능하다.

체크인을 마치고 숏오버 강으로 가는 빨간색 셔틀버스에 올라탔다. 이동하는 동안 앞 모니터에 제트보트 운행에 대한 안내사항이 나온다. 안전에 유의하라는 것, 그리고 제트보트를 운전하는 기사가 검지 손가락을 하늘에 대고 한 번 흔들면 보트가 360도 회전하니 특히 조심하라는 내용이다. 숏오버 강의 강물 색은 에메랄드빛이다. 퀸스타운 인근에서 액티비티로 제트보트를 운영하는 곳은 이곳만이 아니다. 그러나 일반적인 평가는 이곳 숏오버 강에서 행해지는 제트보트가 훨씬 스릴 있고 박진감이 넘친다는 것이다. 숏오버 강의 자연절경을 총알 같은 속도로 이리저리 헤집고 다니는 제트보트 경험은 뉴질랜드 여행을 떠올릴 때마다 두고두고 맴돈다고 하는데 정말 그런지 경험을 해봐야 알 것 같다.

차에서 하차하여 계단을 내려가니 우리보다 먼저 타는 팀의 보트들이 보인다. 강폭이 우리나라 개울 수준으로 깊이도 바로 바닥이 보일 정도로 얕다. 그런데 보트들이 거침없이 지나가고 사람들이 열광하고 있다. 안내원이 모든 소지품을 라커에 넣으라고 한다. 체감속도 100~200km의 속도로 달리기 때문에 소지품을 지니고 탑승할 수 없다는 것이다. 카메라 역시 가지고 탈 수 없다. 그러면 사진은 어떻게 찍는가. 요소에 배치되어 있는 직원이 지나가는 보트를 촬영해 주니 끝나고 나갈 때 찾을 수 있다는 것이다.

구명조끼가 지급된다. 한 블로그에서 읽은 내용에는 튀기는 물에 옷이 젖는 것을 방지하도록 우비도 지급한다는데 지금은 한창 더운 여름철이라 그런지 우비는 생략하는 것 같다. 드디어 우리 순서가 되었다. 직원이 사람들의 몸매를 보면서 자리를 정해 준다. 좌우 균형을 위해서이다.

출발했다. 보트는 좁은 강을 거침없이 달리는데 말이 안 나올 정도다. 바위절벽 투성이의 캐년을 전광석화 같은 속도로 이리저리 헤집고 다니는데 스릴감이 대단하다. 운전하는 직원이 잠시 실수라도 하면 탑승한 승객 모두 보트 밖으로 튀쳐나가 큰 부상을 입을 것 같다. 가끔 직원이 검지 손가락을 하늘 방향으로 올리고 흔들면 앞에 있는 바를 더욱 힘차게 잡아야 한다. 360도 회전하며 스릴과 물방울이 사정없이 덮친다. 이 보트를 타고 있는 동안 우리의 명줄은 저 직원이 쥐고 있다. 이 제트보트에도 명당자리가 있는데 운전 직원의 대각선 자리, 말하자면 보트 뒤편 좌석의 오른쪽 자리이다. 그 좌석에 앉은 사람은 물 싸다구를 가장 많이 맞는다.

탑승을 마치고 사무실로 올라오니 우리 일행의 단체사진과 탑승 모습 사진 여러 장, 그리고 동영상을 USB에 담아 판매한다. 79달러이다. 잠깐 동안 망설였지만 기념이니 구입하는 것으로 의견이 모아졌다. 이 외에도 여러 가지 기념품을 판매하고 있는데 숏오버 볼펜을 하나에 1달러씩 판매하여 선물용으로 여러 개를 샀다. 볼펜 몸체 색깔 역시 빨간색이다. 다시 시내로 들어오는 셔틀버스 기사는 선글라스를 낀 여성인데 이 선생이 같이 사진을 찍을 수 없겠냐고 물으니 흔쾌히 포즈를 취해 준다.

글레노키(Glenorchy)에 가려고 했다. 퀸스타운에서 차로 와카티푸 호수를 따라 1시간 정도 가면 도착하는 곳이다. 평균 고지 2,000m의 거봉들로 둘러싸인 글레노키는 1년 내내 전 세계의 관광객들로 붐빌 뿐만 아니라 밀포드 트랙 중의 하나인 루트번 트랙(Routeburn Track)의 초입으로도 유명하다. 어차피 내일은 밀포드 사운드 오버나이트 크루즈를 하는 날로 밀포드 사운드까지 가기만 하는 일정이라 큰 부담은 없다. 그런데 몸이 나에게 말을 건다.

'이제 오늘은 그만해. 더 이상 하면 무리야.'

여행하다 보면 가끔 느껴지는 몸의 언어가 있다. 그 언어를 제대로 들어야 여행에 무리가 없다. 이전의 여행들을 돌이켜 볼 때 무리를 하면서 일정을 다 소화하면 가끔은 몸의 상태가 망가진 적이 있었다. 여행은 예정된 하루의 일정을 다 소화하는 것이 항상 최선은 아니다. 전체 여행의 일정 속에서 하루의 의미를 따져 보아야 한다. 몸의 언어를 듣기로 했다. "전체적인 여정을 위하여 오늘은 여기까지만 하고 이제 휴식을 취하자. 우리 그동안 너무 빡빡하게 다녔다"라고 일행에게 이야기를 하니 일행 모두 내 말에 동의했다.

'그래, 오늘은 여기 퀸스타운 내에서 편안히 지내자.'

일단 숙소의 체크인을 하기로 했다. 어제 와나카에 늦게 도착하여 리셉션이 닫힌 풍경을 보았으므로 오늘은 늦지 않게 체크인하고 싶었다. 숙소는 퀸스타운 시내에서 공항으로 가는 길목의 호수 변에 위치해 있다. 예약할 때 숙소의 사진을 보니 커다란 리조트라 리셉션을 그리 일찍 닫을 것 같지 않은데 일찍 체크인해서 나쁠 것은 없다.

셔우드(Sherwood). 친환경 호텔인 셔우드는 구내에 레스토랑과 바를 보유하고 있고, 와카티푸 호수와 리마커블스 산맥(Remarkables Mountain Range)을 굽어보고 있는 산허리에 위치해 있다. 전망도 좋고 넓어서 호텔 경내에 여러 가지 부대시설이 갖추어져 있다.

일찍 온 투숙객들은 벌써 그 시설들을 즐기고 있다. 한 가지 아쉬운 점은 객실이 좁다는 것인데 예약할 때 뉴질랜드 숙소 중에서 가격이 저렴한 편이었다. 4인이 하루 묵는데 15만 원이 채 되지 않았다. 싱글침대 2개, 더블침대 1개의 구조였는데 내부에 들어서니 거실에 큰 테이블과 긴 의자, 주방시설 그리고 긴 소파가 2개 놓여 있고 화장실을 지나 안쪽에 방이 하나 있고 더블침대가 놓여 있다. 앞쪽에 있는 소파는 밤에 싱글침대로 바뀐다.

차를 몰고 퀸스타운 시내로 나왔다. 오후 6시가 넘어서 차는 아까 주차해 놓았던 Recreation Ground Carpark에 부담 없이 주차해 놓고 퀸

와카티푸 호숫가의 예술가

스타운 시가지를 둘러본다. 퀸스타운 한인교회가 보인다. 안내판에 한글로 주일 예배 시간 오후 1시라고 적혀 있었다. 안내판을 자세히 보니 위쪽에 St Peter's Anglican Church(Parish of Wakatipu)라 적혀 있고 예배 시간이 10시 30분이다. 한인교회는 이 교회당 건물을 뉴질랜드 교회와 같이 사용하고 있다. 오전에는 뉴질랜드 교인 예배, 오후에는 한인 예배를 드린다. 내일이 주일이라 이곳에서 일찍 예배를 드리고 밀포드 사운드를 향해 출발하려 했는데 형편이 여의치 않다.

와카티푸 호수(Lake Wakatipu)는 'N'자가 거꾸로 뒤집힌 형태의 기다란 내륙호인데, 최대 길이 80km로 뉴질랜드에서 가장 긴 호수인 동시에 면적에서는 세 번째로 크다. 수심도 깊어 최대 수심이 420m이고 평균 수심도 230m나 된다. 호수인데도 파도가 친다. 해가 기울자 저녁

와카티푸 호수에 어둠이 내린다.

안개가 올라온다. 티셔츠에 얇은 윈드재킷을 입고도 호숫가에 있는 게 서늘한데 이곳 사람들은 전혀 개의치 않고 호숫가 모래밭에 앉아 저물어 가는 해를 바라보고 있다.

우리 팀은 나이가 있다 보니 식사에 있어서는 '무조건 저렴'을 찾지 않

는다. 원래 오늘 저녁은 '꼭 먹어 보아야 할 세계 20대 레스토랑'에 들어 있는 퀸스타운 스카이라인 저녁뷔페를 먹을 예정이었는데 다음 주 월요일 저녁까지 모두 예약되어 더 이상 손님을 받을 수 없다고 한다.

우리는 내일과 모레 1박 2일 밀포드 사운드 오버나이트 투어를 다녀

와서 이곳 퀸스타운에 월요일에 다시 숙박하고 화요일 아침에 비행기를 타고 북섬으로 갈 예정이라 월요일 저녁이 퀸스타운에서의 마지막 식사라 스카이라인 저녁뷔페는 아쉬움으로 남았다. 대신 와카티푸 호숫가의 그럴싸한 식당에서 식사하는 것으로 위안을 삼았다.

　호숫가에 사람들로 가득 찬 식당이 있다. 서빙하는 종업원에게 인원수를 말하니 자리를 안내하는데 야외자리이다. 건물 안쪽에는 자리가 없다고 한다. 일단 자리에 앉으니 메뉴판을 가져다주는데 생각보다 가격이 세다. 건물에 인접한 자리라 건물 벽에 붙어 있는 난방기에서 우리 자리로 따뜻한 열을 보내 주는데 한쪽은 따뜻하고 한쪽은 서늘하다. 이래서야 음식의 맛을 제대로 느낄 수 없어 자리에서 일어나 다른 식당으로 가려 하는데 좀 전의 종업원이 우리에게 오더니 안쪽에 자리가 났으니 그곳으로 옮기라고 한다. 이렇게까지 말하는데 다른 곳으로 갈 수 없어서 자리를 옮겼다.

　메뉴판을 보니 애피타이저, 메인, 디저트 순서가 모두 있어 제대로 식사하면 비용이 엄청나다. 종업원에게 코스별로 한 가지씩 다 시켜야 하느냐고 물으니 꼭 그렇지는 않다며 친절하게 음식 주문하는 것을 안내해 준다. 너무 친절하여 이제 다른 마음은 먹을 수 없다. 메인 메뉴에 Baked Whole Fish(800gm~1kg)가 있어 어떤 생선이냐고 물으니 오늘은 도미라고 한다. 각자 한 가지씩 요리와 음료를 주문했다. 실내 좌석이라 서늘하지 않아 요리의 맛을 즐길 수 있을 것 같다.

　빵과 소스가 먼저 나왔다. 이어서 해산물 요리가 나왔는데 뉴질랜드 명물인 초록입 홍합이 들어 있다. 이제야 초록입 홍합을 처음 대하는 것

오늘 저녁식사는 품위를 선택했다.

같다. Whole Fish인 도미는 큰 놈 한 마리가 내장이 제거된 상태로 익혀져 그 위에 버섯과 채소 그리고 소스가 덮여져 있는데 먹음직스러웠다. 식사비용으로 221.5달러가 나왔다.

그동안 뉴질랜드 동전이 많이 쌓여 동전을 소화할 겸 정확하게 221.5달러를 세어서 주니 종업원들의 표정이 오묘하다. 원래 뉴질랜드는 식당이나 택시를 이용할 때 팁을 주지 않는 문화이나 고급 레스토랑 같은 경우에는 팁을 주기도 한다는 내용이 여행안내서에 있었는데 이 식당 같은 경우는 고급 레스토랑의 범주에 들어가나 보다.

밖으로 나오니 날은 거의 어두워졌고 호수 위는 짙은 구름이 덮여 있다. 더 서늘해진 날씨 탓인지 밖에서 식사를 하는 사람은 이제 보이지 않는다. 호숫가에 한 거리의 악사가 피아노를 가져다 놓고 연주를 하고 있다. 순간적으로 뉴질랜드 영화 '피아노'가 떠올랐다. '피아노'의 배경이 되는 해변은 북섬 오클랜드 북쪽에 위치한, 우리의 여행 일정에 들어가 있는 곳이다. 두터운 외투를 입고 바람을 피하고자 목도리까지 두르고 연주를 하고 있는 남자의 모습이 좀 처연하게 느껴진다.

숙소 방향으로 걷고 있는데 젊은이들이 줄을 서 있다. 바 같은 곳인데 입장을 하기 위해 기다리고 있는 것이다. 역시 어디를 가나 젊은 사람들은 에너지가 넘친다. 우리는 저녁을 먹고 나니 피곤하여 휴식을 취하기 위해 숙소로 들어가는데 그들은 아직도 여행의 즐거움을 찾을 기운이 남았나 보다. 주차장에 가니 차가 그대로 잘 모셔져 있다. 나를 제외한 세 사람 모두 저녁식사 때 맥주를 한 잔씩 했기 때문에 숙소까지의 운전은 당연히 내가 하게 되었다.

  차량 통행이 많은 시가지의 야간 운전, 더군다나 우리와 차선이 반대인 곳에서 갑자기 잡게 된 운전대. 여행은 여정에 작은 곤경이 없으면 싱거워진다. 차의 내비게이션과 동료들의 인간 내비게이션에 의존하여 숙소로 돌아왔다. 그런데 숙소에 차를 주차할 공간이 없어 하는 수 없이 도로상에 주차하였다. 다행히 우리 같은 처지에 있는 차들이 몇 대 있어서 마음을 졸이지는 않았다.

오늘의 지출 : 990NZD

아이스크림 14	제트보트 540	저녁식사 221.5
점심식사 34	주차비 2	와인 20
연료 79.5	제트보트 사진 구입 79	

NEW ZEALAND TRAVEL

여섯째 날 _ 1월 10일(일) 퀸스타운 → 테 아나우 → 밀포드 사운드

어제는 많은 여행자들로 붐볐을 셔우드의 공간이 조용하다. 새벽에 문을 열고 방을 나서니 아무도 보이지 않는다. 리조트 밖으로 나서는데 콜택시 한 대가 셔우드로 들어간다. 아마도 아침에 비행기를 타고 퀸스타운을 떠날 어떤 여행자가 불렀으리라. 주위를 둘러보니 셔우드만 있는 것이 아니라 셔우드 뒤쪽에 작은 마을이 형성되어 있다. 어젯밤 늦게 세워 놓은 차가 멀쩡히 잘 있는 것을 보니 마음이 놓인다.

아침 해가 산 위로 떠오르고 있다. 공항과 퀸스타운 시내를 연결하는 큰 도로도 아직은 차량 통행이 뜸하다. 호수가 내려다보이는 곳에서 몸을 풀 겸 체조를 하고 있는데 한 자전거 여행자가 호수 옆 도로를 지나간다. 아침 햇살을 받는 호수와 그 모습이 겹치면서 참 신선해 보인다. 출근복 차림의 한 아가씨가 동네에서 길로 나서더니 금방 오는 시내버스에 올라탄다. 맞아, 우리는 여행객이지만 이곳 사람들은 오늘도 일상을 시작하겠구나.

방으로 돌아오니 이미 라면이 끓여져 있고 밥이 데워져 있다.

와카티푸 호수의 아침

셔우드는 퀸스타운 시내와 공항 중간쯤
와카티푸 호숫가에 자리 잡고 있다.

우리 일행은 술을 좋아하거나 여행 중 술을 많이 마시는 사람이 없다. 저녁식사 때 맥주 한 잔 또는 밤에 숙소에서 와인 한두 잔 정도이다. 그래서 아침에 기상 시간이 늦지 않은 편이다. 밤늦도록 잔뜩 마시고 아침에 "제발 날 좀 내버려 둬" 하는 사람이 없는 것이 여행의 팀워크를 만들어 가는 좋은 요인 중 하나이다. 자몽이 식탁에 놓여 있어 한 입 베어 물었는데 역시나 시다.

밀포드 사운드는 중간에 테 아나우라는 곳을 거쳐서 간다. 퀸스타운에서 테 아나우까지 2시간, 테 아나우에서 밀포드 사운드까지 2시간, 4시간 정도면 간다고 하는데 그것은 쉬지 않고 달렸을 경우이고 우리는 중간에 점심도 먹어야 하고 경치 좋은 곳이 있으면 쉬어 가야 하기 때문에 가능한 아침 일찍 출발해야 전체적으로 여유 있는 진행을 할 수 있다.

퀸스타운에서 밀포드 사운드까지의 직선거리는 100km도 채 되지 않는다. 유명 관광지이니 고속도로를 건설하면 1시간도 안 걸려 도착할 수 있는데 뉴질랜드 정부는 이런 편리성을 추구하지 않는다. 시계방향 원형으로 도는 도로를 그대로 유지하여 290km 정도의 거리를 달려야 퀸스타운에서 출발하여 밀포드 사운드에 닿게 되어 있다. 내비게이션은 숙소에서 공항 방면으로 가다가 길을 바꾸라고 인도한다.

조금 진행하니 왕복 2차선인 도로가 다리 위에서는 왕복 1차선으로 바뀐다. 퀸스타운 인근이다. 'Stop on Red Signal'이라는 이정표 밑에 빨간 불이 켜져 있다. 차를 멈추고 대기하고 있다. 저쪽 편에서는 차가 한 대도 오지 않는다. 그러나 기다려야 한다. 그것이 이곳의 질서이다.

조금 있으니 저쪽 편에서 몇 대의 차가 나타나 다리를 건넌다. 만약 성질 급한 운전자가 '차도 안 오는데 내가 왜 기다려' 하고 다리를 향해 차를 몰았다면 상당한 교통질서 위반자가 되고 국제적인 망신을 당했을 것이다.

   도로 경사가 심하다. 올라갔다 내려갔다를 반복한다. 어떤 구간은 마치 롤러코스터를 타는 것 같다. 어느 지역은 민가가 보이지 않는데 SCHOOL ZONE 표시가 있다. 그런데 바로 앞에 있는 도로의 최고 속도 이정표는 시속 80km로 되어 있다. 좀 얼떨떨하다. 주위에 나무들이 보이기 시작한다. 지금까지 남섬의 일정에서 본 산들은 나무가 없는 민둥산이었는데 밀포드 사운드로 가는 여정에는 나무들이 보이기 시작했다. 주위의 풀밭에는 여전히 양들이 풀을 뜯고 있다.

뉴질랜드 도로에서는 가끔 롤러코스터 타기를 한다.

퀸스타운을 출발하여 95km를 달리면 뉴질랜드 남섬의 최남단인 인버카길로 향하는 6번 국도에서 밀포드 사운드로 가는 97번 도로가 갈라져 나온다. 삼거리에 있는 카페에 차를 세웠다. 운전자 교대 때문이다. 이번 여행에서는 4명의 운전자가 교대로 운전하고 있다. 이제 고두 차량 좌측통행 운전에 익숙해져 있다. 여행 중반으로 접어들자 에이스와 비에이스의 구분이 생겼다. 강 선생과 송 선생은 에이스이다. 운전 기술도 좋고 부드럽다. 이 선생과 나는 비에이스이다. 운전대를 잡았으니 차를 이동시키는 수준이다.

카페 이름은 Five Rivers Cafe이다. 이 근처에 5개의 강이 흐르는지 안내판에도 5개의 강을 그려 놓았다. 잠시 휴식을 취하러 들어간 카페인데 내가 밖에서 사진을 찍고 있는 동안 일행이 샌드위치를 주문해 놓

뉴질랜드 도로에서는 카페가 휴게소 역할을 한다.

았다. 아침을 분명히 한식(?)으로 먹었는데 벌써 속이 허전한 모양이다. 그래, 여행의 즐거움 중 하나는 먹는 게 아니더냐.

나는 핫초코를 주문했다. 여행을 다니다 보니 누구나 자기만의

여행 습관이 있다는 것을 알게 되었다. 나는 여행을 떠나면 카푸치노를 즐겨 마신다. 그 이유를 물어보면 할 말이 없다. 그냥 낭만적으로 보여서 그렇다고 대답해 줄 수밖에. 그런데 오늘은 결코 덥지 않은 여름의 풍경에 따뜻한 음료를 마시고 싶었나 보다. 메뉴판의 Hot Drinks 난에 'We use ORB 100% Arabica Coffee Beans'라고 쓰여 있다. 커피 마니아가 아닌 나는 이 말의 의미를 잘 모르지만 어쨌든 좋은 커피 원두를 사용한다는 말로 알아듣는다.

보통의 커피는 한 잔에 4달러, 카푸치노는 4.5달러, 라떼, 모카, 핫초코 등은 5달러 수준이다. 아침식사도 판매하는데 제법 여러 가지 구색을 갖춘 Five Rivers Breakfast는 22달러이고, 베이컨과 달걀요리는 16달러, 토스트는 11달러이다. Main Meals도 판매하는데 18달러에서 28달러 수준이다.

테 아나우(Te Anau)는 퀸스타운에서 밀포드 사운드로 가는 중간에 위치한 교통적으로도 중요한 도시다. 여기에서 밀포드 사운드까지 가는 2시간의 여정에 기름을 넣을 수 있는 주유소가 없으므로 이곳에서 남은 연료의 양을 확인하고 출발해야 한다.

점심은 중국음식을 먹기로 했다. 여행안내서에 나온 음식점이 있어 가 보니 문에 '休息(Closed)'이라 붙여 놓았다. 다행히 인근에 '중국성(中國城)'이란 음식점이 있어 그곳에 들어갔다. 둥그런 식탁에 의자가 여러 개 놓여 있는 구조로 아마도 중국인 단체 관광객을 주로 맞이하는 곳인 것 같은데 오늘은 단체 관광객들이 없는지 한가했다. 젊은 여성이 우리를 맞이하며 차(茶)를 마시겠냐고 묻기에 달라고 했더니 하얀 도자기에 뜨거운 차를 가득 담아서 가져온다.

메뉴판을 보니 단품 메뉴가 있고 여러 명이 시켜 먹는 세트 메뉴가 있다. 우리나라 식으로 말하면 코스 메뉴인데 두 사람 내지 네 사람이 주문하는 세트 메뉴는 디저트까지 여섯 가지 요리가 나오는데 1인당 28달러이고, 다섯 사람 내지 여덟 사람이 주문하는 세트 메뉴는 디저트까지 여덟 가지 요리가 나오는데 1인당 32달러이다. 단품 요리도 양에 따라 가격이 다르다. 한 예로 Beef with Fresh Mushrooms는 크기 M이 18달러, L이 36달러이다.

무엇을 먹어야 하나. 사실 음식점에 가면 메뉴 고르기가 귀찮을 때가 있다. 실패하지 않으려면 어떤 선택을 해야 하나. 누군가가 내 대신 주문을 해주면 얼마나 좋을까. 눈치를 보아하니 다들 이런 생각 같은데 현지진행을 맡은 송 선생이 이 모습을 보고 자기가 주문하겠다고 총대를 멨다. 역시 절묘하게 진행을 잘한다.

요리가 나왔다. 네 가지를 다르게 시켰는데 기본적으로 밥 종류는 하나 있어야 할 것 같아서 볶음밥을 시켰는데 맛있다. 우리나라 볶음밥과 별로 다를 바 없다. 우리나라는 볶음밥 한 구석에 짜장을 얹어 주는데 여기는 접시에 순전한 볶음밥만 담겨져 있다.

  소고기 요리를 하나는 버섯으로 다른 하나는 양파로 시켰는데 양도 적당하고 맛도 있다. 그러나 전체적인 구성은 같고 하나는 양파를 넣고, 하나는 버섯을 넣었다는 것만 다르다. 탕수육은 좀 벌겋기는 한데 우리나라에서 먹는 맛과 거의 흡사하다.

  전반적으로 좋은 선택이었다. 크기도 모두 M을 시켰는데 우리 네 사람이 먹기에 적당하다. 음식값 계산을 하는데 74달러이다. 18달러짜리 4개를 시켰으니 72달러인데. 간이 영수증으로 작성된 내용을 보니 우리가 먹었던 뜨거운 차가 2달러이다. 공짜가 아니었던 모양이다. 우리나라는 이런 것 공짜로 주는 인심인데. 그런데 가만히 생각해 보니 뉴질랜드의 다른 음식점처럼 음료를 따로 주문하면 비용이 훨씬 커지는데 4명이 충분히 마실 수 있는 뜨거운 차를 주고 차 값이 2달러면 대단한 서비스였다. 역시 세상 사는 어느 정도는 생각하기 나름이다.

중국음식은 우리 입맛에 잘 맞는다.

  이제 오후의 운전이 시작되었다. 지금까지 본 남섬의 경치는 좋았는데 둘러싸고 있는 산들이 나무가 없는 헐

中國城 내부

벗은 산이었고, 도로 옆 풍경도 나무가 없거나 아니면 일렬로 잠깐 자라고 있는 정도였는데 이제는 제법 우거진 삼림이 나타난다. 도로 양옆에 나무들이 우거져 도로가 그늘에 덮여 있는 풍경과 도로 양쪽으로 나무들이 우거져 있고 앞에 보이는 산들도 나무에 덮여 있는 모습을 자주 볼 수 있다. 그러나 직선길보다는 곡선길이 더 많다.

거울 호수(Mirror Lakes)는 여행안내 책에 테 아나우에서 38km 정도 가면 나오는 거울처럼 맑은 호수로 소개되어 있다. 테 아나우에서 출발하여 밀포드 방향으로 가다 보면 도로에 안내표지가 나오고 도로 옆으로 차를 세울 수 있는 공간이 마련되어 있다. 'Return time to carpark 5min' 안내판으로 보아 금방 다녀올 수 있는 거리이다. 실제로 퀸스타

밀포드 사운드로 가는 길가의 숲

운과 밀포드 사운드를 운행하는 모든 대중교통이 이곳에 잠시 정차해 승객들이 호수를 잠시 감상할 수 있도록 하고 있다.

거울처럼 맑은 호수를 기대했는데 바람이 있는지 호수에 작은 물결이 일고 있어 호수 면이 위의 풍경을 반사하지 않아 평범한 호수가 되어 버렸다. 호수를 따라 감상하라고 시설물이 되어 있어 사람들이 시설물을 따라 걸으며 감상할 수 있다. 이곳의 안내판에는 거울 호수가 에글린턴 강(Eglinton River)에 의해 만들어졌다고 한다. 에글린턴 강의 길이는 50km인데, 이 강은 밀포드 사운드에서 동쪽으로 25km 떨어진 곳에 위치한 건 호(Lake Gunn)에서 흘러나와 대체로 남쪽으로 흘러가서 피오드랜드(Fiordland) 국립공원을 통과하여 노스 피오드(North Fiord) 입구 반대편에 위치한 테 아나우 호수 동쪽으로 흘러 들어간다고 한다.

호수가 거울처럼 잘 비쳐지는 이유는 호수 바닥에 풀들이 빽빽하게 자라 있고, 또 나무들이 많이 가라앉아 있기 때문이다. 나무들이 호수 바닥에 가라앉는 이유는 뉴질랜드에서는 산사태나 눈사태도 일어나지만 나무 사태도 자주 일어나기 때문이다. 뉴질랜드는 기후가 좋아서 나무들이 빨리 자라는데 적당한 표토 층이 없는 곳에서는 나무들이 뿌리가 얼기설기 헝클어져 서로를 지지하고 있다. 나무 사태는 보통 비나 눈이 많이 온 후, 뿌리를 지탱하기 힘들 때 발생하는데, 단단한 바위가 있는 땅에서 자라는 나무가 쓰러질 때에는 다른 나무와 뿌리를 같이 끌어당기게 된다. 이 지역의 연간 강수량은 6,000mm 이상이므로 우리나라에서는 볼 수 없는 나무 사태가 종종 발생하는 것이다.

송 선생이 빨리 출발하자고 한다. 여기서 조금 더 밀포드 방면으로 가면 놉스 플랫(Knob's Flat)이라는 곳이 나오는데 테 아나우에서 밀포드 사운드 가는 길목에 있는 유일한 휴게 공간으로 화장실이 있어 지금 우리와 같이 호수를 감상하고 있는 단체 관광객과 같이 놉스 플랫에 도착하면 화장실 이용도 기다려야 하고 번잡하니 우리가 먼저 그곳에 도착하자는 것이다.

놉스 플랫에 도착하니 두 남녀가 차를 주차해 놓고 그 옆에 휴대용 간이의자를 펴 놓고 대자연을 바라보며 이야기를 나누고 있다. 그 모습에서 자연 속에서의 진정한 휴식이 어떤 것인지 느낄 수 있었다. 우리도 뉴질랜드의 자연을 느껴 보자고 여행을 왔는데 뉴질랜드 도착 첫날부터 지금까지 '치고 빠지는' 여행을 계속하고 있다. '천천히 느끼고 감상

밀포드 사운드로 향하는 길

하고 여유를 만끽하는 여행'이 아닌 '기왕 큰 돈 들여 온 여행이니 한 군데라도 더 가 봐야 본전을 뺀다'는 전형적인 '관광객'의 모습을 우리 역시 보여주고 있다. 놉스 타운은 너른 화장실 외에 별다른 인위적인 시설은 없다. 안내에는 '이 화장실을 쾌적하게 유지하기 위하여 2달러를 내 달라'는 문구가 있어 둘러보았는데 받는 사람도 없고 돈을 내는 곳도 없어 그냥 나왔다. 이 선생은 2달러를 내고 나왔다고 한다. 어디에 돈을 내는 곳이 있었을까.

벽 한쪽에 'The Road to Milford Sound'에 관한 안내가 있는데, 테 아나우에서 밀포드까지의 거리는 119km이고 걸리는 시간은 2.5시간이다. 이 길에서는 중간에 차를 세우지 말고 그냥 가야 하는데, 차를 안전하게 세울 수 있는 구간이 두 군데 있다. 테 아나우에서 출발하여 잠시 후에 나타나는 Monkey Creek에 Safe Stopping Area가 있고, 호머 터널에 가까이 가서 The Chapel에 Safe Stopping Area가 존재한다. 나머지 구간은 원칙적으로 도로가에 차를 세울 수 없다.

몽키 크릭은 밀포드 사운드를 향해 가는 길목에서는 중앙선을 넘어가 반대편 차선 쪽으로 들어갈 수 있다. 밀포드 사운드를 관광하는 투어 버스가 반드시 정차하는 곳 중의 하나라고 한다. 입구는 좁지만 비포장도로를 100m 정도 가면 주차할 수 있는 충분한 공간이 있고, 이곳에서 보는 어퍼 홀리포드 밸리(Upper Hollyford Valley)가 이루는 전망은 환상적이라고 한다.

차는 다시 밀포드 사운드를 향해 달린다. 뉴질랜드에 와서 지금껏 날씨가 흐리거나 비가 온 적이 없다. 매일이 맑거나 구름이 살짝 낀 정도였다. 이 정도면 날씨가 우리 여행에 많은 도움을 주고 있는 것이다. 밀포드 사운드 지역은 1년 중 비가 오는 날이 참으로 많다는데 아직까지는 파란 하늘을 보면서 달리고 있다. 한참을 가다 보니 'Cascade Creek Turn Left 300m'라는 안내판이 나온다. '밀포드 사운드에서 가장 가까운 캠프 사이트'라는 설명이 붙어 있다. 차창으로 보이는 산마다 봉우리에 흰 눈을 이고 있다. 모두 만년설이다. 뉴질랜드는 이러한 만년설을 품고 있는 산들이 참으로 많다. 가끔 산에 폭포들이 보이는데 가늘고 길게 산 정상 부근에서부터 흘러내려오고 있다.

드디어 호머 터널(Homer Tunnel)에 도착했다. 호머 터널은 더런 산맥을 통과하는 1,219m 길이 터널로 밀포드 사운드로 가는 도로상에서

호머 터널은 밀포드 사운드로 가는 관문이다.

밀포드 사운드로 가는 차들이 호머 터널 입구에서 신호를 기다리고 있다.

꼭 통과해야 하는 터널이다. 밀포드 사운드로 가는 길을 닦기 시작한 것은 1930년이었다. 1934년에는 더 디바이드까지 길이 연장되었고 호머 터널을 뚫는 작업은 1935년 7월에 시작되었다. 중간에 제2차 세계대전이 발발해서 작업이 지연되었고, 공사 중간에 여러 번의 눈사태 등을 겪으면서 3명의 인명피해가 났다. 지금과 같은 토목공사 장비가 없던 시절이라 인부들이 일일이 손으로 작업하여 만들었다.

동쪽 출구 끝은 해발 945m 높이에 있다. 동쪽 입구에서 터널 안으로 들어서면 5.7도의 경사로 내려가다가 서쪽 출구로 나가게 된다. 지금도 1954년 완공된 그 모습을 유지하고 있어 원래는 왕복 2차선 도로였으나 터널 폭이 좁은 관계로 지금은 왕복 1차선 흐름으로 사용하며 터널 안쪽에 별다른 조명시설을 해놓지 않아 어둡다. 그러나 어쨌든 호머 터널의 완공으로 말미암아 육상으로 밀포드 사운드로 가는 길이 시작되었고 밀포드 사운드는 전 세계적으로 유명한 관광자원으로 변했다.

뉴질랜드의 눈사태는 무섭다. 대부분 봄이나 겨울에 발생하며, 폭발적인 충격파와 시속 200km에 이르는 바람을 만들어 내며 고목을 휩쓸어 버린다. 지금은 눈사태 관리 프로그램을 마련하여 밀포드 로드 위에 있는 눈사태 구역 상태를 주의 깊게 관찰하고 위험이 예상되는 기간에는 마리안 코너에 있는 문이 폐쇄되며 때때로 방문객들의 안전을 위해서 정차 금지 구역을 설정하기도 한다.

터널 앞에 여러 대의 차가 일렬로 주차되어 있다. 터널 앞쪽 신호등을 보니 빨간색 불이 켜져 있다. 지금은 밀포드 쪽에서 이쪽으로 오는 차량이 통행하는 시간이라 테 아나우에서 밀포드 방향으로 가는 차들은 통행이 금지되어 신호가 바뀔 때까지 기다리고 있다. 아직 시간의 여유가 있어 차를 도로 옆쪽으로 빼내어 주차해 놓고 호머 터널 주위의 풍광을 즐기기로 했다. 도로 아래에 큰 공간이 있고 그 끝에 바위산이 있다. 산 위에서 폭포가 흘러내린다. 폭포 끝에는 이전에 내렸던 눈이 아직도 녹지 않아 쌓여 있는데 그 두께가 두꺼워서 그 안으로 공간이 또 있어 사람들이 눈 터널 안으로 들어가 사진을 찍으며 노닐고 있다. 도로 저쪽에도 산이 있으며 여전히 산 위에는 만년설이 쌓여 있고 눈들이 녹으면서 폭포를 형성하고 폭포는 도로를 향해 흘러내리고 있다.

터널 입구의 신호등이 파란 불로 바뀌면서 우리 쪽 차들이 터널로 들어가기 시작했다. 터널 안에는 아무런 조명이 없어 어둠 속에 보이는 것은 앞 차의 불빛뿐이다. 터널을 빠져 나오니 구불구불 험난한 커브길이 기다리고 있다. 마치 우리나라에서 한계령 고개를 넘어 오색 방면으로 갈 때 나오는 구불구불 계속되는 커브길을 달리는 것 같다. 경치는 참으로 여전히 대단하다.

밀포드 사운드 지역. 94번 국도를 달려 도착하니 초입에 비행장이 나온다. 안내지도에 전체적인 지역 사진과 안내 설명이 나오는데 비행장의 크기를 보니 일반적인 여객기가 취항하는 것이 아닌 관광용 경비행기가 이착륙하는 곳이다. 여기서 Visitor Terminal까지는 걸어서 20분, 카페와 화장실까지는 걸어서 5분이다. 여기에도 Milford Foreshore Walk라는 해변 산책 코스가 있어 25분이면 다녀올 수 있다고 안내되어 있다. 곧이어 나타나는 주차장에 차를 세우려니 배의 선착장이 보이지 않아 그곳까지의 거리가 멀어 보인다. 안쪽으로 들어가는 차들이 있어 차를 몰고 들어가니 크루즈 관광 터미널이 보여 직원으로 보이는 사람에게 오버나이트 크루즈를 하러 왔는데 차를 어디에 주차해야 하냐고 물어보니 터미널 앞에 보이는 건물을 돌아가서 나오는 주차장에 차를 대라고 한다.

주차장에 가보니 여러 개의 주차라인이 있는데 한 주차라인에 일렬로 앞뒤로 계속 차를 주차해 놓게 되어 있다. 앞 차 뒤에 차를 주차하면 나중에 앞 차가 나갈 때 우리 차 때문에 움직일 수 없게 되어 주저하니 이 주차장은 모두 오버나이트 크루즈를 하는 사람만 주차하고 차를 빼는 시간이 모두 내일 오전으로 동일하다며 걱정하지 말고 차를 주차하라고 한다. 합리적으로 시스템을 움직이는 곳이니 이런 염려는 하지 않

밀포드 사운드 터미널

아도 되겠다는 생각이 들었다.

　터미널 안에는 밀포드 사운드 크루즈를 운영하는 여러 회사의 카운터가 있다. 우리가 예약한 Real Journey도 보이고 Southern Discoveries, Jucy Cruise 등 여러 회사가 보인다. 테 아나우와 밀포드 사운드를 이어주는 94번 국도 상태가 'ROAD OPEN'으로 표시되어 있다. 터미널 밖에는 터미널과 주차장(Car Park)을 연결해 주는 셔틀버스 시간표가 나와 있다. 셔틀버스는 아침 8시 30분부터 오후 4시 30분까지 15회 운영한다.

　오버나이트 크루즈(Overnight Cruises) 출발 시간은 오후 4시 30분인데 20분 전까지는 도착하여 준비절차를 밟아야 하므로 리얼 저니 카운터에 미리 한국에서 출력해 간 예약증을 제출하니 탑승티켓을 준다.

탑승티켓에는 우리가 지낼 방 번호가 적혀 있다.

밀포드 사운드 지역은 샌드플라이의 서식처로 유명하다. 샌드플라이(Sandfly)는 일명 '흡혈 파리'라고 불리는 해충으로 모기처럼 대롱으로 빨아먹는 것이 아니라 사람의 피부에 상처를 내어 그것을 빨아먹는다. 이것에 한 번 물리면 마치 벌에 쏘인 것처럼 크게 부풀어 오르는데 때로는 가려움이 몇 주간이나 지속되기도 한다. 이 해충은 습지를 좋아하기 때문에 남섬에서도 비가 많이 오고 습한 서해안에 서식한다. 샌드플라이의 공격을 피하는 방법은 가능한 한 피부를 노출시키지 않는 복장을 하고 미리 샌드플라이 기피제를 바르면 효과를 볼 수 있다.

여행을 떠나기 전에 조사한 바로는 이것에 물리면 견디기 힘든 가려움증이 지속되고 참다못해 손으로 상처 부위를 긁으면 상처가 더 커져 아무는 데 오랜 시간이 걸린다고 하였다. 뉴질랜드를 여행하면서 지금까지 샌드플라이를 구경도 못하고 왔는데 이제 우리는 샌드플라이 출몰 지역에 도착한 것이다. 터미널 안에서 샌드플라이 기피제를 판매하고 있다. 가격은 우리나라에서 판매하는 신토불이 벌레 물린 데 바르는 파스 수준이 아니다. 뉴질랜드산답게 비싸다. 일행에게 기피제 구입에 대해 물어보니 그것들이 물어봐야 얼마나 물겠느냐며 다들 가볍게 생각한다. 그러자. 독해 봐야 얼마나 독하겠나. 물리면 참고 며칠 지나면 괜찮겠지.

오늘 탑승할 크루즈선은 Milford Wanderer이다. 이 배는 선실 하나에 두 사람이 잘 수도 있고 네 사람이 잘 수도 있다. 물론 요금은 다르다. 우리는 네 사람 모두 한 선실에서 잠을 자는 방을 선택했다. 오버나이트 크루즈선은 우리가 타는 Milford Wanderer 외에 Milford Mariner 도 있는데 Milford Mariner는 오늘 날짜(성수기)에는 4인실 객실이 없고 2인실 객실만 있다.

크루즈선에 올랐다. 승무원이 객실표를 보더니 자리를 안내해 준다. 우리가 오늘과 내일 1박 2일 동안 지낼 객실은 17호실이다. 메인 홀에서 계단을 타고 한 층 내려가면 나온다. 계단 앞에는 2개의 객실이 있고 두 객실 사이에는 승무원들이 지내는 방이 있다. 우리 객실 앞에 'HYUNGWON'이라고 내 이름이 씌어 있다. 화장실과 샤워실도 가까운 곳에 위치해 있다. 객실은 2층 침대가 양쪽으로 위치해 4명이 지낼 수 있으며 짐은 그 사이 공간에 놓아야 한다. 전반적으로 넓지는 않은데 배라는 한정된 공간이니 편안하게 받아들여야 할 것 같다.

짐을 내려놓고 메인 홀로 올라가니 한 승무원이 승객들을 모아 놓고 오버나이트 크루즈에 대한 전체적인 일정을 설명한 다음 또 다른 승무원이 안전교육을 한다. 특히 1박 2일 동안 바다 위에 떠 있고 다른 액티

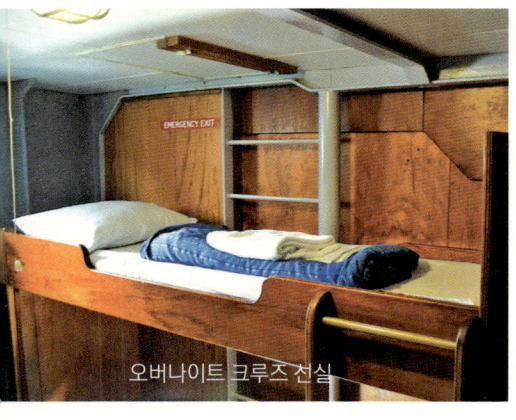

오버나이트 크루즈 전실

배가 항구를 출발하면 웰컴 간식을 제공한다.

셀프힐링 인 뉴질랜드 **169**

밀포드 사운드 오버나이트 크루즈(Milford Sound Overnight Cruises)

1. Milford Wanderer
11월부터 3월까지만 운행한다. 오후 4시 30분에 출항하여 다음 날 아침 9시 15분에 하선한다. 차량을 주차하려면 출발 45분 전까지 터미널에 도착해야 하고, 20분 전까지는 체크인해야 한다. 샤워실과 화장실은 공용이다. 3가지 코스 저녁 디너가 제공되며 채식주의자를 위한 식사도 가능하다. 아침식사는 continental breakfast가 제공된다. 탑승 후 할 수 있는 액티비티로는 전문가이드와 함께하는 1시간 30분 정도의 밀포드 트랙(Milford Track) 트레킹을 하거나 작은 배를 타고 해안선을 탐험하는 두 가지 중 한 가지를 선택한다. 남자 선실과 여자 선실을 구분하여 방을 배정하는데 상황에 따라서는 지켜지지 않을 수 있다. 퀸스타운 왕복 셔틀버스를 이용할 수 있고, 테 아나우 왕복 셔틀버스를 이용할 수도 있다. 5세 이상 어린이부터 탑승 가능하며 4세 이하 어린이는 탑승할 수 없다.

〈1인당 요금〉

가. 밀포드 사운드에서 크루즈만 이용
싱글 621달러/더블 355달러/트윈 355달러(어린이:5세~14세 178달러)/4인실(Quad Share) 305달러(어린이 153달러)

나. 퀸스타운부터 셔틀버스 이용
퀸스타운에서 아침 8시 30분에 출발하고 다음 날 오후 3시 30분에 퀸스타운에 도착한다.
싱글 761달러/더블 495달러/트윈 495달러(어린이:5세~14세 248달러)/4인실(Quad Share) 445달러(어린이 223달러)

다. 퀸스타운에서 밀포드까지는 셔틀버스, 밀포드에서 퀸스타운까지는 항공기 이용
퀸스타운에서 아침 8시 30분에 출발하고 다음 날 오전 11시 40분에 퀸스타운에 도착한다.
싱글 1156달러/더블 890달러/트윈 890달러(어린이:5세~14세 505달러)/4인실(Quad Share) 840달러(어린이 480달러)

라. 테 아나우부터 셔틀버스 이용
테 아나우에서 12시 45분에 출발하고 다음 날 오후 12시 30분에 테 아나우에 도착한다.
싱글 691달러/더블 425달러/트윈 425달러(어린이:5세~14세 213달러)/4인실(Quad Share) 375달러(어린이 188달러)

2. Milford Mariner
11월부터 3월의 성수기와 4, 5, 9, 10월의 비성수기에 운행한다. 오후 3시 30분 또는 4시 30분에 출항하여 다음 날 아침 9시 15분에 하선한다. 차량을 주차하려면 출발 45분 전까지 터미널에 도착해야 하고, 20분 전까지는 체크인해야 한다. 샤워실과 화장실은 공용이다. Three course evening buffet meal과 Cooked breakfast가 제공된다. 탑승 후 할 수 있

는 액티비티로는 카야킹(Kayaking)과 작은 배를 타고 해안선을 탐험하는 두 가지 중 한 가지를 선택한다. 남자 선실과 여자 선실을 구분하여 방을 배정하는데 상황에 따라서는 지켜지지 않을 수 있다. 퀸스타운 왕복 셔틀버스를 이용할 수 있고, 테 아나우 왕복 셔틀버스를 이용할 수도 있다. 모든 연령의 사람들이 탑승할 수 있다(1세 미만의 유아는 무료).

〈1인당 요금〉

가. 성수기(11월~3월)

1) 밀포드 사운드에서 크루즈만 이용
싱글 744달러/더블 425달러/트윈 425달러(어린이:1세~14세 213달러, 1세 미만의 유아 무료).

2) 퀸스타운부터 셔틀버스 이용
퀸스타운에서 아침 8시 30분에 출발하고 다음 날 오후 3시 30분에 퀸스타운에 도착한다.
싱글 884달러/더블 565달러/트윈 565달러(어린이:1세~14세 283달러, 1세 미만의 유아 무료).

3) 테 아나우부터 셔틀버스 이용
테 아나우에서 12시 45분에 출발하고 다음 날 오후 12시 30분에 테 아나우에 도착한다.
싱글 814달러/더블 495달러/트윈 495달러(어린이:1세~14세 248달러, 1세 미만의 유아 무료).

나. 비성수기

1) 밀포드 사운드에서 크루즈만 이용
싱글 521달러/더블 298달러/트윈 298달러(어린이:1세~14세 149달러, 1세 미만 유아 무료)/4인실(Quad Share) 238달러(어린이 119달러).

2) 퀸스타운부터 셔틀버스 이용
퀸스타운에서 아침 8시 30분에 출발하고 다음 날 오후 3시 30분에 퀸스타운에 도착한다.
싱글 619달러/더블 396달러/트윈 396달러(어린이:1세~14세 198달러, 1세 미만의 유아 무료)/4인실(Quad Share) 336달러(어린이 168달러).

3) 테 아나우부터 셔틀버스 이용
테 아나우에서 12시 45분에 출발하고 다음 날 오후 12시 30분에 테 아나우에 도착한다.
싱글 570달러/더블 347달러/트윈 347달러(어린이:1세~14세 174달러, 1세 미만의 유아 무료)/4인실(Quad Share) 287달러(어린이 144달러).

※ 홈페이지 : www.realjourneys.co.nz

비티들도 행하니 주의 깊게 들어야 한다.

배가 출발했다. 간식으로 스프와 빵이 제공된다. 버섯(mushroom)스프가 제법 양도 많은데 걸쭉하다. 음료는 홀의 중앙에 준비되어 있는 커피와 차를 무제한 가져다 마실 수 있다. 이 음료는 24시간 제공되기 때문에 배에 탑승하고 있는 동안에는 언제든지 이용할 수 있다.

승무원이 설명을 하다가 무엇을 물어보았는지 어린아이들을 포함한 가족과 다른 몇몇 팀들이 손을 든다. 우리는 순간적으로 승무원이 말한 설명을 놓쳐서 어떤 내용인지 알 수 없다. 잠시 후, 손을 들었던 일행들이 먼저 배에서 내린다. 그 후 손을 들지 않았던 우리를 포함한 12명의 인원이 배에서 내려 작은 보트에 옮겨 타는데 소독액이 뿌려진 깔판에 신발을 적시고 내려오게 한다. 배에 올라타니 구명조끼를 지급한다. 저녁을 먹기 전까지 뭔가 색다른 액티비티 활동을 한다고 알고 있는데 보트는 한참을 신나게 달리더니 저쪽 편의 육지에 일행을 내려놓는다.

우리 팀에 소속된 배의 승무원이 가는데 20분, 돌아오는데 20분, 왕복 40분 정도의 거리로 밀포드 트랙을 트레킹할 것이라고 말한다. 밀포드 사운드 트랙(Milford Sound Track)은 뉴질랜드의 나인 그레이트 웍스(Nine Great Walks) 중의 하나이며 세계 3대 트레킹 코스로도 유명하다. 뉴질랜드의 시인 밸런치 보한(Blanche Baughan)은 이곳을 '세계에서 가장 멋진 도보길'로 표현했다.

이 트랙은 자연보호를 위해서 철저한 관리체계로 운영되고 있어 사전 예약제로 운영되고 하루에 이용할 수 있는 인원도 제한하고 있다. 더군다나 길이가 53.5km인 관계로 보통 3박 4일의 일정으로 진행된다고 해서 뉴질랜드 현지 일정이 10박 11일인 우리로서는 언감생심 꿈도 못 꾸던 곳인데 갑자기 우리 앞에 밀포드 트랙이 던져졌다. 횡재다. 나중에 밀포드 트랙을 같이 걷던 일행들 이야기를 들어보니 배에서 손을 든 사람들은 보트를 타고 해안선 탐험하기를 신청한 사람들이라 한다.

여행을 떠나오기 전 오버나이트 크루즈를 다녀온 사람들이 여행기를 올린 블로그에서는 카약을 타고 놀던가 보트를 타고 해안선 탐험을 하던가 두 가지 중 한 가지를 선택한다고 했는데 그것은 우리처럼 원더러 호를 탄 사람들이 아니고 마린너 호를 탄 사람이 올린 내용이었다. 우리 일행을 제외한 나머지 일행은 8명인데 모두 남녀로 된 네 쌍이다. 외국 사람들은 아이들을 동반한 가족여행이 아니면 거의 모두가 남녀로 다닌다. 참 신기한 것이 동료들과 다닐 수도 있고 친구들과 다닐 수도

밀포드 트랙 트레킹

있는데 어찌 그리 남녀로 쌍이 만들어져 있을까. 그런데 그들의 시선에는 남자 4명이 다니는 우리 동양인들이 신기해 보일 수도 있을 것이다.

우리가 걷고 있는 길은 밀포드 트랙의 마지막 부분이다. 보통 밀포드 트랙을 트레킹하는 사람들은 테 아나우 호수와 클린턴 강이 만나는 곳에서 출발하여 밀포드 사운드의 샌드플라이 포인트(Sandfly Point)까지 걷고 그곳에서 보트를 타고 나와 밀포드 사운드 선착장까지 와서 트레킹을 마친다. 우리가 트레킹을 시작한 곳이 샌드플라이 포인트이다.

크루즈선의 선원인 가이드가 안내하며 주변을 설명해 준다. 길은 오솔길치고는 넓고 평탄한 편인데 샌드플라이에서부터의 2마일 길은 1890년에 45명의 죄수들에 의하여 개척되었다. 밀포드 트랙의 마지막 거리 표시목인 33마일(53.1km) 표지 부근인 Camp Oven Creek에 도착했다. 400m 정도를 걸어온 것이다. 양쪽으로 우거진 나무 사이로 맑은 물이 흘러내리고 있고 계곡의 가장자리 부분은 많은 이끼류들로 덮여 있다. 계곡 물이 너무 맑아서 바닥의 돌들이 선명하게 보여 마치 HD TV 화면을 보는 것 같다. 가이드는 계곡에 대해 설명해 주며 여기에 흐르는 물은 깨끗하여 식수로 사용할 수도 있다며 본인이 먼저 떠서 마신다. 우리도 손으로 물을 움켜 마시니 물맛이 상큼하다.

가이드는 계속 밀포드 트랙 안쪽으로 가고 있다. 왕복 40분은 멈추지 않고 계속 걸었을 때의 시간이고 가이드의 설명이 있고 트랙 체험이 있으면 시간이 훨씬 더 소요될 것 같다. 좌우의 커다란 나무들 표피에 많은 이끼류들이 붙어 있어 표피가 제대로 보이지 않는다. 확실히 이 지역은 공해하고는 거리가 멀다. 60대 정도 되어 보이는 부부가 정답게 거닐고 있다가 갑자기 남편이 우리에게 자연에 관심이 있냐고 묻더니 어느 나라에서 왔느냐고 물어 Korea라고 대답했더니 부인이 서울에서 2년 정도 근무했었다며 "감사합니다"라고 말한다. 그가 알고 있는 한국말의 표현이다. 그 부부와 대화를 나누며 길을 걸었다.

길가에 커다란 고사리 잎들이 보이기에 이것이 뉴질랜드를 상징하는 고사리 모양이냐고 물으니 그 고사리는 남섬이 아닌 북섬에 있는 실버 편이라는 고사리라고 대답한다. 가이드가 한 식물을 따더니 사람들에게 맛을 보라고 내민다. 민트 향이 난다고 하는데 맛을 보니 정말로 민트 향이 진했다. 가이드는 민트 향이 진하다고 해서 이 식물을 덕으면 안 되니 절대로 먹지 말라는 설명을 덧붙였다.

다시 샌드플라이 포인트로 돌아왔다. 33.5Miles라고 씌어 있는 나무 표지판이 선명하다. 우리가 타고 온 배로 오르려 하는데 갑자기 샌드플라이 떼가 일행을 습격했다. 그런데 한두 마리가 아닌 여러 마리가 떼로 몰려들어 드러내 놓은 피부를 인정사정없이 공격한다. 순식간에 손과 팔 여러 군데를 물렸다. 금방 부어오를 줄 알았는데 피부에 물린 자국만 있을 뿐 그리 가렵지도 아프지도 않은 것이 무성한 소문과 달리 별 느낌이 없었다. 그러나 샌드플라이의 위력은 금방 나타나는 것이 아니다. 며칠 후 우리는 아주 센 가려움증에 시달려야 했다. 원더러 호로 가는 동안 밀포드 사운드의 전경이 보인다. 절경이다. 원더러 호는 바다 한가운데 절벽에 가까이 정박되어 있다.

이제 메인 메뉴가 나온다. 오늘의 메인은 스테이크에 감자, 호박, 삶은 야채이다. 한 사람씩 가서 접시에 담겨져 나오는 음식을 가져오는데

오버나이트 크루즈 저녁 메뉴

디저트 판나 코타(Panna Cotta)

음료는 무료이지만 맥주는 비용을 지불해야 한다. 식사 배식이 끝날 때까지는 주문을 받지 않는다. 10분 후 음료 주문 마감이라고 방송한다. 맥주는 한 잔에 6.5달러, 두 잔을 주문했다. 주문할 때 돈을 지불하지 않고 방 번호를 알려 주고 내릴 때 정산하는 시스템이다. 그러나 현금을 내면 받는다고 해서 현금으로 지불했다.

소스에 덮여 나온 두터운 스테이크 맛이 훌륭하다. 내 입맛이 그리 까다롭지 않아서인지 마치 유명 레스토랑에서 디너로 먹는 기분이다. 감자에는 마늘 소스가 뿌려져 있어 맛이 나고 아스파라거스나 브로콜리도 알맞게 익혀져 있다. 당근을 비롯한 다른 야채들도 보인다. 디저트가 나오기를 기다리다 모두 선실 밖으로 나왔다. 저물어 가는 석양의 밀포드 사운드를 감상하기 위해서다. 기온이 서늘해서 한국에서 입고 갔던 두터운 외투까지 다 챙겨 입고 나가니 딱 적당하다. 해가 아래로 떨어지면서 햇볕을 받는 부분과 그늘진 부분으로 주위 모습이 나누어지면서 밀포드 사운드는 그 경치가 한층 더해지고 있다.

디저트가 나왔다. 식사 안내판에는 판나 코타(Panna Cotta)라고 씌

밀포드 사운드의 저녁에는 겨울복장이 어울린다.

어 있는데 '요리된 크림'이란 뜻의 이탈리아어로 주로 캐러멜로 맛을 내고 차게 해서 먹거나 과일과 초콜릿 소스와 같이 먹는다. 만드는 방법은 생크림과 설탕을 뭉근히 끓이다가 바닐라로 향을 낸 후 마지막에 젤라틴을 넣어 차갑게 굳혀서 만든다. 하얀 접시에 앙증맞게 담겨 나왔는데 배에서 먹는 음식이라서 그런지 음식 위에 키 모양의 과자가 꽂혀 있다. 한쪽에는 딸기까지 올려 비주얼도 좋고 맛도 좋다. 첫날 먹은 음식은 스프에서 디저트까지 모두 맛이 있다. 저녁 만찬에 커피가 빠지면 안 되니 커피를 타서 같이 기분 내며 오늘을 즐긴다.

날이 완전히 저물었다. 밖은 추워서 나가기 힘들어 사람들은 메인 홀에서 시간을 보낸다. 어린이들을 위한 여러 가지 게임 도구들이 갖추어

오늘은 이렇게 밤을 지샌다.

져 있어 사람들이 게임을 하면서 시간을 보낸다. 우리도 객실에 내려가면 잠자는 것 외에 별다른 할 일이 없다. 밀포드에서 일찍 잠을 자기에는 아깝다는 생각에 메인 홀에 마련되어 있는 다트 게임 도구를 가져와 같이 시간을 나눈다.

밤이 깊어 잠자리에 들기로 했다. 내 자리는 2층 침대 위쪽이다. 자리에 누웠는데 이 선생이 지금 밖에 별이 너무나 선명하게 반짝이고 있다며 나가자고 한다. 이 선생과 함께 갑판으로 나가니 남녀 한 쌍만이 추위를 견디며 이야기를 나누고 있다. 다른 사람들은 모두 객실에 있나 보다. 한국에서는 결코 볼 수 없는 별들이 하늘에 가득 차 있다. 우리나라는 북반구에 위치해 있고 뉴질랜드는 남반구에 위치해 있기 때문에 볼 수 있는 별들이 모두 다르다. 우리나라에서는 북두칠성이 방향을 잡는 데 이용되지만 여기에서는 남십자성이 방향을 잡는 데 이용된다.

산 위쪽 하늘에 선명히 보이는 것은 은하수다. 우리나라와 달리 공해 산업이 거의 없는 뉴질랜드 하늘의 은하수가 보인다. 순간 하늘에서 땅으로 유성이 떨어졌다. 워낙 순식간에 벌어진 일이라 사진을 찍지 못했다. 태어나서 처음으로 바라본 유성이다. 별이 쏟아지는 이 풍경을 사진이 아닌 가슴에 담기로 했다. 밀포드 사운드 오버나이트 크루즈에서 이 유성과 선명한 은하수를 본 것만으로 오늘 하루 종일 차를 몰고 달려온 것에 대한 보응을 충분히 받는 것 같다.

바다 저편에 우리 배와 같이 오버나이트 크루즈를 하고 있는 마린너 호가 보인다. 캄캄한 바다 한가운데 불빛을 발하며 떠 있는 배를 바라보니 낭만적으로 느껴지는데 저 배에 타고 있는 사람들도 우리 태를 보면서 같은 생각을 할 것이다. 밀포드 사운드를 낮에 잠깐 스치고 지나가지 않고 밤을 지새우며 경험하기로 한 결정이 탁월했음을 다시 한 번 느꼈다.

삶의 많은 부분은 생각하기 나름이다. 생각의 차이에 따라 삶은 즐거울 수도 있고 벅찰 수도 있다. 인생은 잔치이다. 하지만 대부분의 사람들은 그것을 모른 채 죽어 간다.

오늘의 지출 : 111NZD

| 휴게소 간식 24 | 점심식사 74 | 크루즈 음료 13 |

NEW ZEALAND TRAVEL

일곱째 날 _ 1월 11일(월) 밀포드 사운드 → 테 아나우 → 퀸스타운

선실 밖으로 나왔다. 메인 홀에 불이 켜져 있다. 사실 이 메인 홀은 24시간 불이 켜져 있어 승객들이 이용할 수 있고 승무원들이 교대로 당번 근무를 하고 있다. 갑판으로 나갔는데 역시 춥다. 체조를 하였더니 좁은 2층 침대에서 자느라 뭉쳤던 몸이 풀어진다.

아침식사로 접시에 소시지와 베이컨, 감자 크로켓, 토마토, 에그 스크램블이 담겨 메인요리로 나오고, 식빵과 과일, 요구르트,

아침식사는 식빵과 과일, 요구르트, 음료수가 셀프로 무한 리필이 가능하다.

음료수는 셀프로 무한 리필이 가능하다. 우리 입맛에 소시지와 베이컨은 짜다.

　밤새 정박해 있던 배가 움직이기 시작한다. 배는 어제 항구에서 살짝 떨어진 바다에 정박해 있었고 본격적인 밀포드 사운드 탐색은 이제부터 시작이다. 밀포드 사운드는 빙하가 만든 계곡에 바닷물이 들어와서 만들어진 피오르드이다. 1986년 주변 국립공원과 함께 유네스코 세계자연유산으로 지정되었다. 길이가 16km인 밀포드 사운드는 노르웨이의 송네 피오르드와 함께 세계적으로 알려져 있다.

　이 지역은 1년에 200일 이상 비가 오는데 비가 올 때 밀포드 사운드에 오면 흘러내리는 비가 만들어 놓은 많은 폭포들을 볼 수 있지만 오늘

비가 오는 날에는 이런 폭포가 몇십 개 생긴다.

같이 날씨가 좋은 날에는 3~4개의 폭포 정도만 볼 수 있다. 얼른 커피 한 잔을 빼 들고 갑판으로 나섰다. 해가 산에 가려 미처 다 떠오르지 못해 밀포드의 풍경은 저쪽에 햇볕을 받는 풍경과 이쪽에 아침 기온에 서늘하게 보이는 풍경이 교차되고 있다. 그 사이에 커피를 마시며 미소를 짓고 있는 내가 있다.

양쪽으로 늘어선 절벽에 몇 개의 폭포들이 힘차게 흘러내린다. 배는 넓은 바다 쪽으로 나가면서 커다란 폭포에 가까이 접근한다. 폭포물이 튀어 배에까지 흘러내린다. 스털링 폭포다. 높이 155m인 폭포에서 쏟아지는 물의 위력이 대단하다.

사람들이 자연의 대화를 즐기고 있다. 그늘과 햇살이 겹쳐 있는 산에는 중간에 구름이 걸쳐 있고 냉랭함이 서려 있는 대기

스털링 폭포는 155m 높이에서 떨어진다.

와 함께 분위기는 참 몽환적이다. 밀포드 사운드는 한낮에 보는 풍경도 좋지만 아침 무렵 보는 풍경이 더 감동적이다. 한낮에 보는 풍경이 평면적이라면 아침에 보는 풍경은 입체적이랄까.

사람들이 카메라로 사진들을 찍기 시작한다. 돌고래들이 나타난 것이다. 바다 위로 살짝 뛰어올라 잠시 모습을 보여주고 다시 물속에 잠기는 모습을 여러 번 반복하고 있다. 이것은 밀포드 사운드가 관광객들에게 던져 주는 덤이다. 기왕에 덤을 주려면 바위 위에서 햇살을 즐기고 있는 물개들의 모습도 보여주었으면 좋았을 것을. 아침 햇살을 좋아하지 않는 물개는 해가 쨍한 한낮에 바위에 올라 그 온기를 즐긴다. 뉴질

돌고래 쇼는 밀포드가 관광객들에게 던져 주는 덤이다.

랜드 물개는 밀포드 사운드 전역에서 발견된다. 한때는 가죽과 기름을 얻으려는 사냥꾼들에 의해 거의 멸종될 정도까지 이르렀지만 이제는 완전히 보호대상이 되어 그 수효가 점차 증가하고 있다.

'강수량이 많은 밀포드 사운드와 다른 피오르드에 바닷물이 흘러 들어가면 이상한 일이 일어난다. 이곳에 머무는 동안에 묽은 차 색깔을 띤 민물 표면층이 생기게 된다. 산에서 흘러내리는 많은 빗물은 해수보다 밀도가 낮아서 해수 표면에 층을 만들어 표류하면서 부분적으로만 바닷물과 혼합된다. 개울, 폭포, 그리고 강을 따라서 바다로 가는 동안, 빗물은 타닌산과 숲속 바닥에 있는 다른 유기물질과 혼합되어 색깔을 띠게 된다. 담수성(또는 저염분 함유)의 투명한 물의 두께는 2~3m이며, 자체 변색 때문에 빛 여과장치 역할을 한다. 해수로 뚫고 들어가는 빛이 아주 적어서(피오르드에서의 10m는 해안에서의 70m와 같음) 어두운 곳에서 사는 해양 생물이 훨씬 낮은 곳에서도 살 수 있다. 대부분의 다양하고 독특한 해양 생물이 소위 40m 밴드라고 불리는 수면에 가까운 40m 이내에서 발견된다.' 〈리얼 저니스 Milford Sound 관광안내지〉

밀포드 사운드 지역이 끝나는 태즈먼 해(Tasman Sea)까지 나아갔던 배는 다시 안쪽으로 돌아오면서 폭포에 접근하여 승객들에게 또 한 번 서비스를 제공한다. 배의 앞에는 영화 '타이타닉'에서 주인공들이 보여주었던 유명한 장면을 연출할 공간이 있는데 안전상의 이유로 'No Access'라는 문구와 함께 출입구가 봉쇄되어 있다.

배의 메인 홀에는 밀포드 사운드에 관한 안내지들이 있는데 뉴질랜드의 다른 지역에서는 아시아권은 중국어와 일본어판으로만 되어 있어 무심결에 지나쳤는데 여기 밀포드 사운드에는 리얼 저니사에서 만든 한국어판이 있다. 어제 알았으면 승무원들이 밀포드 사운드에 대하여 설명할 때 훨씬 기름지게 들었을 텐데 아깝다.

배가 다시 선착장으로 향할 때 일시적으로 배가 정박하더니 한 곳에 몇 사람이 내리는데 아이들이 있는 가정으로 밀포드 사운드 수중 전망대로 간다. 이곳은 별도의 요금을 내고 체험해야 한다. 좀 전에 방송 중에 안내를 했다는데 영어가 짧은 나로서는 전혀 모를 이야기다. 항상 느끼는 것이지만 영어실력이 조금만 더 길면 여행이 좀 더 맛이 진할 텐데.

배에서 내리니 리얼 저니스 버스 한 대가 우리 앞에 서 있다. 오버나이트 크루즈를 예약할 때 퀸스타운이나 테 아나우에서 셔틀버스를 이용하기로 한 사람들을 위한 버스이다. 몸이 피곤한데 저 버스를 타고 퀸스타운까지 가면 얼마나 좋을까. 이제 우리는 퀸스타운까지 운전을 해야 한다. 여기서 테 아나우까지는 120km 정도 되므로 이곳에서 차에 연료를 넣고 가기로 했다. 허름한 창고 같은 곳 앞에 2개의 펌프가 있다. 하나는 옥탄가 91 가솔린 넣는 펌프, 또 하나는 디젤 넣는 펌프이다. 이곳으로 오느라 연료를 많이 사용하여서 엔진 계기판의 연료 게이지가 절반 아래쪽으로 떨어져 있다. 연료를 주입하는 방법이 4단계로 설명되어 있다.

1. Identify your pump number.
2. Insert and remove card.
3. Follow instructions screen.

밀포드 사운드의 주유소는 소박하다

오직 신용카드만 사용 가능하다.

4. Go to pump and take fuel.

먼저 연료를 주입할 펌프 번호(1번은 가솔린, 2번은 디젤)를 확인한 후 신용카드를 읽은 후에 넣을 분량을 정하고 기름을 넣으라는 이야기다. 그런데 한 가지 주의할 점은 사무실이 없는 셀프 주유소이기 때문에 이곳을 관리하는 상주 직원이 없으므로 결재할 때는 현금계산이 안 된다는 것이다. 오로지 신용카드로만 결재할 수 있다. 결재하는 곳은 24시간 운영되는데 그곳에 'Credit card access only'라고 쓰여 있다.

이제 우리는 다시 테 아나우를 거쳐서 퀸스타운으로 돌아가야 한다. 테 아나우에는 글로웜 동굴 탐험 프로그램이 있다. 내일 북섬으로 올라가면 오클랜드에서 로토루아로 가는 길목에 와이토모에서 반딧불 동굴을 보러 가는데 여기나 거기나 성격이 비슷하다면 퀸스타운으로 돌아가는 길에 글로웜 동굴 탐험을 하면 내일 움직이는 동선도 간단해지고 로토루아에서 사용할 수 있는 시간도 많아진다. 그리고 만약 내일 와이토모 동굴에 가서 표를 샀을 때 2시간 정도 기다려야 한다고 하면, 보자니 시간이 너무 많이 지체되고, 안 보자니 돌아온 길이 너무 아까운 상황이 벌어질 것 같다는 생각을 이야기하니 일행들 모두 동의했다.

밀포드 사운드 여행자센터에서 글로웜 동굴 탐험 예약이 가능하다고 하여 시간을 물어보니 오후 2시 출발하는 상품이 가능하다고 한다. 오후 2시면 테 아나우에 가서 점심을 먹고 좀 쉬다가 구경할 수 있는 시간이다. 4명의 표를 예약했다.

한 가지 문제가 생겼다. 글로웜 동굴 탐험을 하게 되면 오후 6시 넘어서 퀸스타운에 도착하게 된다. 오늘의 원래 일정은 숙박 호텔로 가서 짐을 내려놓고 한두 사람만 렌터카를 타고 가서 공항에 있는 렌터카 사무실에 차를 반납한 후 공항 셔틀버스를 타고 시내로 돌아와서 밤의 일정을 진행하는 것이었다. 그런데 글로웜 동굴 탐험 관계로 퀸스타운으로 돌아가는 시간이 너무 늦어지니 일단 렌터카 사무실로 전화를 걸어 오늘 반납 시간을 늦추기로 했다.

한국에서 출력해 간 렌터카 회사 번호로 전화를 하니 전화연결이 잘 안 된다. 두세 번의 시도 끝에 연결되어서 용건을 말하니 이 번호로는 그런 문제를 해결해 줄 수 없으니 다른 전화번호를 이용하라고 한다. 아니 무슨 이런 운영 시스템이 있나. 곰곰이 생각해 보니 지금 전화한 번호는 전 세계에서 오는 예약 문제를 다루는 번호였다.

더니든 공항에서 차를 체크아웃할 때 받았던 계약서를 꺼내 들여다 보았다. 다른 전화번호가 있어 전화를 걸어 용건을 말하니 반납 시간 연장이 안 된다고 한다. 렌터카 예약은 송 선생과 내가 같이했는데 왜 차량 반납 시간을 오후 6시로 했을까. 만일을 대비해 오후 8시나 가능하면 10시로 했어야 했는데 왜 그리 급박하게 정했을까. 전화를 받은 담당자는 퀸스타운 공항 사무실은 오후 6시까지만 영업하여 그 이후에 가면 직원이 없어서 반납 차량을 받을 수 없다는 것이다. 그러면 하루 더 사용하고 내일 반납하면 되는지 물어보았더니 그것은 가능하다고 한다. 렌터카를 하루 더 사용하기로 했다. 오늘 내내 사용하고 내일 아침 퀸스타운 공항 지점에 반납한 후 국내선 비행기를 타고 북섬으로 가면 된다.

하루 연장 추가 비용으로 137달러가 나왔다. 예정에 없던 비용이지만 여러 면에서 훨씬 이익이었다. 어차피 오늘 반납하면 두 사람 정도의 공항 셔틀버스 비용과 내일 아침 네 사람의 공항 셔틀버스 비용이 들 것이다. 그리고 짐을 모두 들고 큰길로 나가 공항 셔틀버스를 타려면 그 불편함도 크고, 또 시간을 따져 보았을 때 내일 아침은 부지런히 움직여야 한다. 이 모든 것을 다 고려하면 우리가 선택한 것은 아니지만 결과적으로 여행의 편리성은 더해졌으니 눈 딱 감고 편안히 받아들이기로 했다.

일단 내가 운전대를 잡았다. 일행 중에 내가 제일 나이가 많다. 나이가 많다고 어려운 일에 한 발 물러서면 좋은 모습이 아니다. 모든 일을 공평하게 나누고 힘들 때 먼저 나서서 어려움을 감당해 줘야 여행의 품격이 올라간다. 조수석에는 강 선생이 앉아 지키기로 했다. 출발하자마자 뒷자리에 앉은 송 선생과 이 선생은 꿈나라로 들어갔고 앞자리의 두 사람은 고독하게 차를 몰고 있다.

어제 밀포드로 올 때 미러 레이크(Mirror Lakes)와 호머 터널 외에 별

다른 구경을 하지 않았으므로 돌아가는 길목에 있는 크고 작은 구경거리들을 볼 계획이었다. 우선 밀포드 사운드 가까이에는 클레다우(Cleddau) 강이 깊게 갈라진 폭이 좁은 틈을 22m 낙하해서 어퍼 폭포로 떨어진다는 캐즘(The Chasm)이 있다. 주차장에서 1km 정도 되는 거리에 있어 천천히 구경해도 왕복 40분이면 충분하다. 이곳은 빙하가 녹아 세차게 흐르는 시냇물이 주변의 바위를 뚫고 여러 가지 형상의 바위조각품을 만들어 냈다. 오가는 길목도 숲 속 전체에 습기가 가득해 바위는 물론 나무까지 이끼로 가득 덮여 마치 밀포드 트랙을 트레킹하는 느낌을 준다고 한다.

이글링턴 밸리 뷰 포인트(Eglinton Valley View Point)도 있다. 이곳은 밀포드에서 테 아나우로 가던 길에서 미러 레이크까지 몇 분 못미처 위치한 곳이다. 영화 '반지의 제왕'을 촬영한 곳이다. 길에 이정표가 있으니 주의하여 보면 찾을 수 있다. 이 정도는 일정에 크게 지체되지 않은 선에서 둘러볼 수 있으나 2시에 동굴탐험 예약을 해놓았기 때문에 어찌될지는 모르겠다.

어제 좁은 침대에서 잠을 자느라 몇 번 깨서 그런지 운전을 하는데 살짝 피곤함이 몰려온다. 그래도 퀸스타운 가는 여정에 최소한 1/4 되는 거리는 운전을 하려고 참고 차를 몬다. 어제 넘었던 한계령(?) 고갯길을 올라가는데 운전 감각이 좀 떨어지는 것 같다. 손과 눈에 피로가 쌓여 있다.

호머 터널에 도착하니 우리가 가는 차선이 대기신호를 받고 있다. 어제는 못 봤는데 대기 시간이 표시되어 있다. 전광판에 '앞으로 2분 41

2분 41초 후에 신호가 바뀌면 호머 터널에 진입할 수 있다.

어떤 이는 떠나고 어떤 이는 찾아간다.

초 후에 신호가 바뀌니 그때까지 기다려 달라'는 이야기가 표시되어 있다. 드디어 'Prepare to Go'로 바뀌었다. 다시 호머 터널을 통과한다. 호머 터널은 사람이 걸어서 통과할 수 없고, 통과하는 차량은 중간에 멈추지 말라는 주의사항이 터널 밖에 안내되어 있다. 차량이 터널을 통과할 수 있는 최고 높이는 3.81m이다. 호머 터널을 나와 다시 차를 멈추었다. 일단 쉬다 가자.

시간이 일러서인지 퀸스타운에서 출발한 차들이 아직 이곳에 도착하지 않아 밀포드로 가는 차들은 한가하게 그대로 녹색 신호를 받고 터널로 들어가고 있다. 쉬었는데도 여전히 피로가 깊게 느껴진다. 나의 운전 반응이 느린 것을 눈치 챈 강 선생의 걱정이 보이는 듯하다. 결국 테아나우 75km 남았다는 이정표를 보고 더 이상은 무리라는 생각에 준비된 드라이버 강 선생에게 운전대를 넘겼다. 뉴질랜드 운전의 에이스인 강 선생이 운전대를 잡자 안심이 되었는지 나도 모르게 잠이 쏟아진다. 조수의 소임을 다하지 못하고 운전자의 양해를 얻어 잠에 빠졌다.

키아가 우리 앞에 나타났다.

자유여행은 길 위에서의 낭만은 적고 수고로움이 더 많다. 하지만 여행이 끝난 뒤엔 낭만이 남는다.

차를 잠시 세우고 쉬고 있는데 새 한 마리가 나타났다. 키아(Kea)이다. 사람을 무서워하지 않는지 도망갈 생각을 하지 않는다. 야생 키아 새에게는 자연보호 차원에서 사람들이 인위적으로 먹이를 주지 못하게 되어 있다.

테 아나우. 어제 점심을 먹었던 중국성으로 다시 들어갔다. '진정한 여행은 그 나라 음식을 즐겨 먹는 것'이라는 말이 있지만 나는 생각이 좀 다르다. '무엇을 먹을까'의 정답은 '그때 입맛에 당기는 것을 먹는 것'이다. 문을 열고 들어가니 어제 그 젊은 여성이 다시 맞이하며 우리 일행을 알아보고 살짝 미소를 짓는다. 오늘은 주문에 약간 변화를 주었다. 우선 육체적으로 지쳐 있어 부담 없이 먹을 수 있는 죽을 하나 시키고 탕수육 하나, 어제 먹었던 버섯요리 하나 그리고 해산물 요리를 하나 시켰다. 차도 주문했다. 어제 마셨던 따끈한 중국차가 당겼다. 주문한 모든 음식이 전체적으로 한국 사람 입맛에 맞는다.

테 아나우 호수 주변에 커다란 새 한 마리가 있다. 테 아나우의 상징으로 만든 조형물인데 타카헤(Takahe)라는 새이다. 이 새는 키위와 마찬가지로 날지 못하는 새인데 한때는 뉴질랜드 전역에 서식했으나 외래종인 담비와 쥐에게 잡아먹히고 도입한 사슴에게 먹이를 빼앗기면서 멸종의 길로 몰렸다. 야생 타카헤는 1948년 재발견되기까지 50년 동안 멸종된 것으로 여겨졌으나 현재 뉴질랜드 전역에 200마리 정도 서식하고 있다고 한다.

리얼저니 사무실은 바로 타카헤 새 길 건너 호숫가에 위치한다. 밀포드 사운드에서 예약한 종이를 탑승권으로 교환하고 주위를 둘러본다.

사무실에서 몇 가지 기념품들을 판매하는데 마누카 허니가 첨가된 비누와 Throat Lozenges(인후염용 정제)라는 목캔디가 눈에 띈다. 마누카 허니는 뉴질랜드에서만 자생하는 천연 차나무인 마누카 꽃에서 채취한 꿀로, 뉴질랜드의 원주민인 마오리족은 옛날부터 마누카 꽃을 민간요법으로 사용해 왔다. 오랜 연구 결과, 이 꿀에는 다른 일반 꿀에서는 볼 수 없는 특수한 활성 성분이 존재한다는 사실이 발견되었고, 영국의 BBC와 TIME, 미국 CNN을 통해 전 세계에 알려졌다. 보습과 영양,

뉴질랜드는 마누카 꿀을 이용한 상품이 많다.

상처치유 및 재생 효과가 뛰어난 마누카 허니는 그래서 '식품인가, 의약품인가'의 논쟁이 일고 있다. 미국 FDA에서는 마누카 꿀을 함유한 상처치료용 꿀 드레싱 제품을 승인한 바 있다.

마누카 꿀은 항균 효과가 뛰어나지만 독성이 없는 것으로 알려져 있다. 더군다나 Throat Lozenges 목캔디는 프로폴리스(propolis)까지 함유했고 순수 활성 항 박테리아 수치(MGO)가 650+인 마누카 허니를 첨가하였다.

보통 마누카 꿀이 의약적으로 효과가 있으려면 UMF 지수가 10+ 이상은 되어야 한다. UMF란 'Unique Manuka Factor'의 약자로 뉴질랜드의 '액티브 마누카 꿀 산업협회(Active Manuka Honey Industry)'의 공인된 품질보증 표시이자 활성수치를 뜻한다. 뉴질랜드 일반 슈퍼에서 판매하는 마누카 꿀은 5+와 10+ 두 가지인데 5+와 10+의 가격 차이도 크다. 10+를 넘어서는 제품은 일반 슈퍼에서는 발견하기 힘들다. MGO 수치가 650+ 정도면 UMF 지수로는 25+가 훨씬 넘어서기 때문에 의학적인 효과는 분명히 있다. 항균수치가 높기 때문에 캔디를 먹는 동안 자연스럽게 목이 항박테리아 영향을 받아 기침할 때 효과를 본다. 그러나 목캔디는 2세 미만의 어린이에게는 적합하지 않다.

여행에서의 선물은 귀국 전 한꺼번에 사려고 해서는 안 된다. 큰 쇼핑센터나 슈퍼마켓에 본인이 여행 중에 봐 두었던 모든 물품들이 다 구비되어 있는 경우는 극히 드물다. 그때그때 눈에 띄는 대로 조금씩 사 두어야 한다. 여행 후반기에는 선물 구입이라는 복병 때문에 일정에 부담을 느끼는데 중간중간 사 놓으면 그러한 부담에서 벗어날 수 있다. 얼른 비누와 목캔디를 구입했다.

  글로웜 동굴(Te Anau Glowworm Caves) 탐험은 배를 타고 테 아나우 호수 저쪽으로 가는 것으로부터 시작된다. 테 아나우 호수는 길이 53km, 폭 10km로 뉴질랜드에서 타우포 호수에 이어 두 번째로 큰 호수이고 깊이는 가장 깊다. 가장 깊은 곳이 수심 417m라 오세아니아 주에서 가장 큰 담수량을 가지고 있다. 테 아나우가 해발 200m인 지점이고 호수 수심이 417m이니 217m가 바다 깊이만큼 많이 들어가 있다. 다른 호수와 달리 공해가 없고 청정지역이라 호수 물을 그대로 마실 수 있는 곳으로 알려져 있다.

  배에는 안내 설명이 영어와 중국어로 되어 있다. 햇살이 따가워 갑판에 나가지 않고 실내 좌석에 앉아 있는데 앞쪽에 앉아 있는 어린아이들이 힐끔힐끔 우리를 쳐다본다. 우리가 동양인이라 그런가 하고 있는데 어딘지 낯이 익다. 어제와 오늘 밀포드 사운드 오버나이트 크루즈를 같이했던 아이들이다. 눈이 마주치자 살짝 웃어 주었더니 얼른 고개를 돌린다. 어린아이들이라 부끄러운가 보다. 호수가 넓어 배로만 30분을 간다.

  동굴 입구에 있는 탐험 사무실에서 잠시 동굴 탐험에 관한 안내 설명을 한다. 한 일행이 먼저 떠나고 우리를 비롯한 12명이 남았다. 남아 있는 사람들은 글로웜 동굴 안내영상을 본다. 글로웜은 우리나라의 반딧불이와 비슷한, 꽁무니 부분에서 녹색 빛을 내는 곤충이다. 알에서 20~24일 정도면 부화한다. 이후 약 9개월 동안 어두운 동굴이나 바위, 흙이 파인 곳에서 서식하면서 빛을 내어 날아다니는 벌레를 유혹하는데 마치 거미가 거미줄을 치듯 투명하고 찐득찐득한 줄을 내려 이 줄에 걸려든 벌레를 잡아먹는다. 이후 번데기로 약 12~13일 정도 있다가 모기보다 약간 큰 날아다니는 벌레로 태어나는데 성충이 된 후 1~5일 동안 50개 정도의 알을 낳고 죽는다.

테 아나우 글로웜 동굴 탐험

글로웜은 입이 없어 성충이 되면 서서히 굶어 죽는다.

테 아나우 호수를 30분 정도 크루즈선을 타고 호수를 건너 도착하는 Cavern House에서 안내 설명을 듣고 동굴에 들어가서 글로웜 체험을 한 후 다시 크루즈선을 타고 돌아오는 코스로 2시간 15분이 소요된다. 계절에 따라 하루에 진행하는 탐사 횟수가 달라진다. 탐험 성격상 4세 이하의 유아에게는 권장하지 않는다.

- 겨울철(~2016년 9월) : 하루 2회(오후 2시, 7시)
- 2016년 10월 : 하루 3회(오후 2시, 5시 45분, 7시)
- 2016년 11월, 12월, 2017년 1월 : 하루 5회(10시 15분, 오후 2시, 5시 45분, 7시, 8시 15분)
- 2017년 2월 : 하루 6회(10시 15분, 오후 2시, 5시 45분, 7시, 8시 15분 9시 30분)
- 요금 : 어른 79달러, 어린이(5세~14세) 22달러, 4세 이하 유아 무료(어른 요금은 2016년 11월부터 81달러로 인상됨. 어린이 요금은 변동 없음)

※ 홈페이지 : www.realjourneys.co.nz

일찍 죽는 이유는 성충이 되면 입이 없기 때문에 먹이를 먹을 수 없어 굶어 죽기 때문이다. 영상이 끝났는데 출발하지 않는다. 사무실에 커피와 차가 준비되어 있어 언제든지 마실 수 있다. 뉴질랜드는 영국의 문화가 많이 남아 있어 차 문화가 많이 발달하였다. 이런 곳에서는 차를 마셔 주는 것이 뭔가 여행의 풍미가 나는 것 같아 차를 한 잔 마셨다.

동굴에 입장하는데 각 일행별로 동굴 입구에서 사진을 찍어 준다. 저 사진은 분명히 동굴 탐험을 마치고 나올 때 인화된 상품으로 변하여 구입 의사를 물을 것이다. 퀸스타운에서 제트보트를 탄 후 사진과 동영상을 비싼 값으로 구입했던 경험이 있던 터라 사진을 찍지 않겠다고 하니 미소로 그냥 보내 준다. 동굴 안으로 들어갈 때 카메라는 가지고 갈 수 없다. 휴대폰으로도 사진을 찍을 수 없다. 동굴 안에서 빛을 발할 수 있는 것은 가이드가 가지고 있는 작은 손전등뿐이다. 동굴 안의 상태 보존을 위해서 탐방객의 안전을 위한 최소한의 불빛 외에는 어떤 인위적인 조명장치를 쓰는 것도 엄격히 제한하고 있다.

동굴 안으로 들어서니 종유석들이 보인다. 산 위에 있는 오르벨 호수(Lake Orbell)에서 동굴 안으로 흐르는 폭포가 있어 많은 물소리가 들린다. 우리는 가이드의 손전등에 의지하여 한 걸음씩 앞으로 나아간다. 보트에 올라탔다. 잠깐 켜졌던 불빛이 꺼진 후 천장에 고정된 줄을 잡고 조금씩 앞으로 나아간다.

얼마쯤 가자 글로웜이 있는 곳에 도달했다. 이제 인위적인 불빛은 없다. 완전히 캄캄한 어둠 속에서 보이는 것이라고는 글로웜이 내뿜는 줄뿐이다. 이렇게 캄캄한 어둠 속에 있었던 적이 언제이던가. 캄캄함 속의 고요. 소리 내는 사람이 아무도 없다. 눈을 감았다. 지나온 옛날이 떠오른다. 이제는 그리움 속에 묻혀 생각도 나지 않던 그 옛날이 다가온다. 눈을 떴다. 캄캄한 어둠 속에 글로웜 줄만이 보인다. 다시 눈을 감으면 옛날과 만나고, 눈을 뜨면 오랜 시절 경험했다고 생각되는 캄캄한 어둠이 다가온다. 눈물이 났다. 뭔지 모를 슬픔이 느껴졌다. 성인이 된 후 잊어버렸던 그 옛날의 나와 대면하는 기분이었다. 이 체험을 잘 선택한 것 같다. 뉴질랜드에 와서 여러 멋진 풍경들을 보았지만 그것은 관광객의 입장에서 그저 본 것뿐이고 이러한 감정을 느끼고 감동받기는 여기가 처음이었다. 테 아나우의 글로웜 동굴이 '세계에서 가장 초현실적인 여행지 20위'에 뽑혔다고 하는데 정말 잠시 동화마을에 들어와 있는 것 같았다.

오늘의 탐험 진행 계획을 보니 최고 성수기라서인지 7회 진행한다. 11시 30분부터 시작해서 오후 8시 15분 마지막 진행을 하는데 오후 2시부터 오후 7시까지의 진행은 'Full' 표시가 붙어 있고 자리가 있는 것은 마지막 오후 8시 15분 출발 하나뿐이다. 내일은 오전에 10시 15분 출발 진행이 있고 나머지 6개는 오후 진행인데 아침 10시 15분, 오후 2시, 오후 7시 역시 'Full' 표시가 붙어 있다. 당일 현장에 나타나 "나 동굴 가보고 싶소" 하면 "얼마 정도 기다리시오" 하는 대답이 나올 것 같다. 뉴질랜드에서 액티비티를 하고 싶으면 미리 예약해야 한다. 인터넷 홈페이지에서 1년 예약을 받는데 실제 날짜가 다가오면 상황을 봐서 진행 편수를 늘이는 것 같다.

동굴 탐험 리얼 저니스 사무실 길 건너 있는 POP INN CAFE 야외 탁자에 앉아서 아이스크림을 먹는다. 이제 오늘 일정은 퀸스타운에 돌아가 시내에서 나머지 시간을 보낼 것이라 여유가 있다. 아까 보았던 테 아나우의 상징인 타카헤 새 조형물 건너편에 기념품점이 보인다. 'Fiordland House'로 제법 커 보여서 혹시나 살 기념품이 있는가 들어갔더니 지금까지 보았던 어느 기념품점들보다 넓고 다루고 있는 상품의 종류가 많다. 테 아나우는 중국인 단체 관광객이 많이 오는 지역이라 가게 주인은 중국 사람이다. 상품 가격도 다른 곳보다 저렴한 편이다. 등산 재킷이 다양한 종류가 많아 하나 구입했고, 아내에게 줄 윈드 재킷도 하나 샀다.

밀포드 사운드에서 퀸스타운으로 가는 길은 4명 모두 돌아가면서 운

타카헤는 현재 뉴질랜드에 200마리 정도 서식하고 있다.

전을 하고 있다. 좁은 배 안에서 1박 2일 동안 지내는 것이 꽤 피곤했나 보다. 다시 호수를 따라 달리고 있는데 저쪽에 전망 포인트가 보인다. 우리나라의 신차 광고촬영을 했던 곳이라고 송 선생이 알려 준다.

오버나이트 크루즈를 편하게 퀸스타운에서 시작하여 다시 퀸즈타운까지 가서 마치는 셔틀버스 이용 상품으로 했으면 어땠을까. 우리가 직접 밀포드 사운드까지 차를 이용한 것은 두 가지 이유에서였다.

우선 크루즈만 하는 것은 1인당 305달러였고 퀸스타운에서 셔틀버스 왕복까지의 비용은 445달러였다. 1인당 140달러 차이가 나는데 네 사람이면 560달러였다. 우리나라 돈으로 45만 원 정도의 금액이다. 이 정도면 우리가 쉬엄쉬엄 운전해 가면 되지 않겠냐 싶었다. 그러나 이틀 동안의 렌터카 비용이 274달러이고 왕복 기름값까지 생각하면 300달러를 훌쩍 넘기는 금액이 된다. 그러면 그 차이가 240달러 정도라고 생각하면 1인당 60달러, 5만 원이 조금 못 되는 액수지만 무시할 수는 없다. 그러나 돌아올 때의 피로함을 생각해 보면 한 번 고려해 볼 만하다.

두 번째 이유는 셔틀버스는 퀸스타운에서 밀포드를 왕복하는 동안 테 아나우에서 점심을 먹을 때 외에는 중간에 정차를 하지 않는 것으로 생각했다. 왕복의 여정에 크고 작은 볼 것들이 많은데 달랑 밀포드 사운드만 보는 것은 단순한 관광이라고 생각했다. 그러나 알고 보니 셔틀버스를 이용해도 오가는 길에 나타나는 핵심 포인트에서는 버스를 잠깐 세워 승객들이 사진을 찍고 잠시라도 즐길 수 있는 시간을 주었다.

셔틀버스는 옆과 위가 모두 풍경을 즐길 수 있는 투명한 통창으로 되어 있어 경치를 보는 측면에서는 좋지만 해가 쨍하고 반짝이는 날에는

밀포드 사운드 패키지 상품은
퀸스타운 왕복 여정에 어지간한 관광지에서
잠시 차를 멈춘다.

왕복 8시간 동안 그 햇볕을 모두 받아야 한다. 차에는 햇볕을 가릴 커튼 같은 것이 없다. 그러므로 이 모든 것을 염두에 두고 선택해야 한다.

  나중에 가족들과 함께 다시 뉴질랜드에 여행을 온다면 이 상황에서 어떤 선택을 할까. 지금으로서는 결정을 내릴 수 없다. 그때 가족 구성원들의 생각이 모아지는 쪽으로 따라야 할 것 같다. 항상 남의 떡이 커 보이는 법이다. 패키지여행을 하는 사람들은 자유여행을 하는 사람들을 만나면 '저 사람은 얼마나 좋을까. 자기들이 보고 싶은 것만 보고 시간의 융통성도 얼마든지 있고'라고 부러워한다. 자유여행을 하는 사람들은 패키지여행을 하는 사람들을 볼 때 '저 사람들은 얼마나 편할까. 구경 마치면 저렇게 버스가 와서 대기하고 있어 편하게 다시 이동할 수 있고, 필요 없는 시간 버리지 않고 편안한 숙소와 수준 있는 식사를 할 수 있고…'라는 생각을 하면서 부러워한다.

현재 퀸스타운은 관광·휴양지로 발달되어 있지만 역사적으로 볼 때는 그리 자랑스러운 도시가 아니다. 퀸스타운 주변의 구릉지는 오래전에는 울창한 온대우림이었으나 모두 용광로의 땔감으로 베어져 지금과 같은 초현실적인 풍광으로 바뀌었다. 부근에서 발견된 구리광과 금광의 개발로 강물도 유독성 유황 가스로 오염되어 다시는 나무가 자라지 않는다. 폭우가 땅 표면의 흙을 다 쓸어 내려 이제 남은 것은 보라색과 금색이 나는 바위뿐이다. 인간과 공해가 자연을 얼마나 파괴할 수 있는지 보여주는 생생한 증거가 바로 퀸스타운이다. 지금은 주변 민둥산의 삼림을 다시 복원하는 문제가 논의되고 있는데 지역 주민 중에는 지금 이 상태로도 충분히 관광 명소이니 그대로 두자는 의견과 원래대로 온대우림 복원을 하자는 의견이 맞서고 있다고 한다.

퀸스타운의 시가지는 넓지 않다. 시내 중심부만 놓고 보면 충분히 걸어 다닐 수 있다. 퀸스타운은 대도시이므로 숙소의 리셉션도 늦게까지 열려 있을 것이라 생각하고 일단 차를 스카이라인(Skyline)으로 향했다. 사실 스카이라인은 숙소에서 걸어가도 충분하다. 퀸스타운 중심가에서 걸어서 5분이면 퀸스타운을 아래로 굽어보는 밥스 피크(Bob's Peak)의 스카이라인 놀이공원으로 향하는 곤돌라를 탈 수 있다.

주차장에 도착하니 P240 구역이 있다. 무료로 4시간 주차할 수 있는 공간이다. 그것도 아침 8시부터 오후 6시까지이다. 그 이후는 당연히 무료주차이다. 휴일은 차들이 몰리니 주차비를 받을까. 아니다. 'Mon-Sun'으로 표시되어 있으니 1년 사시사철 무료주차이다. 이곳은 왜 이리도 인심이 좋을까. 기분 좋게 차를 주차하고 주위를 둘러보니 바로 앞에 공동묘지가 있다. 우리나라처럼 봉분이 올라간 산소가 아니라 영화에 나오는 돌로 된 비석들이 서 있는 풍경이지만 비바람 부는 밤에는 공동묘지라는 느낌이 물씬 들 것이다.

스카이라인은 퀸스타운에만 있는 독특한 장소는 아니다. 스카이라인은 뉴질랜드 레저 회사 이름인데 퀸스타운과 북섬의 로토루아 두 군데서 운영을 한다. 사람들은 이곳을 퀸스타운에 왔으면 꼭 들러야 할 '머스트 해브 아이템(Must Have Item)'이라고 이야기한다.

곤돌라를 타고 이곳에 오르면 퀸스타운 지역에서 가장 멋진 전망을 자랑하는 탁 트인 파노라마 장관을 볼 수 있다. 코로넷 피크(Coronet Peak)와 리마커블스 산맥, 그리고 와카티푸 호수 너머 세실 피크(Cecil Peak)와 월터 피크(Walter Peak)까지 조망할 수 있다. 이곳에 있는 레스토랑의 식사는 '꼭 한 번 먹어 보아야 할 세계 20대 레스토랑 저녁뷔페'에 들어 있다. 또한 번지점프나 루지 등의 액티비티도 할 수 있다. 그러나 오늘 일정은 전망대에서 퀸스타운을 둘러보는 것이 전부이다. 소문난 레스토랑은 오늘까지 예약이 꽉 차서 이용할 수 없고, 루지도 로토루아에 있는 스카이라인에서 운영하는 루지가 훨씬 더 길고 재미있다는 평판에 루지 이용도 아껴 놓고 있다.

스카이라인 전망대까지 걸어서 올라갈 수 있으나 보통은 곤돌라를 타고 올라간다. 곤돌라에 자전거도 싣고 올라갈 수 있어 자전거를 즐기는 사람들도 스카이라인을 이용할 수 있다. 그들은 전망대에서 퀸스타운의 파노라마 풍경을 감상하고 자전거를 타고 내려오는 스릴을 즐

퀸스타운 스카이라인 액티비티. 우리를 유혹하는 많은 선택들

긴다.

　여기서는 곤돌라를 이용하고 줄 길이가 100m가 넘는 액티비티 그네를 탈 수 있는 Ledge Swing Combo 상품도 있는데, 요금이 어른은 192달러인데 Today's Special로 Gondola+Swing+4 Luges 요금을 어른 200달러에 판매한다는 안내 전광판도 보인다.

　곤돌라를 타고 산을 오르는데 경사가 예사롭지 않다. 멀리서 봤을 때 산의 경사가 크다고 생각을 했는데 막상 곤돌라를 타고 올라보니 경사가 아주 급하게 느껴진다. 곤돌라가 거의 산 위에 올라갈 무렵 옆에 번지점프대가 보인다. 퀸스타운 한가운데 있는 번지점프인데 이곳 번지점프는 호수를 향해 떨어지지 않고 호수를 바라보고 뛰어내리는데 바로 밑은 숲이다.

전망대에서 보는 와카티푸 호수 풍광이 너무 멋지다. 레스토랑에서도 와카티푸 호수 풍광을 바라보면서 식사를 할 수 있다. 호수 건너의

스카이라인에서 보이는 와카티푸 호수 전경

산들이 풍경으로서는 이국적이고 멋지지만 이전의 온대우림이 우거졌던 산이었음을 생각해 볼 때 그리 편하게만 볼 수 있는 것은 아니다. 어린이들이 미니 중장비들을 가지고 놀 수 있도록 준비되어 있어 어른들이 풍광을 즐기는 동안 어린이들도 자기들만의 시간을 즐긴다.

세계 유명 도시 방향과 거리를 나타내는 이정표들이 있는데 South Pole(남극)이 4,998km, North Pole(북극)이 15,003km으로 나와 있다. 이곳이 남반부에 위치해 있다는 것이 실감 난다. 그러나 세계 여러 군데에서 볼 수 있는 이정표에 Tokyo는 나와 있지만 Seoul은 나와 있지 않다는 것이 여전히 세계에서의 한국과 일본의 외교적 위상 차이를 느끼게 하는 것 같아 조금은 씁쓸하다(이곳에 Beijing은 나와 있지만 Tokyo는 나와 있지 않다).

산 밑으로 떨어져 가는 햇살 속에 한 여자가 호수를 바라보며 식탁 벤치에 앉아 책을 읽고 있다. 서양 사람들은 주어진 상황 속에서 여유롭게 독서를 한다. 한 가족은 유모차를 옆에 두고 삶을 이야기하고 한 커플은 간이 건물 뒤편에서 서로 껴안고 열정적인 키스를 나누고 있다.

퀸스타운에서 꼭 먹어 보아야 할 음식으로 퍼그버거(Fergburger)를

여행의 낭만을 만들어 가는 사람들이 있다.

꼽는다. 퀸스타운 한 곳에서만 영업을 하는데 너무나 유명하여 위키백과에도 실려 있을 정도이다. 무려 30종류 이상의 햄버거를 판매한다고 하는데 양고기 버거, 팔라펠 버거, 사슴고기 버거 등 이국적이고 다양한 버거가 많다. 그저께도 가게 앞에 사람들이 길게 줄을 서 있더니 오늘도 역시 가게 앞에 많은 사람들이 서 있다. 한 번 먹어 보려고 했으나 줄을 서는 게 귀찮다. 아침 8시 반에 오픈해서 새벽 5시에 문을 닫는다고 하는데 아침 8시 반 오픈 시간에 맞추어 오면 줄을 서지 않고 버거를 구입할 수 있다고 하나 우리는 내일 아침 북섬 오클랜드로 가는 비행기가 예약되어 있어 아침은 퀸스타운 공항에서 해결해야 한다.

저녁은 한식을 먹기로 했다. 퀸스타운 시가지 한복판에 자리 잡고 있는 Kim's KOREA. 늦은 시간 들어가니 종업원들이 홀을 정리하고 있다. 너무 늦게 왔나 싶어 식사를 할 수 있느냐고 물어보니 가능하다고 한다. 금방 단체손님들이 지나간 것 같다. 영업을 종료할 수도 있는데 동포를 받아 주는 그들이 고맙다. 이야기를 들어보니 오늘 단체손님을 치렀다고 한다.

모두 자기 식성에 맞추어 음식을 주문했다. 여행이 즐거워지려면 식탁 위의 모험이 필요하다. 여전히 호기심이 넘치는 이 선생은 양고기 로스구이를 주문했다. 해물파전도 하나 시켰다. 가격은 한식이라 그리 가벼운 편이 아니다. 개인 메뉴로 정식류는 20달러이다. 불고기 정식도 20달러, 오징어 정식도 20달러…. 그래 오늘은 인간답게 살아보자. 나온 음식이 한국에서 먹는 맛 그대로다. 현지인들의 입맛에 맞추어 변형된 것이 아닌 우리 한식 맛 그대로다.

한국사람에게는 한식이 최고다.

　호텔은 시내 한복판 언덕 위에 위치해 있다. 퀸스타운 시가지는 평지도 있지만 언덕도 많다. 늦은 귀가로 이미 주차장은 만차라 주차할 곳이 없다. 하는 수 없이 호텔 앞 도로에 주차했다. 체크인할 때 호텔 로고가 찍힌 볼펜이 있어 하나 달라고 했더니 망설임 없이 새 볼펜을 하나 준다. 옆에 있던 이 선생도 받았다.

　방에 들어서니 방의 구조가 좋고 거실도 참 넓다. 그저께의 퀸스타운 셔우드는 실내 공간이 좁았지만 여기는 침대가 있는 방도 넓고 거실에 식탁도 참 넓다. 물론 두 숙소는 가격 차이가 있다. 셔우드가 14만 원대고 여기 하트랜드는 18만 원대다. 방 안 침대 스탠드에 메모지와 함께 호텔 로고가 찍힌 볼펜이 또 하나 놓여 있다. 거실 저쪽에는 트윈 침대가 있고 방에는 넓은 더블 침대가 있는데 더블 침대도 양쪽에 개인용 스탠드가 놓여 있다.

오늘은 남섬에서의 마지막 밤, 아쉬운 마음에 쉽게 잠을 이룰 수 없어서 아까 이 선생이 산 와인을 놓고 식탁 옆에 모두 둘러앉아 이야기를 나눈다. 6일 동안 바람처럼 참 잘도 다녔다. 다니는 동안에는 비를 한 번도 만난 일이 없고 맑은 날만 계속되었다. 액티비티를 할 때마다 진행 요원들로부터 오늘은 참 날씨가 좋다고 "You are lucky"라는 말을 여러 번 들었다. 이제 내일 아침에는 북섬으로 떠나는데 북섬에서는 어떤 즐거운 여행의 하루들이 벌어질까. 기대해 보자.

오늘의 지출 : 849.85NZD

연료비 66.85	점심식사 74	저녁식사 113
렌터카 연장 137	아이스크림 14	화장실 1
글로웜 동굴 탐험 316	곤돌라 128	

NEW ZEALAND TRAVEL

여덟째 날 _ 1월 12일(화) 퀸스타운 → 오클랜드/오클랜드 → 로토루아

    숙소가 언덕 위에 있어서 숙소 건물 지붕 사이로 와카티푸 호수가 보인다. 도로에 나가 보니 길가에 차들이 일렬로 많이 주차되어 있다. 우리처럼 밤늦게 호텔에 도착한 모양이다. 이 정도면 나중에 주차위반으로 벌금이 날아올 일은 없을 것 같다.
    떠오르고 있는 해가 가까이 있는 산을 파노라마로 만든다. 그늘이 져 푸름이 더 진하게 보이는 부분과 햇빛을 받아 포근하게

도롯가에 차들이 주차되어 있다.
여기도 사람 사는 세상이다.

보이는 부분. 그나마 이렇게 푸르른 나무가 우거진 산은 시가지 바로 옆에 위치한 얕은 산이고 멀리 높게 솟아 있는 산들은 햇빛을 받음에도 불구하고 나무가 없어 산의 맨살이 보이는 것이 거칠고 포근함이 없게 느껴진다.

호텔 길 건너 성당 건물이 눈에 띈다. St. Josephs Catholic Church이다. 벽돌로 지은 건물인데 창문틀과 건물 벽의 경계 부분을 하얀 페인트로 칠해 깔끔한 인상을 준다. 문이 열려 있으면 잠깐이라도 들러서 머리를 숙이고 싶다. 성당 앞에는 하얀색의 AATKings 관광버스가 서 있는데 하얀 바탕색 위에 빨갛게 뉴질랜드 지도가 그려져 있고, 검은 키위새들이 그려져 있는 것이 뉴질랜드라는 느낌을 강하게 전달한다.

차의 뒷면에 사람들에게 던지는 질문이 그려져 있다. "Have you made someone smile today?" 답은 무엇일까. 답은 "We have!"이다. 대답 역시 차에 그려져 있다. 전통적인 알프스풍 건축물로 지어진 숙소

퀸스타운에는 나무가 있는 산도 있고 헐벗은 산도 있다.

는 리셉션 입구 역시 같은 디자인인데 덕분에 숙소 건물의 맨 위층(그래 봐야 2층 내지 3층)은 거실 부분이 다락방 구조로 되어 있어 천장이 삼각구조 경사를 이루고 있다.

어제 Guest Laundry가 밤 9시 30분에 마감되어 며칠 동안 쌓인 빨래를 하지 못했다. 이제 더 이상 갈아입을 옷이 없으니 오늘은 기필코 세탁해야 한다. 이 선생이 네 사람의 빨랫감을 모아서 Laundry로 뛰어갔다. 빨래 30분, 건조 40분. 동전만 사용할 수 있는데 Laundry가 운영하고 있는 동안에는 리셉션이 문을 열고 있기 때문에 동전을 교환할 수 있다. 이른 아침이라 이용객이 아무도 없어 얼른 세탁기를 작동하고 왔다고 이 선생이 말한다.

이제 짐을 싼다. 정리가 끝나는 대로 공항으로 가서 차를 반납하고 북섬으로 가는 비행기를 타야 한다. 공항으로 떠날 시간이 다 되어 가는데 아직 빨래는 건조중이다. 더 기다릴 수 없어 20분만 건조하고 빨랫감을 꺼내 다시 개인별로 분류해서 짐 가방에 넣는데 아직 건조가 덜 되었다. 분명히 나중에 냄새가 나겠지만 어쩔 수 없다.

더니든에서 차를 렌트할 때 연료를 가득 채워서 받고 대신 반납할 때 연료를 가득 채우는 조건이었다. 공항으로 가는 중에 주유소가 있어야 연료탱크를 가득 채워 반납해 패널티 요금을 내지 않을 텐데 주유소가 없으면 어떡하나…. 다행히 공항 가는 길목에 주유소가 두 군데나 있어 기름을 가득 넣고 공항으로 향한다. 공항 에어리어 초입에 렌터카 사무실이 보인다. 직원은 차의 외면 상태 등을 살피고 "OK"라고 말한다.

퀸스타운 공항은 크지 않다. 국제선 항공편도 있기는 하나 호주까지 다니는 항공편 정도이고 뉴질랜드 국내를 연결하는 국내선 항공편이 주를 이룬다.

청사 건물은 단층 건물이라 마치 한국의 커다란 버스터미널에 들어선 느낌이다. 청사에 들어서면 짐 무게를 달아 볼 수 있는 전자저울이 놓여 있어 수속을 밟기 전 미리 자기 짐의 무게를 체크할 수 있다. 그러나 오늘 우리는 각자가 가진 짐의 무게에 예민하지 않아도 된다. 이번 항공편은 각자 23kg의 범위 내에서 1개씩의 짐을 화물로 부칠 수 있도록 예약했기 때문이다. 우리가 셀프 체크인 기계 앞에서 얼쩡거리고 있으니 멋진 유니폼을 입은 에어 뉴질랜드 직원이 나타나 보딩 패스 발급을 도와준다. Bag Drop에 가서 짐을 부치니 이제 몸이 가벼워졌다.

이륙과 착륙 스케줄을 보니 이곳은 오클랜드와 크라이스트처치로 가는 항공편이 대부분이고 뉴질랜드의 수도인 웰링턴으로 가는 항공편은 어쩌다 하나 눈에 띈다. 항공사도 에어 뉴질랜드가 대부분을 차지하고 저가항공사인 제트스타(Jetstar) 항공편은 가뭄에 콩 나듯 보인다. 공항

셀프 체크인이 어려울 때는 직원의 도움을 받으면 된다.

퀸스타운에서 운항하는 국내선 스케줄

영화 '반지의 제왕'과 '호빗'은 뉴질랜드의 훌륭한 관광자원이다.

청사 대부분이 통유리로 되어 있어 활주로의 모습이 후련하게 보인다.

아침을 먹어야 하는데 오클랜드 공항보다 청사가 작아서인지 맥도날드 같은 패스트푸드점이 보이지 않는다. 식사할 수 있는 곳이 몇몇 군데 눈에 띄는데 햄버거 같은 식품은 없는 것 같고 빵이나 샌드위치, 샐러드를 파는 곳이 대부분이다. 한 군데 가서 주문하는데 주문을 받는 아가씨가 우리끼리 하는 말을 듣더니 "한국에서 오셨어요?" 하고 우리말로 묻는다. 우리나라 사람이다. 우리나라 사람이 뉴질랜드 퀸스타운 공항 내에서 일할 줄은 생각도 안 했다. 어쨌든 주문이 쉬워졌다. 음료의 특징까지 다 설명해 주는데 1회용 용기에 담아 있는 것들은 금방 갈아서 만든 과일주스라고 한다. 아침이라

마누카 꿀이나 프로폴리스가 첨가된 상품은 훌륭한 여행 선물이다.

가볍게 시킨다. 뉴질랜드에서 먹는 음식은 무엇을 먹으나 다 맛있다. 청사 한쪽에 음수대가 있어 물을 마실 수 있다.

청사 안에는 에어 뉴질랜드의 비행기 역사를 보여주는 기념품 비행기들이 전시되어 있는데 그중 한 비행기에 영화 '반지의 제왕'과 '호빗'의 장면들이 그려져 있다. 이 영화들은 뉴질랜드 관광 분야에 참으로 커다란 역할을 하였다.

9시 35분 출발이라 보딩 패스에는 보딩 타임이 9시 15분으로 나와 있다. 시간적 여유가 있어 송 선생과 함께 청사를 둘러보다 꿀과 화장품, 치약 등의 약품류를 판매하는 가게를 구경한다. 그동안 뉴질랜드 일반 슈퍼에서 보기 힘들었던 MGO 550+인 꿀이 보인다. 이 정도면 UMF 지수로는 25+ 정도 된다. 건강에 확실히 도움을 줄 수 있는 수준의 꿀이다. 일반 슈퍼에서는 UMF 지수가 5+와 10+의 제품을 판매했다. 그러나 MGO 550+인 꿀은 가격이 세다. 100% 순도를 보증하는 꿀 250g짜리 한 병이 110달러이고 500g짜리 한 병은 215달러이다. 1kg의 양으로 따지면 430달러로 35만 원에 육박하는 금액이다.

마누카 꿀이 좋다는 것은 알지만 여행 선물로 구입하기에는 비싸다. MANUKA anti-aging night cream은 가격이 좀 착하다. 하나에 20달러. 아내를 위하여 얼른 구입했다. 관절에 좋다는 뉴질랜드 초록입 홍합으로 만든 크림도 있고, 로열젤리도 있다. 그중 몇 가지를 샀다.

치약도 판매하는데 프로폴리스 치약이 보인다. 프로폴리스(propolis)는 러시안 페니실린 또는 천연 페니실린이라고도 하는데 꿀벌이 자신의 생존과 번식을 위해 여러 식물에서 뽑아낸 수지(樹脂)와 같은 물질에 자신의 침과 효소 등을 섞어서 만든 물질이다. 세포대사에 중요한 역할을 하며 항암 작용까지 한다. 가격도 착해서 100g짜리 하나에 4.95달러이다. 이보다 좀 더 고급인 치약도 있다.

마누카 허니 MGO가 400+이고, 프로폴리스 BIO가 30+인 치약도 두 종류가 있는데 같은 용량의 치약이 어떤 것은 10달러, 어떤 것은 12달러에 판매한다. 그래, 이번 여행의 핵심 선물품목은 치약이다. 그런데 세 가지 중 어떤 치약을 살까 망설이는데 옆에 있던 송 선생이 기왕 선물로 사는 것 가장 좋은 것으로 사자고 한다. 12개를 사면 하나를 덤으로 준다고 하여 12개를 사서 반반씩 나누기로 했다. 내 친구 중에 여행을 가면 꼭 그 도시의 치약을 사는 친구가 있다. 한국에 돌아와서 이를 닦을 때마다 여행 중에 사 온 치약을 사용하면 여행 갔을 때의 기분이 느껴져 기분이 좋아진다고 한다.

계산하러 가니 직원이 이 비행기를 타고 어디를 가냐고 묻기에 오클랜드라고 말하니 그곳에 계속 머물 거냐고 다시 묻는다. 북섬에 3박 4일 머물고 한국으로 돌아갈 것이라고 하니 오클랜드를 떠날 때 칼 항공편을 묻는다. 아무 생각 없이 알려 주니 "너희가 구입한 총 물건 값이 일정 금액 이상 되니 이 모든 것을 면세 가격으로 구입할 수 있다"는 것이다. 그렇다면 진열대 위의 금액이 아니라 가격이 많이 할인되는 것이다. 기분이 좋아졌다. 대신 여기서 물건을 가져가는 것이 아니그 출국 전 오클랜드 공항에서 물건을 받을 수 있다면서 확인증을 떼어 준다.

가게 문을 막 나서는데 이 선생이 우리를 향해 달려왔다. 비행기 보딩 타임이 되었는데 탑승장에 도착하지 않아 달려왔다는 것이다. 시계를 보니 출발 시간 20분 전이다. 다른 사람들이 탑승하기에 금방 오겠지 하고 비행기에 들어섰는데 계속 우리 두 사람이 보이지 않았다는 것이다. 활주로 관리 직원이 승객들이 다 탑승한 줄 알고 비행기 스테어 웨이(연결 계단)를 치우기에 얼른 직원에게 "2명의 동료가 아직 안 왔으니 기다려 달라"(영어로)고 말하고 우리에게 달려왔다는 것이다.

급히 뛰어 탑승구를 지나는데 직원이 우리를 보더니 오토바이 타는 흉내를 내며 "부아부아" 하고 말한다. 빨리 뛰라는 뜻이다. 비행기에 오르니 자리에 앉아 있는 사람들이 다 우리를 쳐다보는 것 같다. 아직 출발 시간 전이라 다른 탑승객들에게 폐를 끼친 것은 아니지만 좀 미안했다. 우리 뒤로 다른 두 사람이 올라온다. 다행히 우리가 꼴찌는 아니다. 숨을 헐떡이며 자리에 앉았다. 위기의 순간을 모면하게 해준 이 선생이 고맙다. 이 선생은 이번 여행에서 담당한 역할 중 하나인 '위기돌파'를 잘하고 있다.

　이 선생이 여행에서 위기돌파 역할을 한 것은 이번만이 아니다. 몇 년 전 직장동료들과 동남아로 여행을 간 적이 있다. 마지막 날 쿠알라룸푸르에서 에어 아시아 항공편으로 한국으로 돌아오는 일정이었다. 그때까지 에어 아시아는 저가항공사였기에 쿠알라룸푸르의 메인 공항인 KLIA 공항을 이용하지 않고 20km 정도 떨어진 LCCT 공항을 이용했다 (지금 에어 아시아는 KLIA과 가까이 위치한 KLIA2 공항 이용). 쿠알라룸푸르 시내 KL 센트럴과 LCCT 공항을 연결하는 버스는 SKYBUS(빨간색)와 다른 회사에서 운행하는 AEROBUS(노란색) 공항버스가 있었다. 운임은 SKYBUS가 AEROBUS보다 1링깃 비쌌다.

　비행기 출발까지 여유가 있었던 우리는 15분 정도 기다려 1링깃 싼 AEROBUS를 탔다. 여행 마지막 날이라 피곤이 몰려와 버스에서 잠이 들었는데 눈을 떠 보니 버스가 서 있었다. 신호등에 걸린 것으로 생각하고 다시 잠이 들었는데 이 선생이 갑자기 우리 일행을 깨웠다. 빨리 짐을 챙겨서 내리라는 것이다. 영문도 모르고 짐을 챙겨 내리는데 우리 모습을 본 외국인 몇 사람도 같이 버스에서 내렸다. 도로에 우리가 탄 버스 외에 다른 공항버스가 멈춰 서 있어 얼른 버스에 올라탔다.

　무슨 일이냐고 이 선생에게 물어보니 이 선생 왈, 버스가 멈춰 서기에 무슨 일인가 하고 버스에서 내렸는데 버스가 고장이 났는지 기사가 버스 밑에 누워서 작업하더라는 것이다. 그래서 잠시 경치를 감상하는데 버스 기사가 갑자기 저쪽으로 사라지더니 오지 않기에 직감적으로 기사가 버스를 고치다가 안 되니 사라졌다고 생각해 시계를 보니 우리가 탈 비행기가 출발할 시간이 가까이 다가옴을 알았고 얼른 도로에 나가 다음에 오는 공항버스를 손들고 세워 놓았다는 것이다. 우리나라 같으면 이런 경우에 기사가 본사에 연락해 다른 대체수단을 준비할 텐데 여기는 그런 시스템이 아닌가 보다. 올라탄 버스에서 또 요금을 내야 했다.

공항에 도착하니 우리가 탈 에어 아시아의 해당 카운터는 Closed 상태였다. 이 선생이 그 옆에 있는 에어 아시아 직원에게 공항버스 상황을 이야기하고 카운터를 다시 열게끔 하여 출발을 몇 분 안 남겨 놓고 보딩 패스를 발급받아 겨우 비행기에 올라타 한국에 돌아올 수 있었다. 에어 아시아는 저가항공이기 때문에 No Show일 때는 아무런 보상을 받을 수 없다. 공항버스 상황을 이야기해도 통하지 않을 것이고 우리는 비싼 돈을 들여 다시 항공권을 구입하고 한국으로 돌아왔어야 했다.

에어 뉴질랜드 승무원은 3~40대 아줌마들이다. 모두 나이가 있어 덩치는 있지만 키는 훨칠하다. 이번에는 밀크 티가 아닌 커피를 마시기로 했다. 여행을 떠나는 비행기 안에서 마시는 커피가 세상에서 가장 맛있는 커피가 아니던가. 우리는 지금 북섬으로 여행을 떠나고 있다. 남섬

에어 뉴질랜드는 그들만의 분위기가 있다.

세상에서 가장 맛있는 커피는 여행지로 떠나는 비행기 안에서 마시는 커피다

셀프힐링 인 **뉴질랜드**

의 하늘을 통과하는데 파란 산에 덮인 하얀 눈이 선명하다. 커피가 담겨 있는 럭셔리한 종이컵에는 뉴질랜드 북섬의 동쪽 해안지대에 위치한 호크스 베이(Hawke's Bay)에서 2016년 5월에 국제마라톤 대회가 열린다고 Hawke's Bay International Marathon에 대한 안내가 나와 있다.

오클랜드 공항에 도착한 비행기 몸체에 뉴질랜드의 상징인 실버 펀(Silver Fern)과 코루(Koru) 로고가 선명하다.

실버 펀은 나무 고사리로 잎사귀 위쪽은 짙은 녹색인데 아래쪽은 은색이 돌아서 실버 펀이라는 이름이 붙었다. 마오리어로는 '퐁가(ponga)'라고 하는데 길이가 10m까지 자란다고 한다. 실버 펀은 뉴질랜드에서 가장 인기 있는 스포츠인 럭비의 국가 대표팀인 올 블랙스(All Blacks) 상징이며 또한 뉴질랜드의 모든 국가 대표팀은 이 실버 펀을 마크로 사용한다.

실버 펀은 2016년 뉴질랜드 국기를 새로 바꾸려는 움직임의 최종 후보작에도 등장했다. 흰 바탕에 붉은 십자가가 그려진 국기를 사용했던 뉴질랜드는 영국이 뉴질랜드를 점령한 1840년부터 하루아침에 국기를 '유니언 잭(영국 국기)'으로 바꿔야 했다. 그 후 남십자성을 의미하는 4개의 별이 국기에 추가되고 1902년 이를 공식 국기로 제정한다.

5년 뒤 뉴질랜드는 영국으로부터 독립하고도 이 국기를 그대로 써 왔다. 114년 후에 뉴질랜드 정부가 내놓은 새로운 국기는 유니언 잭을 걷어 낸 자리에 자국 고유 식물인 실버 펀을 앉혔다. 존 키 뉴질랜드 총리가 식민 잔재를 청산해야 한다는 명분으로 "평생 다시없을 기회(once in a lifetime)"란 슬로건을 내걸고 투표를 독려했으나 뉴질랜드 국민은 기존 국기를 계속 사용하는 것을 선택했다.

코루는 매년 초봄에 새롭게 피어나는 실버 펀의 새싹 이름이다. 이 잎은 위쪽 잎들은 말려 있고 아래쪽 잎들은 펴져 있다. 마오리어로 코루는 '새 생명, 원기, 활력, 성장, 평화' 등을 의미한다. 에어 뉴질랜드 비행기의 꼬리 부분에 그려 있는 독특한 문양이 바로 이 코루를 의미한다. 에어 뉴질랜드는 항공동맹에서 스타 얼라이언스(Star Alliance) 그룹에 속해 있다. 우리나라 국적기로는 아시아나 항공이 같은 항공동맹에 속해 있어 에어 뉴질랜드 항공을 이용하더라도 마일리지는 아시아나 항공으로 적립할 수 있다. 공항에 도착하여 에어 뉴질랜드 항공 직원의 도움으로 지금까지 2회 탑승한 에어 뉴질랜드 탑승구간 마일리지를 적립했다(그러나 우리가 2회 탑승한 뉴질랜드 에어 국내선 탑승권은 S클래스라 스타 얼라이언스 마일리지 적립이 되지 않는 표였다).

청사 앞에 뉴질랜드 시내로 들어가는 스카이 버스 티켓을 판매하고 있다. 어른(16세 이상)은 편도(Oneway) 16달러, 왕복(Return)은 28달

오클랜드 시내로 향하는 스카이 버스의 티켓을 판매하는 부스

오클랜드 공항 국내선과 국제선을 연결하는 셔틀버스

러이고 어린이(5~15세)는 편도 6달러, 왕복 12달러이고 패밀리(어른 2, 어린이 3) 요금은 편도 38달러, 왕복 72달러이다. Extras(서핑 보드, 자전거 등)는 1개당 6달러를 추가로 받는다. 여행 초기 남섬으로 오는 비행기를 탈 때 이용한 노란색 호텔 셔틀버스가 이곳에 정차하고 있다. 여기서 출발하여 몇 개의 호텔을 거쳐 우리가 숙박했던 Hotel Grande Auckland Airport까지 가는 것이다.

한국에서 예약한 렌터카를 인도받아야 했다. 운전의 편리성을 위하여 같은 렌터카 회사에서 같은 차종을 예약했다. 공항을 둘러보는데 우리가 예약한 Ezi 회사 사무실이 보이지 않는다. 안내원에게 렌터카 예약증을 보이면서 어디에서 이 렌터카를 인도받는지 물어보니 한참을 살펴본 직원이 "이 렌터카 회사에 전화해서 차를 인도받아야 한다"고 한다. 무슨 말도 안 되는 이야기인가. 오클랜드 공항 같은 큰 공항에 렌터카 사무실이 없을 리 없다. 공항청사 밖으로 나오니 Hertz나 Avis, Budget 같은 대형 회사 사무실은 보이는데 Ezi 사무실은 보이지 않는다.

하는 수 없이 안내원 말대로 예약증에 적힌 번호로 전화하니 공항청사 앞으로 셔틀버스를 보낼 테니 그 버스를 타고 사무실로 오라는 것이다. 아마도 Ezi는 대형 렌터카 회사가 아니라서 운영비 절감을 위해 외부에 사무실을 둔 것 같다. 5분을 넘게 기다리니 봉고차 한 대가 도착한다. 우리 외에 다른 팀들이 있어 함께 차에 오른다. 큰 짐은 뒤 트렁크에 넣고 중간 정도 크기의 짐은 안고 자리에 앉았는데 맨 뒤 내 옆자리 하나가 비어 짐을 그곳에 놓았다. 출발하려는데 늘씬한 아가씨가 차에 올라타 하는 수 없이 옆자리에 놓았던 짐을 들어 무릎 위에 올려놓는 순간

등에 담이 들었다. 몸을 쉽게 움직일 수 없는데 옆에 있는 동료들은 "미녀가 옆에 앉아 있으니 좋겠네", "가슴이 떨리겠네" 하고 농담을 건네는데 나는 고통스러울 뿐이다. 렌터카 사무실에 도착하니 그 여자가 먼저 내렸다. 그녀는 평온한 내 마음에 아픔만 던져 주고 떠난 셈이다.

한국에서 예약할 때 운전자를 2인으로 했기 때문에 추가 운전자 2인을 등록하려니 더 이상의 비용을 물지 않고 네 사람의 국제운전면허증을 달라고 하더니 복사한 후 이제 네 사람 모두 이 차를 운전할 수 있다고 한다. 혹시 모를 상황에 대비해 등록되어 있는 신용카드를 사용할 수 (available) 있는지 확인하기 위하여 1달러를 카드 결제하겠다고 하였다. 내비게이션을 대여하려고 했더니 한국에서 예약하지 않았을 뿐 아니라 여분의 내비게이션이 없으니 줄 수 없다고 한다. 하는 수 없이 한국에서 준비해 간 휴대폰을 내비게이션으로 사용하기로 했다.

차를 인도받는데 남섬에서 렌트했던 차가 아니다. '예약 당시 그 차가 없을 시 비슷한 종류의 다른 차량을 제공할 수도 있다'는 단서가 있었기에 군소리 없이 다른 차를 받았다. 이번 차량은 일본 토요타사에서 제작한 RAV4이다. 새 차로 계기판에 운행거리가 3,115km로 나와 있다. 역시 4륜구동이다. 강 선생과 송 선생이 차를 인도받으면서 차의 구조와 기능에 대해 직원의 설명을 들으며 꼼꼼히 체크하고 있다. 우리 팀의 운전 에이스인 두 사람이 이 차에 대한 전반적인 상황 파악이 끝나면 이 선생과 나는 마음 놓고 우리 차례가 왔을 때 운전만 하면 된다.

공항을 떠난다. 활주로가 보이고 비행기들이 보인다. 그 뒤로는 바다다. 오클랜드 공항은 바다에 인접해 있다. 바다 위로 보이는 하늘게는 먹구름이 뒤덮여 있다. 뉴질랜드에서 처음으로 낮에 보는 흐린 하늘이다. 우리는 여행 내내 파란 하늘만 보았다. 데카포에서 새벽에 잠깐 가랑비를 만났지만 나 혼자 새벽을 감상할 때 겪은 일이고 넷이 같이 여행할 때는 언제나 푸른 하늘이었다. 우리는 참 Lucky Guy들이다.

오클랜드의 고속도로는 넓고 차들이 많았다. 남쪽으로 방향을 잡아야 하는데 내비게이션의 안내를 따라가다 보니 길이 한 번 어긋나 다시 한 번 돌아서야 제 방향을 잡았다. 내비게이션은 친절하게 우리말로 잘 안내해 준다. 도로의 교통상황이 바뀌면 '삐리리' 소리를 내고 변화 내용을 알려 주고 차선이 좁아지는 경우도 친절하게 예고해 준다. 이번에 받은 차도 참 친절하다. 뒷자리에 앉은 사람이 안전벨트를 매지 않으면 경고음을 울려서 얼른 안전벨트를 매도록 만든다.

대도시 인근이다 보니 우리나라 고속도로와 같이 휴게소가 길옆에 있고 맥도날드 같은 패스트 푸드점들이 입점해 있다. 그런데 점심때가 되었는데도 휴게소에 들어가지 않고 현지진행을 맡은 송 선생이 운전대를 잡은 강 선생에게 계속 달리라고 한다. 식사 때가 되면 식사하는 것이 여행의 묵시적인 약속인데 이번에는 외면하고 계속 길을 재촉한다. 송 선생 말로는 뉴질랜드 고속도로에는 길가에 개인이 운영하는 카페들이 있으니 그곳에서 식사하자고 한다.

잠시 후 길가에 있는 Pekuko's Nest Cafe에 들어섰다. 수제 버거와 토스트, 그리고 샌드위치 종류를 판매하는데 가격도 착해서 버거류가 10.5달러 정도이고 계란과 함께 나오는 토스트는 9.5달러, Big Breakfast는 19.5달러이다. 도대체 얼마나 잘 나오기에 저런 가격을 받

뉴질랜드에서 고속도로 휴게소는 이런 카페들이 대신한다.

백문이불여일견

햄버거는 맛없다는 편견을 버려라.

을까 궁금하다. 이렇게 독립적으로 운영하는 곳은 나름대로 자부심을 가지고 음식을 만들 텐데 음식의 내용은 어떻고 세팅은 어떻게 하는지 몇 년 동안 요리를 배워본 나로서는 참 궁금했다. 나는 수제 버거 하나를 주문했다. 커피 종류도 여러 가지가 있는데 ORB Coffee다. 이번에는 모카커피를 시켰다. 양은 Small, Regular, Bowl 여러 종류가 있다.

가격은 다른 곳들과 비슷한데 모카커피는 양에 따라 4.5, 5.3, 6.3달러를 받는다. 홀 한쪽에 Espresso부터 Bowl까지 용기들을 전시해 놓아 양이 어느 정도 되는지 가늠하게 해놓았다. 주문한 모카커피에 마시멜로(Marshmallow) 2개가 따라 나오는데 센스가 있는 것 같다. 수제 버거를 한 입 베어 물었는데 맛이 좋다. 식사 시간을 조금 넘기기는 했지만 객관적으로 참 맛이 있다. 이 버거는 이번 여행에서 먹은 최고의 맛있는 식사였다.

공항에서부터 구름이 잔뜩 낀 하늘이 점점 더 흐려지더니 드디어 비가 내리기 시작한다. 처음에는 한두 방울 떨어지더니 곧 본격적으로 쏟아진다. 북섬은 남섬과 달리 나무가 많이 우거져 있어 어떤 때는 완전한 숲 터널도 지나고 때로는 푸른 초원 사이를 달린다. 이제 한국인 단

여행 중 만나는 비는 낭만을 더한다.

체 관광객이 북섬에 오면 꼭 들른다는 로토루아에 도착하면 온천욕을 할 것이라 비가 전혀 부담스럽지 않다. 호수에서 내리는 비를 맞으며 하는 온천욕은 낭만을 배가시키기 때문이다.

로토루아 초입에 있는 아그로돔 목장 가까이 위치한 조빙(Zorbing)을 하는 곳에 도착했다. 조브(Zorb)는 공기가 들어간 큰 PVC 소재의 공으로 공 안에 또 다른 공이 들어가 있다. 큰 공과 작은 공 사이에 들어간 공기가 쿠션 역할을 하기 때문에 작은 공 안에 사람이 들어가 굴러도 다치지 않는다. 조빙은 사람이 조브 안에 들어가 경사지를 굴러 내려가며 즐기는 스포츠로 뉴질랜드의 드웨인(Dwane)과 앤드류(Andrew)가 1994년 상용화시켰다고 한다. 최고 속도는 시속 50km까지 나온다고 하며 물 위에서 하는 워터 조빙, 눈 위에서 구르는 스노우 조빙 등 여

뉴질랜드에서 인기 있는 액티비티 조빙

러 가지 변형 형태가 있다고 한다. 작은 언덕 위에서 아래로 구르며 내려오는데 본인이 코스를 선택할 수 있다. 레일을 따라 직선으로 내려오는 것과 옆으로 만들어진 곡선 선로를 따라 내려오는 것 두 가지 중에 선택이다.

이용 요금은 혼자 타면 39달러, 둘이 같이 타면 1인당 29달러, 3명이 함께 타면 1인당 26달러이다. 사람들이 조빙을 마치고 밖으로 나오는데 옷이 흠뻑 젖어 있다. 구를 때 생기는 마찰열에 의해 사람들이 다치는 것을 방지하기 위해 공 안에 물을 넣는데 계속 구르다 보니 온몸이 물에 젖는 것이다. 많은 사람들이 조빙을 하기 위해 줄을 서서 대기하고 있다. 이곳에서는 조빙이 꽤 인기 있는 액티비티인가 보다.

로토루아는 우리나라에서 뉴질랜드 투어를 담당하는 모든 여행사가 북섬 관광 시 일정으로 꼭 넣는 곳이다. 로토루아가 특히 한국 관광객에게 인기가 높은 이유는 온천 때문이다. 이 지역으로 들어가면 짙은 유황 냄새를 맡게 되는데, 이곳 온천에서 목욕을 하면 류머티즘 관절염, 근육통, 피부병 증상이 개선된다고 알려져 있다. 폴리네시안 스파(Polynesian Spa)는 로토루아의 온천을 경험할 수 있는 곳이다. 여러 차

폴리네시안 스파 이용 요금

1. Lake Spa : 45달러(로커와 수건, 헤어드라이기 이용 가능)
2. Spa Therapies : 89달러부터(Lake Spa 이용, 가운 제공, 라운지 이용)
3. Adult Pools : 27달러
4. Private Pool : 성인 27달러, 동반 어린이 7달러
5. Family Spa : 성인 22달러, 동반 어린이 9달러, 가족(성인 2, 어린이 2) 45달러, 가족(성인 2, 어린이 3) 50달러, 가족(성인 2, 어린이 4) 55달러

례 '세계 10대 스파(World Top 10 Spa)'에 선정되었다.

　수영복과 수건을 챙겨 건물 안으로 들어갔다. 입장권을 구입하려고 줄을 섰는데 앞쪽에 동양인들이 많아 귀를 기울여 보니 우리나라 단체 관광객이다. 모임에서 단체로 왔는지 연령대가 비슷하고 서로 잘 아는 듯한 아저씨 아줌마 들이다. 줄 서 있는 동안에도 왁자지껄하여, 저 사람들과 같은 풀에 들어가면 시끄러워서 제대로 온천을 즐길 수 없을 것 같아 그들이 어느 풀로 들어갈지 생각해 봤다. 단체팀이니 비싼 풀은 아니고 일반적인 대중 풀로 들어갈 것 같아 우리는 얼른 전략을 수정했다. Adult Pools가 아닌 Lake Spa로 가기로 했다.

　폴리네시안 스파에는 여러 종류의 풀이 있는데 일반적으로 이용하

로토루아에 들른 단체 관광객들은 모두 폴리네시안 스파를 경험한다.

는 풀은 Adult Pools이고 조금 업그레이드된 풀이 Lake Spa이다. Adult Pools와 Lake Spa는 경관 차이도 있지만 Lake Spa에 있는 탈의실에는 안전한 로커와 수건, 헤어드라이기가 마련되어 있다. Adult Pools 이용 시 로커와 수건을 이용할 때는 추가 요금을 지불해야 한다.

　Adult Pools에서는 입고 간 옷은 놓인 바구니에 올려놓고 입장하는데 바구니이기 때문에 물건의 안전을 보장할 수 없다. 뉴질랜드이기 때문에 크게 염려하지 않아도 된다고 하는데 그래도 누군가 마음 먹고 일을 저지르면 당한 사람은 낭패다. Adult Pools라고 해서 호수를 보지 못하는 것은 아니다. Adult Pools가 탕의 수는 더 많다. 단지 Lake Spa는 4개의 탕이 모두 호수에 인접해 있기 때문에 분위기가 더 좋고 비싼 이용 요금을 지불하는 만큼 부대시설을 무료로 이용할 수 있다는 것이다.

　Lake Spa에 들어서니 좀 전의 단체관광팀이 거기에 와 있다. 남자들은 완전히 형님, 아우 사이다. 그중 한 남자에게 "패키지로 오셨냐"고 물으니 "인센티브로 왔다"며 말을 아낀다. 탕의 물이 그리 뜨겁지는 않다. 호수를 바라보며 온천을 즐긴다.

　일정이 고되었는지 여행을 시작하고 며칠 지나자마자 입술이 갈라지기 시작했다. 송 선생이 꿀을 주며 임시로 입술에 바르라고 했다. 어느 식당에서 음식에 첨가해 먹으라고 테이블에 비치된 것을 가져왔는데 겉면에 마누카 꿀이 함유되어 있다고 해서 며칠간 발랐다. 꿀을 바르면 아픔이 좀 덜했는데 입술에 꿀을 바르고 있으니 외견상 그리 단정하지는 않았다. 이곳 온천수가 피부병을 개선하는 효과가 있다고 하니 입술 터진 곳에도 당연히 효력이 있을 것이라는 믿음으로 온천수로 계속 얼굴을 씻었다.

　이 선생이 왔다. 젊은 여자들만 7~8명 모여 있는 풀이 있는데 남자가 한 명도 없어 들어가고 싶어도 좀 그렇다는 것이다. 얼른 건너갔다. 여행이란 문화체험이고 일상을 떠나 새로운 환경을 경험하는 것인데 여자들만 모여 있는 풀에 들어가 같이 호수를 바라보며 온천을 즐기는 경험을 못할 것이 무어냐. 가 보니 과연 젊은 여자들만 있다. 탕에 들어가 온화한 표정으로 온천을 즐겼다.

　젊은 직원이 다니며 탕의 물 온도를 재고 있다. 동양 사람인데 우리의 대화를 들었는지 "한국에서 왔냐"고 우리말로 묻는다. 한국에서 뉴질랜드로 이민 온 젊은이였다. 20대에 뉴질랜드로 와서 10여 년째 살고 있으며 여기 직원이라고 한다. 자기는 경치 좋고 공기 좋은 곳에서 일하는데 한국 젊은이들은 직장을 구하기 어려워 힘들어 하고 있다는 사실을 걱정해 주었다.

　남녀가 같이 온천욕을 하기 때문에 수영복을 입고 입장하지만 온천시설이라 사진을 찍는 것이 프라이버시를 침해하는 것 같아 사진기를 가지고 들어가지 않았는데 사진을 찍는 사람들이 여러 명 된다. 스파 밖에서 로토루아 호수 풍경을 바라보니 호수 여러 곳에서 수증기가 올라오고 있다. 역시 온천의 위력이 대단하다.

　로토루아 시내를 둘러본다. 그리 변화하지도 작지도 않은 적당한 크기의 도시에 높지 않은 건물들이 아기자기하게 이어져 있다. 주유소의 기름값도 싸다. 가솔린이 리터당 1.669달러이고, 경유는 리터당 0.89달러이다. 시내를 구경하다 보니 저녁때가 되었다. 무엇을 먹을까. 몸이 피곤하면 선택도 귀찮아진다. 오늘은 일식이다. 서양식도 먹어 보고 중국식도 먹어 보고 한식도 먹어 보았으니 일식도 한 번 먹어 보자.

뉴질랜드의 식당들은 점심특선(Lunch Menu)을 취급하는 곳이 많다. 우리가 들어간 Kia Ora Japan도 점심특선을 취급한다. 스프부터 시작해서 샐러드, 스시, 데리야키 네 가지 요리가 나오는 점심특선이 10달러이다. 정식 코스 요리는 48달러이다. 주문한 사시미가 나왔는데 우리나라에서 나오는 회 모양이 아니다. 몇 가지 종류의 회에 당근, 오이 등이 네모난 그릇에 담겨져 나

사시미(Sashimi)는 우리나라에서 먹는 회와는 느낌이 다르다.

뉴질랜드의 식당들은 점심특선을 취급하는 곳이 많다.

온다. 튀김, 모듬 스시 등 몇 가지를 시켰더니 배부를 정도는 아니지만 그런대로 일식집 기분이 난다.

카운트다운으로 장을 보러 갔다. 여기 카운트다운은 주 7일 영업으로 쉬는 날이 없다. 아침 6시에 개장하여 자정까지 영업한다. 대도시에 있는 큰 슈퍼는 밤늦게까지 문을 연다. 과일 파는 코너에 'Free Fruit For Kids'라고 씌어 있고 그 밑의 바구니에 과일들이 담겨 있다. '당신이 쇼핑하는 동안 어린이가 과일을 하나 먹을 수 있도록 해주세요'라는 글귀도 있다.

초콜릿 종류가 많아 여행 선물로 초콜릿을 샀다. 100g, 200g, 250g 등 크기가 다양하여 선택의 폭이 넓다. 품격으로 보면 250g짜리 츠콜릿이 좋겠지만 무게가 많이 나간다. 중간 크기인 200g짜리를 몇 개 구입했다. 우리 여행의 버킷 리스트에는 '값싸고 맛있는 뉴질랜드 스테이크 마음껏 즐기기'가 있었으나 첫날 더니든을 제외하고는 지금까지 쇠고기를 요리해 먹어 본 적이 없다. 이러다가 '단 한 번의 시도'로 끝날 것 같아 오늘은 쇠고기 스테이크용 고기를 사기로 했다.

사실 우리나라는 뉴질랜드 쇠고기의 큰 수출 시장이다. 많은 양의 뉴질랜드 쇠고기가 냉동육과 부산물로 우리나라에 수입되고 있다. 뉴질랜드는 소를 방목하여 목초 사육을 하기 때문에 쇠고기의 철분이 사람이 먹었을 때 체내 흡수율이 좋은 편이다. 쇠고기는 뉴질랜드 수출에서도 중요한 부분을 차지한다. 1년에 40만 톤 이상, 금액으로 30억 달러 이상의 양이 수출되는데, 전체 수출량의 절반 이상이 미국으로 수출될 정도로 뉴질랜드의 쇠고기는 세계 여러 나라에서 인정받고 있다.

여행 후반기로 넘어가면 선물에 신경을 써야 한다.

뉴질랜드는 유제품이 품질이 좋다고 하여 오늘은 뉴질랜드 우유도 한 병 샀다.

체크인하는데 직원이 주차할 장소를 알려 준다. 여기는 '1실 1주차'라 자기가 묵는 방 앞에 차를 주차시키면 된다고 한다. 객실이 있는 건물이 단층 건물이라 그것이 가능하다. 내일 아침 차를 마실 때 뉴질랜드 우유를 넣어서 마시면 맛이 좋다고 우유도 한 팩 준다.

직원의 말대로 우리 방 앞에 차를 대고 짐을 옮기니 실내 공간이 넉넉하다. 거실과 방과 화장실이 다 있는데 문이 또 하나 있어 열고 들어가 보니 자쿠지(Zacuzzi) 시설이 되어 있다. 로토루아가 온천 도시이다 보니 어지간한 모텔까지 온천수를 공급하는 것 같다. 자쿠지도 넓은 편이라 4명이 한꺼번에 들어가도 충분할 것 같다. 자쿠지 옆에 의자까지 2개 설치되어 있어 폼도 한 번 잡아 볼 수 있을 것 같다. 내일 아침 자쿠지에 들어가서 온천을 느껴 보리라.

우유를 한 컵씩 마신다. 일설에 뉴질랜드 우유는 품질이 너무 좋아 우리나라 사람이 처음 마시면 설사를 한다고 해서 모두 긴장하고 한 컵씩 마셨다. 조금 떨리기는 하지만 여기까지 와서 우유를 안 마셔 보면 안 될 것 같다. 모두 별 이상이 없다. 와인을 한 잔씩 들고 북섬에서의 첫날 일정이 순조롭게 진행된 것을 축하한다. 요즘 우리 참 잘 나가고 있다.

오늘의 지출 : 521.46NZD

세탁 4	점심식사 63.60	장보기 61.03
아침식사 54	폴리네시안 스파 180	
연료비 53.63	저녁식사 105.2	

New Zealand Travel

아홉째 날 _ 1월 13일(수) 로토루아 → 타우랑가

오늘도 변함없이 모두 잠든 이른 아침에 혼자 길을 나선다. 우리가 숙박한 말론스 모텔(Malones Motel)은 로토루아 한복판의 팬텀 스트리트에 자리 잡고 있는데, 이른 아침이라 그런지 차량 통행이 뜸하다. 이 동네에는 숙박업소들이 집결해 있는지 모텔들이 계속 이어져 있다. 길가에 버스정류장이 있어 가 보았더니 시내버스 운행경로가 바뀌어 이제 이 길로는 버스가 다니지 않는다는 안내와 함께 새로운 버스정류장의 위치가 표시되어 있다.

거리 각각의 숙소에 빈 객실이 '있다(Vacancy)', '없다(No Vacancy)'가 표시되어 있다. 대부분의 모텔이 어젯밤에는 빈 객실이 있었는지 'Vacancy'로 나타나 있고 'Spa Pool in all Units', 'Private Spa' 등을 써 놓은 간판들이 많은 것을 보니 대부분의 숙소가 방마다 스파 시설을 갖춘 모양이다. 우리가 숙박한 말론스 모텔은 No Vacancy이다.

숙소에 있는 TV에서 낚시 기계 광고가 나온다. 물에 뜨는 기구를 육지에서 100m에서 2km 거리까지 바다 안쪽으로 전자장치를

북섬의 풍광은 남섬과는 다르다.

이용해서 보낸다. 육지와 그 기구 사이에는 낚시 끈이 연결되어 있고 그 끈은 바다 속으로 잠긴다. 끈에는 많은 낚시 바늘이 끼어져 있고 각 낚시 바늘에는 루어(가짜 미끼)들이 매달려 있다. 적당한 시간을 기다렸다가 기구를 뭍으로 돌아오게 한다. 그 사이 루어를 물었던 물고기들이 줄줄이 뭍으로 당겨져 낚시꾼을 기쁘게 한다. 대충 이런 내용의 광고이다. 낚싯대를 바다에 던져 놓고 오직 한 마리만을 기다리는 전통적인 낚시방식을 많이 보아온 터라 기계 낚시가 좀 신선해(?) 보이기는 한데 갑자기 세상이 삭막해졌다는 생각이 든다. 뭐 우리나라 일은 아니지만.

전날 마트에서 장을 보면 그다음 날 아침 식탁이 풍성해진다. 오늘은 뉴질랜드 쇠고기 스테이크가 밥상에 올랐고 과일도 여러 종류 있어 미관적으로도 훌륭한 식탁이다. 초록 오이도 식탁에 올라 쌈장에 찍어 먹는다. 그러나 시장 본 지 며칠 되는 날 아침 식탁은 그야말로 완전히 기본 빵이다. 라면 2개, 즉석밥 2개, 캔에 진공 포장된 밑반찬 2개 정도.

오늘의 로토루아 일정은 바쁘다. 레드우드 삼림욕장, 테 푸이아, 루지 타기, 로토루아 박물관 관람까지 마치고 다시 타우랑가까지 이동해야 한다. 그러나 어제저녁 야심차게 계획했던 숙소에서의 Private Spa를 빼먹으면 안 된다. 식사를 마치고 얼른 스파에 물을 받았다. 뜨거운 온천수가 자쿠지에 쏟아져 들어온다. 얼른 몸을 담갔다. 어제 폴리네시안 스파에서 온천물로 계속 얼굴을 씻었더니 터졌던 입술이 많이 가라앉았다. 온천을 즐기는 짧은 시간에도 온천수로 계속 얼굴을 씻었다.

북섬은 아열대기후에 속하고 남섬은 온대기후에 속한다. 북섬은 남섬에 비하여 나무가 우거진 숲이 많은 편이다. 남섬의 많은 땅에 나무가 없는 것은 울창했던 숲을 태워 초지로 만들었기 때문이다. 레드우드 삼림욕장은 로토루아 관광 시 사람들이 많이 찾는 곳이다. 다른 곳들은 자연과 어울려 사람들이 많지만 이곳은 자연 속에 묻혀 있는 느낌이다.

19세기 후반, 뉴질랜드의 원시림은 급속도로 줄어들기 시작했다. 유럽에서 온 이주민들은 목재 수출을 위해, 목장을 만들기 위해 숲을 없애고 초원을 만들었다. 후에 뉴질랜드 정부는 이러한 행동이 숲을 망쳤음을 인정하고 나무를 새롭게 식수하기로 결정했다. 뉴질랜드 자생종 나무들은 완전히 성장하는데 200년에서 300년 정도가 걸리기 때문에 170여 종의 수입종 씨를 심기 시작했다. 그 후 뉴질랜드 삼림원 직원과 죄수들의 노동력을 이용하여 지금과 같은 숲이 조성되기 시작했다.

미국 캘리포니아산 소나무(적송)가 빽빽하게 들어찬 레드우드 삼림욕장에서는 영화 '반지의 제왕', '쥬라기 공원', '아바타' 등을 촬영하였다. 제2차 세계대전 때 전사한 뉴질랜드 병사를 기리기 위해 미국 캘리포니아산 레드우드를 이곳에 심었는데 세월이 흘러 수목원이 형성되었다. 1975년 공원으로 조성되고 1978년에 비지터 센터가 문을 열고 트레킹 코스가 조성되었다.

요즘은 숲 치유로 건강을 회복하는 사람들이 늘고 있다. 삼림욕을 할 때 안정감과 행복감을 주는 세로토닌이라는 호르몬이 분비되어 우울증 치료에 도움을 주고, 강력한 항균 작용으로 아토피를 치유하는 기능도 있다고 한다.

일본에서 제작한 영화 '카모메 식당'에 이런 대화가 등장한다.

"핀란드 사람들은 왜 그렇게 여유롭고 평온해 보일까요?"

일본 사람의 질문에 핀란드 청년이 대답한다.

"숲이 있거든요. 우리에겐 울창한 숲이 있어요."

나는 숲에 관심이 많다. 우리나라 숲이 앞으로 세계적인 힐링 장소로 떠오를 것이라는 믿음을 가진 나는 이번 여행에서 레드우드 삼림욕장에 꼭 와 보고 싶었다. 이번 여행의 첫 번째 로망인 오타고 대학에서의 대학 기념품 구입과 두 번째 로망인 퀸스타운에서의 패러글라이딩이 모두 실패로 끝났다. 이제 마지막 남은 세 번째 로망인 레드우드 삼림욕장에 드디어 온 것이다.

레드우드 삼림욕장(Redwood Grove)으로 가는 길은 쉽지 않았다. 내비게이션에 레드우드 삼림욕장을 쳤는데 내비가 인도한 곳은 Competenz라는 목재산업에 관한 기술 훈련소 같은 곳이다. 관광객들이 보

레드우드 삼림욕장

이지 않아 아무래도 잘못 온 것 같아서 건물에 들어가 물어보니 여기가 아니라면서 우리들이 가지고 있는 지도를 보면서 길을 알려 준다. 삼림욕장을 제대로 찾아가는 길 오른쪽에 하늘을 향해 죽죽 뻗은 나무들이 보인다. 레드우드 삼림욕장 초입에 I-site와 Visitor Centre, Gift Shop이 있다. Gift Shop에는 나무로 만든 크고 작은 여러 가지 기념품

을 판매한다. 일반인들도 자유롭게 삼림욕장을 둘러볼 수 있는데 무료이다. 그러나 나무 위의 트랩을 타고 산책하는 것은 유료라 비용을 지불해야 한다.

   삼림욕장을 둘러보는 코스는 다섯 가지가 있다. 연령대와 건강 상태에 맞추어 자기에게 맞는 코스를 선택할 수 있다. 가장 짧고 쉬운 코스는 Redwood Memorial Grove Walk 코스로 2km 거리를 30분 정도의 시간으로 산책할 수 있다. 어린아이들도 부담 없이 걸을 수 있는 또 하나의 코스는 Waitawa Walk이다. 3.4km의 거리를 1시간 정도로 둘러볼 수 있다. 그다음부터는 코스 중간에 약간의 경사들이 있어서 어린아이들에게는 적당하지 않다. 'Entended walk suitable for relatively inexperienced people with low level of backcountry skill. Some fitness required'라고 안내판에 나와 있어서 어느 정도 이상의 체력을 요구하는 코스들이다. Quarry Track은 4.8km인데 소요 시간은 1시간 30분이다. Pohaturoa Track은 7.5km의 거리를 2시간 동안 걷는 것이고 가장 긴 코스는 Tokorangi Pa Track인데 11.5km의 거리를 3시간 30분 동안 걷는 것이다. 산책이 아닌 본격적인 하루 등산 코스도 있다. Whakarewarewa Track은 34km의 거리를 8시간에 걸쳐 걷는 고난도 코스이다. 우리는 1시간 30분 코스인 Quarry Track을 선택했다.

　레드우드 삼림욕장은 삼림 전체가 모두 레드우드로만 조성되어 있지 않다. 레드우드 삼림은 트랙 초입에 형성되어 있다. 이곳에 들어서니 하늘을 향해 두 팔을 벌리고 있는 나무들로 인해 하늘이 보이지 않고 어둡다. 뉴질랜드에 여행 온 우리나라 여러 가족이 아이들을 업고 걸리며 숲으로 들어서고 있다. 기둥이 굵은 나무들은 사람들이 양손을 다 펼쳐도 둘레의 1/4밖에 감싸지 못한다. 숲을 고요히 흐르는 물줄기는 나무 조각들과 잎들이 잠겨서 생긴 풍부한 미네랄 탓에 매혹적인 빛을 발하고 있다. 레드우드 숲은 조성된 지 얼마 안 되었지만 원시림의 모습을 하고 있다.

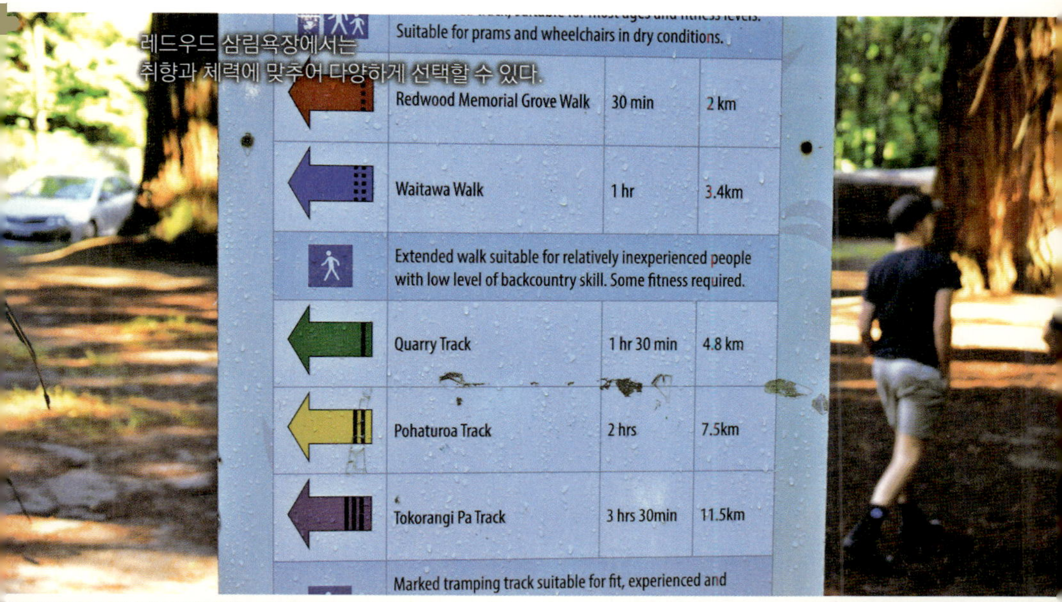

레드우드 삼림욕장에서는
취향과 체력에 맞추어 다양하게 선택할 수 있다.

Suitable for prams and wheelchairs in dry conditions.

	Redwood Memorial Grove Walk	30 min	2 km
	Waitawa Walk	1 hr	3.4km
	Extended walk suitable for relatively inexperienced people with low level of backcountry skill. Some fitness required.		
	Quarry Track	1 hr 30 min	4.8 km
	Pohaturoa Track	2 hrs	7.5km
	Tokorangi Pa Track	3 hrs 30min	11.5km

Marked tramping track suitable for fit, experienced and

레드우드 삼림욕장은
동네 아이들의 좋은 놀이터다.

셀프힐링 인 **뉴질랜드**

레드우드가 끝나는 지점부터는 펀(Fern)이라는 양치류의 숲이 전개되고 있다. 트랙을 따라 걷다가 길을 잃을 염려는 없다. 자기가 가려고 하는 트랙의 방향을 나타내는 색깔의 화살표가 연이어 나타나기 때문이다. 우리가 가는 Quarry Track은 연녹색의 화살표로 방향이 표시되어 있어 연녹색의 화살표만 따라가다 보면 결국 다시 출발점으로 돌아가게 된다. 숲 곳곳에 쓰레기를 버리지 말아 달라, 나무를 사랑하여 나무에 손을 대거나 흠집을 내지 말아 달라는 내용의 안내판이 나타난다. 가끔 쓰러져 있는 나무가 있는데 표면에 푸른 이끼들이 너무나 싱싱하게 붙어 있다. 생명을 잃은 나무와 그 위에 왕성하게 자리 잡고 있는 이끼들의 모습이 뭔가 분명한 자연의 조화를 보여주는 듯도 하다.

한참 걷는데 개 한 마리가 우리를 향해 달려온다. 털이 검은 개인데 갑자기 나타나 달려오니 겁이 난다. 적대감을 드러내지 않는 것으로 보아 주인이 산책을 데리고 나온 개 같다. 아니나 다를까, 금방 주인이 나타났다. 성격이 순한지 우리가 머리를 쓰다듬어도 가만히 앉아 있다. 아니면 '이 인간들을 어떻게 할까요' 하고 주인의 처분만 기다리고 있는지도 모른다. 길이 갈라지는 곳마다 트랙의 흐름을 알려 주는 여러 색깔의 화살표들이 나타나 길을 걷는 내내 방향을 혼동하는 일은 없다.

트레킹 코스의 가장 높은 곳에 오르니 저 멀리 로토루아 호수가 보인다. 가끔은 조깅하는 사람들도 있다. 조깅하기에는 정말로 탐나는 트랙이다. 울창한 숲에 둘러싸여 있어 아름다운 주위 경관을 이루고 인위적으로 사람이 만드는 소리가 하나도 들리지 않는 곳을 뛴다. 계속 걷는데 Mokopuna Trail이 우리가 가고 있는 길을 통과하여 지나간다. 안내 이정표에는 보이지 않던 트랙이다. '2.9km loop'라고 안내되어 있는데 안내 그림에 사람, 개, 자전거, 유모차, 휠체어까지 있는 것이 남녀노소 가리지 않고 걸을 수 있는 편안한 길 같다. '자전거는 사람들을 조심하며 서로 길을 잘 나누어 사용하자'는 안내까지 곁들여 있다.

이번에는 자전거 횡단길이 나타났다. 길 바로 못미처 'BE ALERT. Bikes crossing ahead' 표지가 있기 때문에 좌우를 살피면 자전거와 충돌할 일은 없을 것 같다. 원래는 자전거가 사람을 피해 가야 하지만 자전거를 탄 입장에서도 숲에서 갑자기 나오는 사람을 피하려다 보면 커다란 사고로 이어질 수 있기 때문에 어쨌든 사람이 자전거를 피해서 걸어 주는 것이 좋을 것 같다.

트랙 걷기를 거의 마칠 무렵, 동네 아이들이 나타났다. 산책을 하러 온 건지 놀러 온 건지 잘 모르겠는데 어떤 아이는 맨발로 푸른 숲을 느끼며 길을 가고 있다. 다시 Visitor Centre로 나오니 트랩을 타면서 레드우드 숲을 공중에서 즐기며 걸어가는 사람들이 여럿 보인다. 그 밑으로는 나무로 만든 동상들이 서 있는데 산책하는 가족의 모습을 표현한 듯싶다. 레드우드 삼림욕장은 번잡한 관광의 과정에서 조용히 자연에 동화되어 자신과 대화를 나누어 볼 수 있는 좋은 장소이다.

뉴질랜드는 환태평양화산대, 이른바 '불의 고리(Ring of Fire)'를 형성하는 태평양 지각판과 호주 지각판이 만나는 지점에 있어 지진과 화산의 활동이 왕성하다. 지질학적으로 단층선이 지나는 곳이기 때문에 땅속에서 2개의 거대한 지각판이 끊임없이 충돌하고 있다. 남섬의 서던 알프스는 지각판이 부딪히면서 솟아오른 것이고, 북섬에서는 지각판이 밀려 들어가면서 엄청난 열이 방출되어 활발한 화산활동이 이루어지고 있다. 북섬은 활화산, 온천 호수, 칼데라 호수까지 다양한 화산 지질과 지형이 널리 분포되어 있어 '불의 섬'이라고 불린다. 로토루아의 간헐천은 지구 내부의 격동하는 힘을 느낄 수 있는 곳으로 세계에서 가장 활발한 지열지대 중 하나이다. 특히 테 푸이아(Te Puia)는 로토루아에 있는 여러 개의 지열지대 중에서 가장 크고 유명하다.

테 푸이아 주차장에 도착하니 마오리 문화의 모습이 곳곳에 눈에 띈다. 입간판에 마오리 여인의 모습이 그려져 있고, 벽에 마오리 문화를 체험해 볼 수 있는 곳이라는 안내가 붙어 있다. 글자는 알파벳이지만 내용은 마오리어를 기록한 것이다. 테 푸이아 역시 관람료가 만만치 않다.

숲 사이로 하얀 연기가 치솟는 것이 보인다. 유명 관광지답게 관광객이 참 많다. 키위 새를 볼 수 있는 곳이라는 안내판이 있어 가 보니 사람들이 길게 줄 서 있다. 한참을 기다려야 볼 것 같아서 일단 다른 곳부터 둘러보기로 했다. 탐방로를 벗어나면 곳곳에 진흙 연못이 지열로 인해 부글부글 끓어오르는 모습이 보인다.

이곳의 대표적인 간헐천 포후투(Pohutu)는 마오리 말로 '솟아오르는 물'이라는 뜻으로 10~15분마다 20~30m 높이로 가스와 수증기를 뿜어낸다는데 소문만큼 그리 활발하지는 않은 것 같다. 가스와 수증기를 뿜어내지만 그 정도는 아니다. 나무 울타리에 기대지 말라는 표시가 곳곳에 있다. 탐방로와 뜨거운 지열지대 사이를 나무 울타리로 막아 놓았는데 울타리가 높지 않아 사람들이 엉덩이를 기대 앉기에 딱 좋다.

만일 나무 울타리가 무너지거나 중심을 못 잡아 뒤로 넘어가면 화상을 입을 염려가 있어 주의를 주는 것이다. 여기에 있는 머드 풀 중 가장 큰 머드 풀(mud pool)은 깊이가 6m에서 10m 정도 된다. 짙은 색의 진흙이 부글부글 끓고 있는 광경을 보니 섬뜩하고 지옥이 저런 모습이 아닐까 하는 생각이 든다. 구덩이에 고여 있는 물은 에메랄드빛을 내는 온

테 푸이아 입장료

개장 시간은 휴일 없이 여름 아침 8시~저녁 6시, 겨울 아침 8시~저녁 5시
가이드 투어는 아침 9시부터 시작되며 마지막 가이드 투어는 여름에는 저녁 5시, 겨울에는 저녁 4시에 출발함

1. TERÀ - THE DAY(Daytime Pass)
  - Geothermal(지열지대 관람), Kiwi birds(키위 새 보기), NZMACI(arts and crafts)(마오리 문화 관찰)
  - 어른 51달러, 어린이 25.5달러, 패밀리(어른2, 어린이2) 138달러
2. TERÀ + HAKA(Daytime Pass + Cultural Experience)
  - Geothermal, Kiwi birds, Màori cultural show(마오리 문화 쇼 관람), NZMACI
  - 어른 64달러, 어린이 32달러, 패밀리 173달러
3. TERÀ + KAINGÀWHA(Day Pass + Steambox lunch tour)
  - Geothermal, Kiwi birds, Steambox lunch tour(항이 요리 식사), NZMACI
  - 식사는 11시 30분에서 1시 30분까지 제공됨. 9시 30분까지는 예약해야 함
  - 어른 99달러, 어린이 75달러, 패밀리 268달러
4. TEPÒ - THE NIGHT(Evening Experience)
  - Geothermal, Màori feast(마오리 축제), Màori cultural show
  - 어른 116달러, 어린이 58달러, 패밀리 313달러
5. TERÀ + TEPÒ(Day Pass + Evening Experience)
  - Geothermal, Kiwi birds, NZMACI, Màori cultural show, Màori feast
  - 어른 153달러, 어린이 76.5달러, 패밀리 413달러

천수이고 주위의 돌들은 원래의 색깔을 잃고 유황에 뒤덮여 있다.

지열이 올라오는 곳에 천으로 덮고 그 위에 돌을 올려놓은 상자가 있다. 아마도 오늘 점심을 예약한 손님들에게 줄 항이 요리를 만들고 있는 것 같다. 맞다, 그 옆 안내판에 'Steambox Oven'이라는 제목과 함께 '이 박스는 우리가 어떻게 음식을 조리하고 보존하는지 그 방법을 보여줍니다'라는 설명이 있다. 저쪽에는 잔잔한 물이 고여 있는 커다란 웅덩이가 있다. 주위의 돌들은 주변에서 흔히 볼 수 있는 모양이다. 언뜻 보아서는 저 속에 발을 담그고 따뜻한 온천수를 느껴 보는 족욕을 하면 딱 좋을 것 같은데 그런 내 마음을 알았는지 빨간 글씨로 'STOP'과 함께 'Dangerous Area'라는 힘찬 안내판이 사람들의 접근을 막고 있다.

이곳은 둘러볼수록 너무 섬뜩하다. 여기저기 끓고 있는 땅, 유황의 세례에 아예 연녹색으로 변해 버린 바위들. 하늘로 솟구치는 물기둥들. 탐방로만 벗어나면 사람이 접근조차 할 수 없는 땅이다. 우리나라 같으면 이런 곳에 대규모 온천타운을 건설하여 관광의 핵심으로 만들 텐데 뉴질랜드는 있는 그대로를 보여줄 뿐이다. 이 일대의 인위적인 시설은 입구 쪽의 건물 몇 채와 탐방로뿐이다. 역설적이지만 이런 원시적인 풍경이 사람들을 더 끌어들인다.

사실 사람들은 관광자원의 시설화에서 편리함을 느끼기는 하지만 그런 인공적인 시설에 감동하지는 않는다. 오히려 자연 그대로의 상태 보존에 공을 들일수록 사람들은 더 마음을 준다.

천막에 식탁이 여러 개 놓여 있다. 야외 식당인데 아쉽게도 'Closed for Private Function'이라는 안내판이 입구에 놓여 있다. 이곳은 예약

테 푸이아는 땅이 끓는 곳이다.

뜨거운 지열을 이용하여 항이 요리를 만들고 있다.

한 손님들에게 항이 요리를 대접하는 곳이다. 식당 옆에는 웅덩이가 있는데 끓고 있는 것이 온천수이다. 여기에 항이 요리가 담겨져 있어 주방장이 잠깐 와서 조리되고 있는 상태를 확인하고 있다. 온천수는 가만히 끓기만 하는 것이 아니고 하늘로 솟구치고 수증기까지 내뿜는다.

천막 안을 살짝 들여다보니 각 식탁마다 음식들이 세팅되어 손님들을 기다리고 있다. 마오리 청년들이 주전자에 물을 채워 놓으며 마지막 준비 작업을 하고 있다. 시간이 되어 손님들이 도착하면 웅덩이에서 조리된 항이 요리를 대접하리라. 그런데 우리는 언제 항이 요리를 먹어 보나.

원래 일정은 어제저녁에 마오리 쇼도 보고 항이 요리도 먹어 보는 일정이었는데 여행의 현실은 그렇게 마음먹은 대로 돌아가지만은 않는다. 그렇다고 아쉬움을 가질 필요까지는 없고 그저 어제저녁을 맛있게

항이 요리를 찾은 손님들을 위하여
준비하는 마오리 청년들

먹었으면 여행은 계속 성공하고 있는 것이다. 아쉬움이 남아야 다음에 또 와 볼 동력이 된다.

입구 쪽으로 나오면 마오리 공연을 볼 수 있는 관람장이 있다. 테 푸이아에 입장할 때 Màori cultural show를 포함한 표를 구입한 사람들만 볼 수 있다. 공연 시간이 다 되어 관광객들이 그 앞에 모여 있으면 마오리 대표가 나와서 안내를 하는데 관광객 중 한 사람을 뽑아 대표로 그 사람과 마오리식 인사를 나눈다. 마오리족의 전통적인 인사법은 코를 두 번 톡톡 부딪치는 것이다. 그리고 관광객들을 공연장 안으로 들인 후 공연을 한다. 우리는 입구에서 티켓을 구입할 때 마오리 쇼 관람을 염두에 두었으나 시간이 맞지 않았다. 오전 공연은 이미 시작하였고 오후 공연은 그때까지 이곳에 남아 있기에는 다른 일정들이 너무 촉박했다.

현재 뉴질랜드에서 마오리족의 지위는 어떨까.

18세기 영국인 항해사 제임스 쿡이 6개월에 걸쳐 뉴질랜드 전역을 돌며 지도를 만든 후부터 본격적인 유럽인들의 이주가 시작되었다. 이때부터 마오리족과 유럽인의 접촉이 시작되었고 생전 처음 겪는 전염병, 백인들에게서 구입한 무기로 부족 간 전쟁 등으로 2만 명 이상의 마오리족 원주민이 죽었다. 영국은 유럽인과 원주민 사이의 갈등을 정리하고, 프랑스와의 경쟁에서 이기기 위해 1840년 뉴질랜드 북섬의 와이탕이에 모인 500여 명 이상의 마오리 각 부족장들과 뉴질랜드 탄생의 초석이 되는 와이탕이 조약(The Treaty of Waitangi)을 체결하였다.

이 조약은 뉴질랜드의 주권은 영국 국왕에게 있으며, 마오리족의 토지 소유는 계속해서 인정하는 대신 토지 매각은 영국 정부만 할 수 있으며, 마오리족은 영국 국민으로서 권리를 인정받는다는 세 가지 내용을 담고 있었으나 조약의 내용이 마오리어와 영어가 다르게 표기되어 나중에 분쟁의 원인이 되기도 했다. 그러나 이것은 전 세계에서 유일하게 원주민과 이주민이 동일한 권리를 갖고, 평화롭게 공존하자는 내용을 체결한 조약이다. 미국이나 캐나다에서 원주민들이 유럽인과의 전쟁으로 급격한 인구 감소를 겪고, 고유문화가 파괴되고 원주민 보호구역에 살고 있는 것과는 대조적이다.

현재 뉴질랜드 정부는 자국의 공용어로 마오리어와 영어를 모두 사용하며, 국가(國歌)도 마오리어와 영어 순으로 부른다. 뉴질랜드 인구의 15%가량을 차지하는 마오리족은 교육, 정치, 복지 등의 분야에서 다

로토루아는 마오리족의 역사적 자취가 많이 남아 있는 곳이다.

양한 혜택을 받는다. 또한 뉴질랜드 의회에서 마오리당(Maori Party)은 마오리 원주민 혈통만 입당할 수 있을 정도로 뉴질랜드에서 마오리족의 영향력은 크다. 마오리 말로 '안녕하세요'는 '키아 오라(Kia Ora)'인데 이 말은 뉴질랜드 정규 텔레비전 뉴스의 첫 인사로 쓰일 만큼 뉴질랜드 사람들에게도 일상화된 인사이다.

점심식사는 테 푸이아 내에 있는 식당에서 하기로 했다. 식당에 들어서니 메뉴 중에 항이(Pohuyu Hangi Meal)가 있다. 음식의 구성까지 나와 있는데 Chicken, Stuffing, Potato, Kumara(고구마), Pumpkin, Cabbage, Sweetcorn, Watercress, Gravy & Rewana Bread로 구성된 항이 요리가 17달러이다. 항이 요리를 먹지 못해 아쉬웠는데 이곳에서 맛을 볼 수 있게 되어 다행스러웠다. 종업원에게 항이 요리를 주문하니 "Sold Out"이라는 서운한 대답이 돌아온다. 뉴질랜드 여행하면서 느낀 것은 식당에서 음식을 주문할 때 영국 음식의 가장 기본인 'Fish & Chips'가 가장 실속 있다는 것이다. 가격도 저렴하고 내용적으로도 결코 실패할 리 없으며 양도 적은 편이 아니다. 생선과 감자만 나오는 것이 아니라 곁들여 나오는 여러 가지 야채들과 소스가 음식의 품격을 높여 준다. 여행 중반 이후 식당에서 음식을 주문할 때 나는 'Fish & Chips'를 마음에 담고 있다. 오늘도 이 음식은 나를 실망시키지 않았다.

식후에는 아이스크림을 하나씩 먹었다. 여기에서 파는 아이스크림이 맛있는지 여러 사람이 아이스크림을 사고 있기에 얼떨결에 우리도 하나씩 사서 더운 여름의 오후를 버텨 나가고 있다. 북섬에 와서야 뉴질랜드의 여름에 진짜 여름 날씨도 있다는 것을 알았다.

그늘에서 쉬고 있는 동안 두 사람이 키위 새를 보러 갔다. 아까는 사람들이 너무 많이 줄을 서 있어서 지나쳤었다. 뉴질랜드에는 세 가지 키위가 있다고 한다. 우선 과일 '키위(Kiwi fruit)'가 있다. 두 번째는 뉴질랜드 토착종이자 국조인 날지 못하는 새 '키위(Kiwi bird)', 마지막은 뉴질랜드에서 태어난 백인 '키위(KIWI)'이다.

키위 새는 한때 멸종 위기에 처하기도 했으나 나라에서 적극적으로 보호해 개체 수가 꾸준히 증가하고 있다. 부리를 포함한 몸길이는 약 40cm로 닭보다 크기가 작고 긴 깃털과 털처럼 나 있는 날개 때문에 생김새가 포유류와 비슷하다. 독특하게 이 새는 날개가 없고 야행성이다. 키위 새가 멸종 위기에 처했던 가장 큰 이유는 이들의 부화 과정 때문이다. 닭보다 작은 키위 새는 어른 주먹만 한 크기의 알을 낳는데, 자연 상태에서 암컷 키위 새들이 알을 낳다가 죽는 경우가 많다고 한다. 그리고 수컷은 암컷이 낳은 알을 부화할 때까지 품고 있으며 부화한 후에도 한동안 수컷이 돌본다고 한다.

키위 새를 보고 온 일행이 말하기를, 소문만큼 그리 실속 있는 곳이 아니라는 것이다. 키위 새가 한 마리 있는데 어두워서 잘 보이지 않고 더구나 그놈이 이쪽을 보지 않고 있어 뒷모습만 보고 왔다고 한다.

중고등학교 학생 시절에 '연가'라는 노래가 유행했었다. '비바람이 치던 바다 잔잔해져 오면, 오늘 그대 오시려나 저 바다 건너서'로 시작되는 노래는 아름다운 선율과 함께 우리의 마음에 낭만을 심어 주었다.

로토루아 호수가 바로 '연가'의 근원지이다.

'로토루아 호수 지역에 살고 있던 젊은 마오리족 남녀가 사랑을 했다.

여자는 족장의 딸이었다. 족장은 딸이 미천한 신분의 남자와 사귀는 것이 마음에 들지 않았다. 딸이 호수 한복판에 있는 섬 모코이아(Mokoia)에 사는 남자를 만나러 가지 못하도록 카누를 타지 못하게 하였다. 남자는 여자를 그리워하며 매일 피리를 불었고, 피리 소리를 들으며 애를 태우던 여자는 결국 섬까지 헤엄쳐 가서 남자를 만났다. 두 사람의 간절한 사랑을 보고 결국 족장은 결혼을 허락하였다.'

이런 내용을 품고 있는 마오리족의 민요 '포카레카레아나(영원한 밤의 우정)'가 우리나라에 들어와 '연가'로 번안된 것이다. 6·25 한국전쟁 때 한국에 파견된 뉴질랜드 병사가 부르기 시작하여 우리나라에 퍼졌다고 한다.

로토루아 호수는 시민과 관광객들의 휴식처다.

많은 사람들이 나와서 호수 풍경을 즐기고 있다. 곳곳에 액티비티를 간직한 뉴질랜드는 여기 호수에서도 예외가 아니다. 페달 보트 타기와 카약 타기, 마나 볼(Mana Ball) 즐기기 등이 있는데 콤보 세트로 운영되고 있다.

Mana Ball은 구 모양의 방수가 되는 투명용기에 사람이 들어가 호수 물 위에서 노는 것이다. 사진에는 사람이 그 안에 서 있는 것처럼 보이는데 실제로는 발을 옮기는 순간 마나 볼이 움직여서 그 안에서 서기가 그리 쉽지는 않다고 한다. 콤보 세트 놀이도 저녁 7시가 되면 문을 닫아 더 할 수 없다. 토요일 같은 경우는 저녁 6시에 좀 일찍 마친다.

로토루아 호수에서 할 수 있는 액티비티 중에서 가장 화려한 것은 헬기 투어와 수상비행기 투어이다. 비행장이 호숫가에 있어 접근성도 상당히 뛰어나다. 이러한 공중 투어는 Volcanic Air Saparis라는 회사에서 취급하는데 사무실이 호숫가에 있다. 퀸스타운에서 패러글라이딩을 하지 못해 뉴질랜드의 하늘을 날아볼 수 없어 조금 서운했는데 뜻밖에 여기서 이런 액티비티를 발견한 것이다.

헬리콥터를 타는 헬리투어와 수상비행기 투어는 9분 정도 타는데 각

Combo Set

- 20 Minutes Pedal Boat ride, 5 Minutes in Mana Ball : 15달러
- 30 Minutes in Kayak, 5 Minutes in Mana Ball : 20달러
- 30 Minutes in Kayak, 20 Minutes Pedal Boat ride : 20달러
- 5 Minutes in Mana Ball, 30 Minutes in Kayak, 20 Minutes Pedal Boat ride : 28달러

각 요금이 95달러이다. 9분의 비행은 로토루아 호수 일주와 시가지 일주 정도로 마치는데 9분을 타나 그 이상의 시간을 타나 어차피 타 봤다는 사실이 중요하므로 우리는 9분짜리를 신청하기로 했다. 헬리투어는 한꺼번에 두 사람씩 타야 하고, 수상비행기는 4명이 한꺼번에 탈 수 있는데 기왕에 타는 것 헬리콥터 타는 것이 좀 더 멋져 보여 헬리투어를 신청했다. 탑승 시간이 오후 4시라 그때까지 1시간 30분 정도 시간이 남아 차를 몰고 로토루아 스카이라인에 가서 루지를 타고 오면 될 것 같은데 송 선생의 표정이 조금 묘하다. 그는 이번 여행의 현지진행을 담당하여 지금까지 잘 이끌어 오고 있다.

송 선생은 뉴질랜드 여행에서 박물관 관람을 원했는데 지금까지 계획된 일정을 소화하는데 시간이 부족하여 다른 곳에서 박물관 관람을 뺐었다. 로토루아에서는 박물관을 가려고 했는데 헬리투어까지 하고 나면 시간적으로 박물관 가기가 힘들어진다. 모두 이 상황을 눈치 챘다. 송 선생을 위해서 박물관을 한 번 가야 하는데 이미 일은 틀어졌다. 다시 되돌릴 수는 없고 헬리투어가 빨리 끝나고 박물관으로 달려가 보는 수밖에 없다.

스카이라인의 분위기는 퀸스타운과 비슷했다. 곤돌라를 타고 산 위에 올라가서 로토루아의 풍광을 즐기고 루지를 타고 스피드를 즐기는 것이다. 이곳 역시 뷔페를 취급하는데 퀸스타운과 비교해서 어떨지 모르겠다. 퀸스타운은 식사를 하면서 보는 풍경이 빼어나서 꼭 한 번 먹어봐야 할 20대 레스토랑에 들어 있었다. 로토루아 스카이라인 뷔페 메뉴에는 김치도 있다는 글을 누군가의 블로그에서 읽은 것 같다.

우리는 곤돌라 왕복과 루지를 세 번 타는 티켓을 구입했다. 곤돌라는 사람이 타는 곤돌라와 자전거만 실어 올리는 곤돌라가 있다. 곤돌라를 타고 산 위로 올라가는데 산악자전거를 타고 질주하는 코스가 보인다. 산 위에는 루지와 산악자전거 외에도 집라인을 탈 수 있는 액티비티도 준비되어 있다. 루지를 타기 전에 먼저 자기 머리 크기에 맞는 헬멧을 착용해야 한다. 헬멧은 크기에 따라 색깔이 다른데 가장 작은 크기의 노란색 헬멧부터 가장 큰 크기의 주황색 헬멧까지 다섯 종류가 준비되어 있다. 대개의 사람들은 중간 크기(Medium)의 파란색 헬멧과 큰 크기(Large)의 연녹색 헬멧 중에서 고른다.

루지 코스는 세 가지가 있다. 초보자가 타는 Scenic 코스, 중간 정도의 난이도인 Intermediate 코스, 상급자가 타는 Advanced 코스이다. 여기에서는 첫 번째 탑승이나 두 번째 탑승까지는 Scenic 코스 타기를 권장하고 있다. Scenic 코스를 타는 사람은 출발 전 직원에게 루지를 탈 때 멈추는 법과 속도를 내는 법을 교육 받는다. 루지는 속도를 내어 질주하는 기구이기 때문에 위험에 대비하는 것이다. 한 번씩 브레이크를 작동해 보라고 한 후 브레이크가 이상이 있는 사람은 손을 들어 알려 달라고 한 후 이상이 없을 시 출발시킨다. 우선은 우리 모두 Scenic 코스를 달리기로 했다.

루지가 달린다. 내가 일행 앞쪽에서 먼저 출발했는데 어느 새 사람들이 나를 앞질러 갔다. 직선 길에서는 속도를 내지만 간간이 나타나는 커브길에서는 속도를 줄이는데 한참을 달렸다고 생각되어 곧 끝 지점이 나타날 것이라고 생각하지만 여전히 길은 이어진다. 뉴질랜드에서 하는 루지 액티비티 중에서 로토루아의 루지 코스가 제일 길고 박진감이 있다고 하더니 역시 헛소문이 아니었다. 마치는 지점에서는 루지를 놓고 리프트를 타고 다시 위로 올라간다. 직원들이 올라가는 리프트에 루지를 걸어서 밑으로 내려온 루지를 다시 위로 올려 보낸다.

로토루아 스카이라인 액티비티 비용

1. Gondola Ride(곤돌라만 탑승)
   - 어른 28달러, 어린이 14달러(어른 15세 이상, 어린이 5세~14세)
2. Gondola + Wine tasting experience(곤돌라 탑승과 와인 맛보기)
   - 어른 38.5달러
3. Luge Combo(곤돌라 탑승과 루지 타기)
   - 1 ride 어른 40달러, 어린이 26달러
   - 3 rides 어른 48달러, 어린이 35달러
   - 5 rides 어른 55달러, 어린이 45달러
   - 7 rides 어른 59달러, 어린이 49달러
4. Night Luge(야간 루지 타기)
   - Gondola + 5 Night rides 39달러
   - Family Gondolar + 10 Night rides to shere 99달러
   * 2명의 어른과 3명의 어린이 모두 곤돌라를 탑승할 수 있고 루지는 가족 인원의 총 탑승수이고 1인당 열 번을 탈 수 있다는 의미가 아님
5. Family Luge & Jelly Belly Super Deal
   - Family Gondolar + 10 Luge rides to share + 1 PICK'N Mix Box to share in the Jelly Belly Store 패밀리 138.95달러
   * 패밀리는 2명의 어른과 3명의 어린이
6. Dinner & Wine tasting Combo Special
   - 곤돌라 탑승과 와인 맛보기 그리고 뷔페 저녁식사
   - 어른 76.50달러
7. SKY SWING COMBO
   - Gondolar + 5 Luge Rides + 1 Skyswing 어른 80달러, 어린이 67달러
   - Gondolar + 7 Luge Rides + 1 Skyswing 어른 85달러, 어린이 72달러

※ 이 외에도 다양한 조합의 패키지 상품들이 있음

두 번째 활강은 어느 코스를 택할까. Advanced 코스는 무슨 수리를 하는지 그 코스 길이 막혀 있고 Scenic 코스와 중급자가 타는 Intermediate 코스만 열려 있다. 공연히 Intermediate에 들어섰다가 속도가 느리면 다른 사람의 활강에 지장을 초래할 것 같아 두 번째도 Scenic 코스를 탔다. 양 코스는 활강 길은 달라도 마치는 지점은 같다. Intermediate 코스를 탄 일행이 코스가 너무 재미있으니 세 번째는 Intermediate 코스를 권한다. 마지막 한 번의 기회는 나도 Intermediate 코스를 택했다. 두 번에 걸쳐 연습해서인지 세 번째 Intermediate 코스가 그리 힘난하게 느껴지지 않는다. Scenic에 비해서 약간의 난이도를 더한 정도이다.

급하게 차를 몰고 로토루아 호수로 갔다. 이번에 우리를 기다리고 있

루지는 난이도에 따라 세 가지 코스가 있다.

는 것은 하늘을 나는 액티비티이다. 비용결재에 신용카드를 사용하기로 했다. 뉴질랜드의 신용카드 결재 시스템은 우리나라와 좀 다르다. 우리나라는 계산원이 신용카드를 한 번 죽 긁고 금액을 입력하면 구매하는 사람이 서명하는 시스템인데 뉴질랜드는 작은 단말기에 신용카드를 꼽고 직원이 입력한 금액을 확인한 후 위쪽에 있는 'CREDIT' 버튼을 누르는 것으로 결재하는 시스템이다.

헬리투어는 기장을 제외하고 최대 세 사람이 탑승할 수 있어서 우리는 두 사람씩 2회에 나누어서 진행하기로 했다. 우선 강 선생과 이 선생이 먼저 탑승하기로 했다. 두 사람을 태운 헬기가 하늘로 날아올라 호수를 가로질러 저편으로 넘어갔다. 헬리콥터에서 보는 세상은 어떠할까. 우리 차례가 되었다. 기장이 송 선생과 나에게 두툼한 헤드폰을 준다. 그리고 자기가 하는 말이 잘 들리는지를 확인한다.

드디어 헬기가 하늘로 날아올랐다. 여객기와 달리 이륙이 약간 불안정한 것 같다. 로토루아 호수를 가로지르는데 호수 물빛이 맑다가 저쪽에서 호수로 유입되는 물 색깔이 노란 황색 계통이다. 온천수가 호수로 유입되는 것이다. 로토루아 시가지의 집들이 보인다. 민간인이 거주하는 가정집은 모두 단독주택으로 정원이 있는 쾌적해 보이는 집들이다. 가끔은 풀장이 있는 집들도 보이고 집집마다 나무 몇 그루씩은 심어져 있다. 집들은 거의 다 정북향 방향이다.

여행은 가끔은 도전이다.

처음으로 헬기를 타 봤다.

뉴질랜드에서 잘사는 동네는 대부분 해변이나 북쪽 언덕에 자리 잡고 있다. 따뜻하고 밝은 햇볕을 많이 받기 위해서이다. 북반구인 우리나라는 남쪽으로 향한 집을 선호하지만, 남반구인 이곳은 북향집을 최고로 친다. 조금 더 가자 시가지를 벗어나 구릉지대로 향한다. 집들이 띄엄띄엄 한 채씩 있고 푸른 초원에 가끔은 나무들이 우거진 작은 숲들도 보인다. 뉴질랜드의 여유로운 삶의 모습이 보인다.

로토루아 박물관(Rotolua Museum)은 예전에 관청으로 사용하던 건물을 리모델링하여 박물관으로 사용하고 있다. 이 건물은 로토루아의 랜드마크로 로토루아를 소개하는 거의 모든 책자에 등장한다. 차를 몰고 급하게 달려간 로토루아 박물관은 폐장할 때까지 1시간 정도의 시간이 있어 얼른 표를 끊고 들어갔다. 박물관에는 마오리 문화에 관한 내용이 대부분이었다. 1층의 트러스트 전시관은 다양한 내용을 전시하는 전시관으로 사용되고, 그 옆의 공중목욕탕 카페는 지역 미술가 작품들이 지속적으로 바뀌며 전시된다고 한다. 지하에는 진흙 목욕을 할 수 있는 공중목욕탕의 깊은 곳을 탐험할 수 있다고 하는데 거기까지는

로토루아 박물관 내부

둘러볼 시간이 부족하다. 2층 미술관에서도 전시가 이루어지고 로토루아 이야기 극장에서는 20분마다 로토루아의 위대한 이야기를 상영한다고 하는데 1시간으로는 이 모든 것을 체험하기 어렵다. 역시 박물관은 시간적인 여유를 가지고 둘러보아야 한다.

 마오리인들은 뉴질랜드 군인으로 세계 여러 나라에 파병되어 임무를 다했다. 마오리인들이 뉴질랜드 군인의 이름으로 활약했던 역사가 기록으로 잘 보존되어 있다. 박물관 내에 로토루아에 관해 소개하는 부분이 있는데 로토루아 주민의 15%는 해외에서 이민 온 사람들로 구성되어 있다고 한다. 이 지역에는 50개국 이상의 언어들이 사용되고 있으며 한국어도 포함되어 있다. 이러한 내용을 담고 있는 안내판에는 우리나라 젊은 여성이 한복을 입고 다소곳이 서 있는 사진이 함께하고 있다.

뉴질랜드는 세계 두 번째로 다인종 국가이다. 백인과 마오리인뿐만 아니라 세계 여러 나라에서 온 인종들이 살아가고 있다. 뉴질랜드는 다양한 인종 구성으로 다양한 문화가 형성되고 구성원들은 더욱더 새롭고 독특한 문화를 접하게 되면서 세상에 대한 이해가 넓어졌다. 그래서 뉴질랜드 사람들에게서는 섬나라 민족의 특징인 폐쇄성을 찾아보기 힘들다고 한다.

뉴질랜드에는 세계 여러 나라에서 다양한 이유로 찾아 들어온 난민들이 많이 살고 있다. 처음에는 뉴질랜드 역시 난민들이 자국 경제에 이익이 되지 않는다고 생각하여 반갑지 않게 생각했다. 그러나 한 정치인이 "뉴질랜드는 땅 끝에 있는 나라이다. 맨 마지막 희망인 우리마저 이들을 거절한다면 그들은 더 이상 갈 곳이 없다"며 난민을 받아들일 것을 요청한 이후로 난민을 긍정적으로 받아들이기 시작했다.

인구가 우리나라의 10분의 1도 안 되는 뉴질랜드에서는 노벨상 수상자가 3명이나 배출되었다. 세계 최초로 원자핵을 분열시킨 어니스트 러더퍼드 경이 방사능 연구에 대한 공로로 1919년 노벨 화학상을, 1962년 모리스 윌킨스 박사가 영국의 프랜시스 크릭과 공동으로 DNA의 이중나선형 구조를 밝혀내어 노벨 생리의학상을, 2000년 알란 맥디아미드가 전도성 고분자의 발견과 개발에 공헌하여 노벨 화학상을 받았다.

박물관 앞에 있는 큰 뜰은 가버먼트 가든(Goverment Gardens)이라 불린다. 이곳은 마오리족에게는 역사적인 장소이다. 많은 중요한 전투가 이곳에서 치러졌기 때문이다. 1800년대 후반 마오리족은 50에이커가 되는 큰 땅을 정부에 기증했다. 이곳은 관목이 무성했던 지열지대였는데, 나무들을 베고 지금과 같은 정원을 조성하였다.

1908년 뉴질랜드 정부가 튜더 양식의 온천장인 Bath House를 지었는데 유럽식 스파 스타일로 디자인된 건물이다. 그 건물이 관청으로 쓰이다가 지금의 로토루아 박물관이 된 것이다. 로토루아 박물관은 가이드 투어를 제공한다. 이 서비스는 입장료에 포함되어 있어 안내데스크에서 투어 시간을 확인하고 신청할 수 있다. 물론 영어로 설명하기 때문에 귀가 반 이상 막혀 있는 우리로서는 언감생심이다.

이렇게 1박 2일의 로토루아 여행이 끝났다. 로토루아에서는 모두가 윈윈(Win Win)이다. 일행 각자가 보고 싶은 것들을 하나도 빠짐없이 다 둘러보았다. 내가 가 보고 싶었던 레드우드 삼림욕장도 둘러보았고, 송 선생이 경험하고 싶었던 뉴질랜드의 박물관도 가 보았다. 계획했던 오늘의 다른 일정도 모두 진행하였다. 뉴질랜드의 품질 좋은 쇠고기 스테이크도 오늘 아침 밥상에 올랐다.

원래 오늘의 숙소는 코로만델 반도였다. 코로만델 반도는 원시 그대로의 산림 그리고 청정한 바다를 보존하고 있는 곳이다. 바닷가에는 뜨거운 온천수가 나오는 핫 워터 비치(Hot Water Beach)가 있고, 리프리놀이라는 성분이 다량 함유되어 있는 초록입 홍합이 나는 곳이다. 물론 초록입 홍합은 뉴질랜드 여러 곳에서 나나 관절염 치료에 좋다는 리프리놀 성분은 특히 이곳에서 나는 초록입 홍합에 더 많다고 한다.

그러나 출발을 얼마 앞두고 현지진행을 맡은 송 선생이 로토루아에서 코로만델 반도까지는 거리가 너무 많이 떨어져 있다는 우려를 표했다. 로토루아에서 보고 경험해야 할 것들이 많은데 코로만델까지 가려면 일정 중 한두 개를 포기해야 하고, 만일 일정을 다 소화하고 출발하면 코로만델까지는 해안을 끼고 가야 하는데 길이 좁고 커브길이 많아 야간운전하기에 위험하다는 것이다. 그래서 막판에 일정을 변경했다. 코로만델까지 가지 말고 로토루아에서 차로 1시간여 떨어져 있는 타우랑가로 가기로 했다. 타우랑가에 특별히 들를 곳이 있거나 경험할 것이 있어서는 아니었다. 지도를 보니 타우랑가가 거리상으로 적당한 것 같았다. 한 번쯤은 뉴질랜드의 해안 길을 달리고 바다를 보고 싶었다.

북섬에서 렌트한 차 RAV4는 기능이 많다. 운행하다가 차가 오른쪽에 있는 중앙선을 밟으면 오른쪽 백미러에 노란 불이 들어온다. 왼쪽에 있는 갓길 선을 밟으면 왼쪽 백미러에 노란 불이 들어온다. 뒷좌석에 앉은 사람이 안전벨트를 매지 않았을 때만 경보 기능을 하는 줄 알았는데 차가 제대로 주행을 하지 않고 차선을 밟을 때도 경보 기능을 한다.

차는 산길을 달려간다. 북섬이 남섬보다 인구가 많기 때문에 남섬처럼 한참을 가도 민가를 볼 수 없는 상황은 아닌 것 같다. 타우랑가에 거의 접근할 무렵 유료도로가 나타난다. 도로에 분명히 유료도로로 표시되어 있는데 도무지 요금을 지불하는 시설이 보이지 않는다. 어찌된 일인가. 도로에 들어서기 전에 미리 티켓을 구입하고 차에 부착했어야 했나. 그렇다면 어디선가 티켓을 구입하라는 안내가 있어야 하지 않았을까. 차 번호가 자동으로 읽혀서 나중에 후불로 신청되나. 렌터카는 렌터카 회사로 연락이 가서 나중에 신용카드로 결재가 되는가. 타우랑가 시내에 들어설 때까지 요금을 지불하는 어떤 시설 비슷한 것도 보이지 않는다. 공연히 불안해진다. 이러다가 나중에 비싼 패널티 요금을 무는 것은 아닐까.

더 타우랑가 온 더 워터프런트(The Tauranga On The Waterfront). 오늘의 숙박지이다. 체크인하고 방을 배정받았다. 2층 건물의 2층이다. 지금까지 묵었던 다른 숙소보다 그리 넓은 편은 아니나 깔끔한 느낌이었다. 테이블에 생화도 꽂혀 있고, 어메니티(Amenity)도 다른 곳보다 다양하게 갖추어져 있다. 여러 종류의 차와 함께 과자도 몇 개 있다.

한 가지 단점은 취사시설이 없는 것이다. 그렇다면 내일 아침에 제대로 식사 준비를 할 수 없어 라면을 끓일 수 없다. 한국에서 준비해 간 라면이 아직 몇 개 남아 있다. 즉석밥이 몇 개 남아 있으니 전자레인지에 즉석밥을 데워 다른 반찬과 먹는 수밖에 없다. 이곳은 바다에 인접해 있어 거실의 커다란 통창으로 바다가 환히 보인다. 숙소가 메인 도로에서 살짝 바다 쪽으로 들어와 있어 숙소 앞 도로는 차를 주차할 수 있는 주차선들이 그려져 있는데 주차요금을 내는 것 같지는 않다.

리셉션에서 받은 지도로 타우랑가 시내에 관한 관찰을 끝내고 저녁을 먹으러 거리로 나와 길거리에 차를 주차했다. 주차요금을 지불해야 하는 곳인데 저녁 8시가 넘어서인지 동전을 넣고 요금을 지불하는 기계의 'Free Parking'이라는 문구가 반갑다. 타우랑가는 주차 인심이 후한 편이다. 주차요금을 내는 시간은 평일에는 오전 9시부터 오후 3시까지이고, 토요일에는 오전 9시부터 오후 1시까지이다. 일요일과 공휴일은 하루 종일 주차요금을 받지 않는다.

저녁이 되면서 거리의 많은 상점들이 문을 닫았다. 문을 연 곳은 식당뿐이다. 해안도로에 식당이 많을 것 같아 그쪽으로 가다 스타벅스 커피점을 발견했다. 역시 문을 닫았다. 우리나라의 스타벅스 커피점은 오후 9시에는 영업을 하는데 여기 스타벅스는 오후 6시가 Close 타임이다. 대신 아침 일찍 문을 연다. 평일은 오전 7시부터 오후 6시까지, 토요일은 오전 7시 30분부터 오후 6시까지, 일요일은 오전 8시부터 오후 6시까지이다. Christmas Day는 'Closed'이다.

오후 6시에 영업을 종료하는 커피 전문점. 우리나라 사람들은 저녁식사를 한 후 커피를 마시기 때문에 오후 6시에 영업을 종료한다는 것은 있을 수 없는 일이며 그것은 하루에 낼 수 있는 많은 매출을 포기한다는 것이다. 뉴질랜드인들의 삶의 질은 우리와 다른 것 같다. 인생을 여유롭게 사는 것. 사람들도 이러한 삶의 형태를 알기 때문에 스타벅스 커피

일과가 넘어간 시간은 거리에 적막감이 흐른다.

점을 이용하는 사람들도 오후 6시 이전에 오는 것 같다. 그래야만 서로 여유 있는 삶의 질을 유지할 수 있기 때문이다.

오늘 저녁식사는 어떤 선택을 할까. 여행이 길어지면서 음식 선택이 더 어려워진다. 그동안 많은 것을 경험했기 때문에 선택이 쉬울 것 같은데 반대 현상이 일어난다. 여행에서의 음식을 담당한 이 선생에게 선택을 맡겼더니 바닷가에 있는 일본 요리를 다루는 TAKARA를 선택한다. 어제 로토루아에서도 일식 요리였는데 어느새 서양 요리에 지쳐 가나 보다. 그래도 아침에는 우리나라의 전통요리(?)인 '라면'을 매일 먹는데.

각자 요리를 하나씩 주문했더니 다양한 모양의 요리들이 나온다. 우리나라 일식집에서 먹는 그대로다. 서빙하는 종업원이 우리나라 사람인 것을 보니 주인이 한국 사람인 것 같다. 쌀도 안남미가 아닌 우리나라에서 먹는 쌀인 자포니카 종이다.

길 건너 바다 쪽으로 철길이 놓여 있어 기차가 지나간다. 화물열차가 지나가는데 앞에서 끄는 기관차도 우리나라 기관차와 모양이 다르고 기관차에 매달려 있는 화차들도 우리나라 화차와 모양이 다르다.

식사를 마치고 해변을 산책하였다. 바다를 끼고 북쪽으로 죽 걷다 보니 작은 창고 같은 건물이 보인다. Fresh Fish Market이다. 우리나라로 치면 수산물 공판장이다. 여기서는 생선류를 판매만 하지는 않는다. 신선도가 높은 생선을 요리하여 피시 앤 칩스로 판매도 한다. 하지만 밤이 깊어 영업은 끝났다. 불은 켜져 있어 내부가 환히 보이는데 메뉴판을 보니 판매하는 요리 명은 고정되어 있고 가격은 그날의 시세에 따라 쓰는 구조다. 오늘의 시세는 Fish는 4달러, Chips는 1/2 scoop는 2달러, full 로는 4달러였다. Hot Dog는 2.50달러 정도 수준이다.

기관차도 나라마다 모양이 다르다.

우리나라 일식집에서 먹는 그대로다.

메뉴는 거의 스무 가지인데 메뉴 여러 개를 붙여야 1인이 먹을 수 있다. 이 선생의 뉴질랜드 여행 로망 중 하나는 Crayfish를 먹어 보는 것이었다. Crayfish는 뉴질랜드에서도 가장 비싼 해산물 요리 중 하나에 속한다. 워낙 소량만 잡히는 데다가 대부분 외국으로 수출하여 가격이 비싼 편이다. Crayfish를 먹어 볼 기회는 내일 아침이 가장 유력하다. 아침에 이곳에 득달같이 달려와서 Crayfish를 주문하면 로망을 이룰 수 있는데 현실적으로 가능성이 희박하다. 내일은 또 내일의 일정이 기다리고 있기 때문이다.

숙소로 돌아가는 길목 해안가의 펍(Pub)들은 아직도 영업을 하고 있고 많은 사람들이 밴드의 즉석 공연을 즐기면서 맥주를 마시고 있다. 이 현장에 같이하기에는 우리 몸이 너무 피곤하다. 여행은 한 살이라도 더 젊었을 때 하는 것이 좋다. 기회가 닿으면.

오늘의 지출 : 1085.5NZD

테 푸이아 입장료 204	곤돌라·루지 192	저녁식사 150
점심식사 63.5	헬리투어 380	
아이스크림 16	박물관 입장료 80	

NEW ZEALAND TRAVEL

열째 날 _ 1월 14일(목) 타우랑가 → 오클랜드

여행에서 나의 하루의 처음 일과는 모두가 잠들어 있는 아침에 숙소를 나서는 일이다. 오늘도 변함없이 길을 나섰다. 숙소가 해안가에 있다 보니 정문을 나서니 바로 왼쪽으로 바다가 보인다. 바다 한가운데 요트 한 척이 닻을 내리고 정박해 있다. 여기에서 보는 바다는 망망대해 큰 바다가 아니다.

바다 건너편에는 타우랑가 공항과 마운트 망가누이가 있는 반도가 있다. 바다는 한쪽만 터 있고 나머지는 육지로 둘러싸여 있는 와이푸 만(Waipu Bay)이다. 그 만을 가로질러 철교가 놓여 있고 그 위 하늘에는 뭐라 표현하기 힘든 구름들이 떠 있다. 그리고 그 바다가 바라다보이는 곳에는 벤치가 놓여 있다.

숙소 건너편에는 오랜 세월을 버텨 낸 듯한 커다란 나무들이 서 있다. 도로 옆 주차장은 차들이 거의 없어 한산하다. 이른 아침에 일을 나간 것일까. 아니면 원래 이렇게 한가로운가. 잠시 한눈을 파는 사이 2척의 요트가 더 와서 바다 한가운데 정박해 있다.

큰 도로는 길가 주차구역이 돈을 받는 곳과 무료로 주차할 수 있는 구역이 모두 존재한다. 한쪽은 P120 구역이다. 2시간 동안 무료로 주차할 수 있으며 그 구역이 끝나는 곳은 친절하게 안내판이 붙어 있다. 주차비는 30분에 50센트, 1시간에 1달러이다. 이곳 역시 평일은 오전 9시부터 오후 3시까지만, 토요일은 오전 9시부터 오후 1시까지만 주차비를 받는다.

숙소에 오니 모두 일어나 아침식사를 준비하고 있다. 숙소 2층은 밖을 향한 큰 창이 있지만 1층은 방 밖에 둥근 베란다가 놓여 있고 하얗고 둥근 테이블과 흰 의자들이 놓여 있어 사람들이 아침부터 망중한을 즐긴다. 여기는 조리를 할 수 없기 때문에 즉석밥을 데워 가져간 밑반찬인 오이, 김 그리고 몇 가지 과일로 아침상을 차렸다. 역시 Crayfish는 희망사항이었다. 아마도 지금 먹는 식사가 이번 여행에서 우리가 해먹는 마지막 식사일 것이다. 내일 아침은 호텔에서 아침식사를 제공한다.

타우랑가는 베이 오브 플렌티(Bay Of Plenty) 지방의 중심 항구도시이다. 뉴질랜드에서는 제법 큰 도시로 12만 명의 인구가 거주하고 있다. 유명한 키위 회사인 제스프리 본사가 있고 풍부한 일조량과 온화한 기후 지역이라 뉴질랜드에서 가장 살기 원하는 도시로 알려져 있다. 특히 우리나라 조기 유학생들이 많이 와 있다.

태평양을 마주하는 큰 해안으로 가기 위해 길을 나선다. 오션 비치 로드(Ocean Beach Rd.)로 차의 방향을 잡았다. 타우랑가 중심부에서 바다를 바로 질러가는 빠른 길이 있지만 일부러 길을 남쪽으로 잡아 2개의 다리를 건너가는 풍경이 있는 길을 선택했다. 현지진행을 담당하고 있는 송 선생이 나머지 사람들을 위해 베푸는 팬 서비스이다.

타우랑가는 우리나라에서
조기 유학생이 많이 가는 도시이다.

해안도로가에 차를 세웠다. 길가 집들이 깔끔하고 잘 정돈되어 있다. 어떤 집은 바다를 향해 커다란 통창을 내고 2층 베란다에 테이블과 의자 그리고 파라솔까지 비치해 놓았다. 저것이 바로 인간답게 사는 것이구나 하는 생각이 들었다. 길 건너 바다를 향해 걸어갔다. 오늘은 바다 위 하늘이 온통 구름에 덮여 있다. 바다를 향해 놓여 있는 벤치에 앉았다. 조용한 바닷가에 사람들이 산책하고 있다.

어느덧 이번 여행도 거의 저물어 가고 있는데 나는 뉴질랜드에 와서 무엇을 하였을까. 여기저기 부지런히 다니기는 했는데 뭔가 여운이 남는다. 정말 나는 여행에 충실했나. 단지 여행 준비 과정에서 보았던 여러 장소들을 찾아와 내 발자국을 찍는데 의미를 두지는 않았나. 여행은 타인이 감동받은 곳을 찾아가는 것이 아니다. 내가 감동받을 곳을 찾아가는 것이다. 여행은 나의 이야기인데 지금까지 나는 나의 이야기를 만들어 왔을까. 눈앞에 보이는 바다의 풍경이 아름다운데 저 풍경을 받아들일 서정이 나에게 있는가. 풍경도 받아들일 서정이 있어야 의미가 있다.

마운트 망가누이(Mount Maunganui)에 가까이 가자 해안에 사람들이 많이 보인다. 일단 차를 안쪽 도로가에 주차했다. 이 해안지역은 Alcohol-Free Zone이다. 그것도 하루도 빠짐없이 24시간 내내. 마운트 망가누이 전체와 해안을 향해 있는 지역 모두 포함된다. 경찰이 알코올 소지 여부를 조사할 수 있으며 술을 마셨을 경우는 250달러의 벌금을 부과한다고 경고하고 있다. 이 지역에도 여러 개의 숙소가 있다. 수수한 숙소부터 멋진 숙소까지 골고루 있다. 한국에서 숙소를 정할 때는 위치에 신경을 쓰기는 하지만 이런 부분까지 체크하면 많은 시간과 에너지가 소모된다. 마운트 망가누이 중턱에 사람들이 있고 헬리콥터가 계속 왔다 갔다 하고 있다. 무슨 일일까.

지금 우리가 여기에서 할 수 있는 일은 두 가지이다. 산이 있고 바다가 있으니 망가누이 산에 올라 태평양을 바라보며 저물어 가는 뉴질랜드 여행을 음미하는 것과 파도가 세차게 치고 있는 저 바다에 뛰어드는 일이다.

마운트 망가누이는 해발 232m의 그리 높지 않은 산이다. 하지만 정상에 오르려면 1시간 정도 수고해야 한다. 두 가지 중 어느 것을 선택할지는 각자의 자유의사에 맡겼는데 나와 강 선생은 산을 선택하고 송 선생과 이 선생은 바다를 선택했다.

강 선생과 함께 산 쪽으로 걸어가는데 산 가까이에 폴리스 라인(Police Line)이 쳐져 있고 경찰들이 산으로 가는 것을 통제하고 있다. 보아하니 산에 난 불을 끄기 위해 헬리콥터가 계속 날아다녔던 것이다. 나중에 들은 소식에 의하면, 전날 밤 거대한 산불이 발생해 밤새 소방대원 40명가량이 진화에 나섰으며 헬기도 동원되었다 한다. 화재 발생 규모는 마우아오 꼭대기 근처 약 800m²가량으로 알려졌다.

뉴질랜드는 화재를 완전히 진압한 후 바로 산을 개방하지 않는다. 산에 사람들이 다녀도 안전한지 산의 전반적인 상태를 확인하고 재개방 여부를 결정하기 때문에 오늘 산에 가기는 완전히 틀렸다.

다시 바다로 가니 두 사람은 바다를 즐기고 있다. 많은 사람들이 밀려오는 파도에 몸을 싣고 육지를 향해 가고 서핑족들도 바다를 향해 돌진

망가누이 산에 불이 났다.
소방헬기가 바쁘다.

한다. 뉴질랜드의 해수욕장은 바다를 즐길 수 있는 범위가 한정되어 있다. 안전을 위하여 당국이 지정한 범위에서만 바다를 즐길 수 있는데 당국에서 파견한 수상안전요원이 혹시나 있을 상황에 대비하여 계속 바다 쪽을 응시하고 있다.

우리나라 해수욕장은 젊은이들과 아이들이 바다에 들어가고 나이 드신 분들은 옷을 입은 채 해안을 거닐거나 손자들 옷을 지키는 정도인데 이곳은 나이가 있는 사람들도 젊은 사람들과 똑같이 바다에 들어간다. 뉴질랜드의 노인들은 거의 모두 체격이 좋다. 살이 많이 쪘다는 것이다. 그들은 젊은 사람들이 주로 즐기는 해안의 한가운데가 아닌 약간 외진 곳에서 조용히 그들만의 바다를 즐긴다.

바다 체험을 마친 두 사람과 함께 해안을 둘러보기로 했다. 사람들이 해안 한쪽에 있는 아주 작은 바위산을 산책하고 있다. 우리도 그쪽으로 향하는데 바닷새의 둥지가 있는 곳이니 개를 끌고 오거나 캠핑하지 말라고 엄격하게 경고하고 있다. 이를 어길 시에는 벌금이 좀 센데 자그마치 300달러이다. 아무 생각 없이 개를 끌고 이곳에 들어서면 생각지도 않던 벼락을 맞게 된다.

오늘은 하늘이 구름에 덮여 있어 다니기에 좀 낫다. 우리 팀에서는 이 선생이 언제나 제일 활발하다. 호기심도 많아 궁금한 것이 있으면 꼭 파헤쳐 봐야 한다. 아래쪽에 멋진 바위가 있고 갈매기들이 날고 있어 멋진 사진을 위하여 내려가서 웃으며 포즈를 취한다.

타우랑가는 작지 않은 도시로 바다를 즐기는 사람이 많지만 해안가에 식당 건물이 조성되어 있지 않다. 대신 여러 대의 푸드 트럭이 있어 간단하게 요기를 하거나 커피를 마시며 쉼을 갖는다. 뉴질랜드의 커피 값은 거의 평준화되어 있는 것 같다. 웬만한 곳에서는 커피류가 4.5달러에서 5달러 정도인데 이곳 역시 마찬가지 가격을 제시한다. 푸드 트럭이라고 특별히 저렴하지는 않다.

북섬은 남섬에 비하여 여름이 확실히 느껴진다. 남섬 같으면 낮은 기온 탓에 비키니 차림의 수영객을 보기 힘든데 이곳 바다에서는 거의 모든 사람들이 수영복을 입고 있으며 여자도 대부분 비키니 차림이다. 'Real Fruit Ice Cream'이라고 광고하는 트럭에 일행 모두 마음을 빼앗겼다. 싱싱한 과일과 신선한 뉴질랜드산 우유를 넣어 만든 아이스크림 맛이 좋았다. 그다음 핫도그를 하나씩 들고 트럭 뒤에 있는 간이의자에 앉아 햇볕을 피하며 먹었다. 이제 오클랜드를 향해 길을 떠나면 3시간 정도는 가야 하므로 아마도 이 핫도그가 우리의 간단한 점심식사가 될 것이다. 푸드 트럭에서는 정식 요리는 맛볼 수 없고 간단히 먹을 수 있는 핫도그, 타코, 샌드위치 정도가 가능하다.

오늘 타우랑가 바다에서 서핑 레슨이 있나 보다. 잔디 위에 세워 놓은 빨간 천막 아래 빨간 단체 티셔츠를 입은 사람들이 이야기를 나누고 있고 그 옆에는 하얀 서핑보드들이 놓여 있다. 현지인들이 즐기는 한가로운 여름 풍경이다.

사진을 계속 찍는다. 여행이 끝난 후 좋은 추억을 유지하기 위해서 DSLR 카메라를 가져갔는데 때로는 사진이 여행의 몰입을 방해한다. 어느 곳에 도착하거나 어떤 광경을 만나면 먼저 습관처럼 카메라를 꺼내 사진을 찍는다. 관광과 여행의 차이는 무엇일까. 관광은 유명 관광

타우랑가 바닷가는 부대시설들이 있는 편이다.

지를 둘러보는 것이다. 여행은 그 틀을 깬다. 하지만 메인 카메라를 가진 사람은 여행의 모든 순간을 남겨 놓아야 한다. 한 블로거는 이런 글을 남겼다.

'사진을 위한 여행인가, 여행을 위한 사진인가.

사진이 남으면 여행이 안 남고 여행이 남으면 사진이 안 남는다.'

충분히 동감한다. 여행에의 몰입과 사진. 두 가지를 다 갖고 싶은 것이 여행자의 마음이다.

오클랜드를 향해 출발하기 전 다시 한 번 해변을 내려다봤다. 젊은 여자들이 선탠을 하고 있다. 여기는 특별히 파라솔이 있지도 튜브를 대여하지도 않는다. 해변에 펼쳐져 있는 두세 개의 파라솔은 모두 개인이 가져온 것이다. 나머지 사람들은 모래사장 한편에 옷을 벗어 두고 바다를 즐긴다. 우리 같으면 도난이 두려워 그렇게 하지 못할 텐데 여기는 그런 개념은 없나 보다. 저렇게 여름 햇볕에 피부를 계속 노출시키면 자외선에 피부가 많이 상할 텐데 그들은 전혀 개의치 않는다.

    차가 출발했다. 바로 앞에 빨간 머스탱(Mustang) 오픈카에 젊은 남녀가 기분 내며 달리고 있다. 참 좋을 때다. 그런데 그 모습이 부럽다거나 시기심이 나지는 않는다. 두 사람이 행복해 하는 모습을 보니 나도 즐거울 뿐이다. 이것이 나이의 힘인가.

    서정주 시인의 시 '국화 옆에서'에 이런 구절이 나온다.

    그립고 아쉬움에 가슴 조이던
    머언 먼 젊음의 뒤안길에서
    인제는 돌아와 거울 앞에 선
    내 누님같이 생긴 꽃이여

    몇 년 전 한 TV 방송국에서 '꽃보다 누나'라는 제목의 프로그램을 방영했다. 한 젊은 남자가 4명의 누님뻘 되는 분들과 유럽의 크로아티아를 여행하며 겪은 에피소드를 소개하는 내용이었는데 제작진이 그들 중 60대와 40대 두 사람에게 질문을 던졌다.

    "다시 젊은 시절로 돌아가고 싶으세요?"

    두 사람의 대답은 "아니요"였다. 젊은 시절 열심히 살았기 때문에 다시 돌아가고 싶은 마음이 없다는 것, 지금 이대로가 좋다는 대답이었다. 나도 지금 이대로가 좋다. 이제는 조금은 멀찍이 서서 인생을 객관

뉴질랜드 바다는 서퍼들의 천국이다.

바다를 즐기는 방법은 다양하다.

적으로 바라볼 수 있는 나이, 그래서 많은 것들을 고마움으로 받아들일 수 있는 나이가 되었다. 이전에는 퇴임하는 분들의 퇴임사에서 "큰 대과(大過) 없이 마칠 수 있게 되어 고맙다"라는 표현을 들을 때면 너무 소극적인 마음가짐이라고 생각했었는데 이제는 그 표현의 의미를 안다. 오늘이란 시간에서 볼 때 커다란 오류를 범하지 않고 충실하게 각각의 상황들을 살았으면 그것이 삶의 복이 되는 것이다.

남섬에서 밀포드 사운드 오버나이트 크루즈 때 밀포드 트랙을 트레킹하는 말미에 샌드플라이 포인트에서 막무가내로 달려드는 샌드플라이에 무차별로 물린 적이 있다. 당시에는 물린 곳이 부어오르지도 않고 가렵지도 않아 소문만 무성하지 실제로는 아무것도 아니구나 하고 생각했는데 2~3일 후부터 효력이 나타났다. 물린 곳이 가렵고 부어오른 정도도 우리나라 모기에게 물렸을 때와 비교할 수 없을 정도로 심했다. 샌드플라이의 매운맛을 톡톡히 봤다. 가렵다고 긁으면 후유증이 커진다는 말을 들었기에 무조건 참았다(귀국 며칠 후에 모든 증상이 끝났다). 역시 경험자의 이야기는 새겨들어야 한다.

이번 여행의 최종 목적지인 오클랜드로 향한다. 여행의 시작점이자 마치는 지점 오클랜드. 오클랜드로 가는 길은 이제 날이 활짝 개었다. 하늘에는 뉴질랜드적(?)인 멋있는 구름들이 있지만 그래도 햇살이 도로를 따갑게 내리비추고 있다. 뉴질랜드에서 본 구름은 산에 머물러 있는 풍경을 많이 보여주어 저런 멋진 구름 몇 개 우리나라에 가져갈 수 없나 하는 생각이 들게 한다.

길은 여전히 왕복 2차선 도로이다. 한 방향으로 1개 차선밖에 없다.

앞차가 갓길을 밟고 가는 것은 뒤차 보고 추월하라는 신호이다.

상황이 급한 차들은 어찌할까. 추월하려면 중앙선을 넘어야 하는데 뉴질랜드의 도로는 직선길이 오래 지속되는 경우가 많지 않아 뉴질랜드의 운전자들은 서로 통하는 약속이 있다. 바로 뒤에 오는 차가 차간거리를 좁히며 추월할 것 같으면, 앞차를 운전하는 사람이 직선차로에 접어들었을 때 갓길에 차를 붙여 운행한다. 상대방에게 추월하라는 신호이다. 뒤차의 운전자도 그런 약속을 알기 때문에 앞차가 차를 갓길에 붙여 운행하면 앞에 터진 시야를 확보하고 얼른 추월해서 앞으로 나간다.

소들이 구릉에서 한가하게 풀을 뜯고 있다. 뉴질랜드의 쇠고기가 다른 나라에 비해 품질이 우수한 이유가 여기에 있다. 같은 종류의 야채도 비닐하우스에서 필요한 모든 것을 제공하며 키운 것보다 밭에서 바람을 맞고 벌레에 먹히며 양분이 부족한 땅에 스스로 뿌리를 내리고 자란 것이 더 맛있듯이 소들도 마찬가지이다. 뉴질랜드에는 축사가 없다고 한다. 소들은 넓은 초원에서 비바람과 거친 날씨를 견디며 풀을 뜯는다. 축사에 갇혀 사료를 먹으며 운동 부족으로 무게만 늘어 가는 소와는 맛이 다르다. 대신 운동량이 많다 보니 성장 속도가 느린 뉴질랜드 소의 정육은 축사에서 비육우로 길러진 쇠고기에 익숙한 한국인에게는 조금 질기게 느껴질 수 있다.

끝없이 펼쳐지는 옥수수 밭의 서정적인 풍경이 이어진다. 자꾸 이런 풍경에 아쉬움이 남는 것을 보니 여행이 끝나 가고 있는 것이다. 이제 곧 도착하는 오클랜드는 이번 여행의 종점이다.

오클랜드 시내에 들어서니 정신이 없다. 지금까지 한가한 시골길을 달리다가 번잡한 도시 한복판을 달리니 긴장된다. 더구나 지금 운전하고 있는 사람은 나다. 교대로 운전하다 보니 내 차례가 된 것이다. 그래도 옆에 조수로 수고하는 동료가 같이 신경을 써 주고 있어 든든하다.

오늘 숙소는 Waldorf Stadium Apartments Hotel이다. 오클랜드의 중심부에 있다. 내비게이션에서 호텔을 정확히 찾아 주지 못해 주변을 맴돌다가 겨우 찾았다. 호텔 주차장 입구로 보이는 곳이 없어서 좀 떨어진 곳에 잠시 주차하였다. 호텔 리셉션을 다녀온 송 선생이 호텔 건물 내부에 주차장이 없어 근처 공용주차장에 차를 주차시켜야 한다는 것이다. 주차료는 25달러이다. 차를 주차하고 리셉션으로 가서 체크인하는데 직원이 오늘 우리 객실이 업그레이드되었다고 한다. 중간에 차를 이용할 일이 있으면 자기들에게 말해 달라고 한다. 그러면 내일 아침 체크아웃할 때까지 추가 요금 없이 주차할 수 있다는 것이다.

이번 여행의 마지막 숙소

격조 있는 호텔 시설

방에 들어서니 대궐이다. 널따란 거실에 식탁이 있고 다른 방에는 세탁 시설이 있어 세탁기와 건조기까지 갖추어져 있다. 취사시설도 있고 전자레인지까지 구비되어 있다. 며칠 전 퀸스타운에서 빨래가 덜 건조된 것을 그대로 가져와 옷을 갈아입을 때마다 새콤한 냄새가 났는데 오늘 냄새나는 옷들을 다시 세탁해야 할 것 같다.

오늘 저녁에 있을 마지막 저녁 파티를 위해 호텔 옆쪽으로 길 건너 위치한 커다란 카운트다운에 들렀다. 뉴질랜드의 특산물인 초록입 홍합은 kg당 3.5달러 가격으로 판매하는데 이미 동이 났다. 과일 코너에 키위가 보인다. 뉴질랜드에 와서 키위를 먹어 보지 않으면 안 될 것 같아 얼른 다가갔는데 뉴질랜드산이 아니다. Product of Italy가 눈에 띈다. 얼른 손을 뗐다. 와인을 하나 구입하고 과자와 몇 가지 과일도 준비하기로 했다. Self Serve Checkout 코너가 따로 있어 현지인들은 그곳에서 별로 줄을 서지 않고 계산을 마친다. 그렇다고 점원이 계산하는 곳도 우리나라만큼 앞에 몇 사람 계산이 끝날 때까지 기다려야 하는 정도는 아니다.

데본 포트(Devon Port)는 육지이지만 반도처럼 튀어나온 지형 때문에 보통 페리를 타고 다녀온다. 배를 타고 15분 정도면 도착하는데 두 지역을 왕복하는 페리는 자주 있는 편이다. 우리는 차로 이동한다. 바다를 가로지르는 긴 다리를 건너자 오클랜드 시가지 풍경이 보인다. 데본 포트 지역은 나중에 보기로 하고 일단 해가 하늘에 떠 있을 때 오클랜드 시가지를 볼 수 있는 최고의 장소인 마운트 빅토리아(Mount Victoria)로 계속 차를 몰고 간다.

마운트 빅토리아는 데본 포트에 있는 화산이 폭발하여 생긴 야트막한 산으로, 배를 타고 온 사람들은 데본 포트의 메인 스트리트를 거쳐 마운트 빅토리아로 향하는 경사진 길을 계속 올라가야 한다. 적당한 곳에 차를 주차하고 걸어 올라가려는데 위쪽에서 차 한 대가 내려오고 있다. 위쪽에 주차할 곳이 있다고 한다. 도로가 끝나는 마지막 지점까지 차를 몰고 올라갔다.

데본 포트 지역이 한눈에 내려다보인다. 고층 건물은 거의 없고 전통을 간직한 듯 보이는 단독주택들이 늘어서 있다. 바다가 내려다보이는 풀밭에 세워진 여러 개의 초코송이 같은 조형물이 눈에 띈다. 도대체 이것들의 정체는 무엇일까. 바다 건너 오클랜드 시가지가 보인다. 오클랜드 시내를 볼 수 있는 전망대가 여럿 있지만 관광객과 현지인들 모두 이곳을 최고로 꼽는다. 또한 이곳은 뉴질랜드 여행에서 일출과 일몰을 모두 볼 수 있는 지역으로도 알려져 있다. 석양이 가까워지며 하늘을 등지고 있는 사람들의 모습이 실루엣으로 보인다.

여행 첫날 우리가 들렀던 스카이 타워도 그 실루엣에 들어 있다. 스카이 타워에서도 오클랜드 전망을 볼 수 있다. 그러나 시가지 한가운데서 보는 풍경은 여러 방향에서 나누어 봐야 하는데 마운트 빅토리아에서는 스카이 타워까지 포함한 전체적인 오클랜드의 풍광이 보인다. 타워 안에서 갑갑하게 보는 뷰가 아닌 산 위에서 바람을 맞으며 보는 자연적이고 좀 더 장엄한 풍경이 펼쳐지고 있다. 이런 것이 자유여행의 낭만이 아니던가. 패키지로 왔으면 일단 배경사진 찍고 내려갈 시간 계산하여 남은 시간을 채우는데, 자유여행은 그것보다는 좀 더 유연성이 있어 구성원 각각의 취향이 반영될 수 있다.

　2명의 키위가 바다를 향해 간이의자를 펴 놓고 앉아 저물어 가는 하늘 아래서 이야기를 나누고 있다. 뉴질랜드 사람들이 살아가는 모습을 단적으로 보여주는 장면이지만 저들이 그리 부럽지는 않다. 저들이 풍

마운트 빅토리아에서 보는
오클랜드 풍경이 입체적이다.

요로운 땅에 태어나 삶의 여유를 즐기는 사람들이라면, 나는 자원도 풍부하지 않고 좁은 땅에 많은 인구가 살아서 근본적으로 삶의 여유를 찾기 힘든 땅에서 태어나고 살고 있다. 그런 만큼 할 일이 많고 박진감(?) 넘치는 일상이 계속 벌어지는 우리나라는 내 삶에 많은 도전거리를 던져 주고 있으며 삶의 의미를 제시해 주고 있다. 단지 이런 뉴질랜드, 이런 삶도 있구나 생각하며 미소 짓는다.

해발 87m인 마운트 빅토리아는 오클랜드 시가지 전역과 바다를 내려다볼 수 있어 전략적으로 중요한 곳이기 때문에 이곳에 1885년 러시아 침공에 대비해 만든 포대와 대포가 남아 있다. 1850년대 크림전쟁으로 러시아와 영국의 관계가 악화되었고 러시아 전함이 예고 없이 남태평양에 출현하자 오클랜드 신문에 러시아 군함이 오클랜드로 들어왔다는 오보가 실렸고 러시아에 대한 공포심이 커졌다.

뉴질랜드에 언제나 평화로운 시절만 있었던 것은 아니다.

여기 포대는 이를 계기로 만든 것이다. 포대는 만들었으나 결국 러시아 함대는 오지 않았다. 그때 설치했던 대포를 보니 포신만 해도 몇 미터나 되는 것이 파괴력이 엄청났을 것 같다. 아무 걱정 없이 평화로워 보이는 이 나라도 급변의 역사 속에서 살아남기 위해서 이런 과거가 있었다고 생각하니 마음이 조금은 무겁다. 산 위에 있으니 바람이 세다. 일행 모두 티셔츠에 가을 점퍼를 걸치고 석양을 맞이하고 있다.

첫날 왔었던 오클랜드 하버로 다시 왔다. 그때는 택시를 타고 와서 주차에 대한 부담이 없었는데 오늘은 차를 이곳에 주차해야 한다. Princes Wharf 지역에는 Wilson Parking 주차장이 있는데 주차요금이 센 편이다. 월요일부터 금요일까지 평일은 최소 주차 시간이 40분인데 주차요금은 8달러이다. 60분은 12달러, 90분은 18달러, 2시간은 24달러이다. 12시간 주차하면 자그마치 50달러이고 48시간은 좀 후해서 75달러이다. 오후 6시부터 이용 가능한 야간주차는 시간에 관계없이 24달러이다. 오전 6시까지이지만 늦어도 8시까지는 차를 빼야 한다. 토요일과 일요일 주말요금(Weekend Rate)은 24달러로 오전 6시부터 오후 6시까지 적용되는데 늦어도 오후 7시까지는 차를 빼야 한다.

주차요금 지불은 주차요금 계산하는 곳에 신용카드를 넣고 주차 예정 시간을 입력하고 결재한 후에 나오는 주차증을 차의 내부 운전석 위 대시보드에 올려놓는 시스템이다. 도로 주차장 안쪽에도 주차하는 곳이 있어 사람들에게 물어보니 똑같은 주차장인데 도로 주차장은 미리 시간 계산을 하고 주차증을 발급받는데 안쪽 주차장은 일단 차를 주차해 놓고 나갈 때 주차요금을 계산한다고 한다.

첫날 보았던 오클랜드의 바다를 다시 본다. 어렸을 때 쥘 베른이 쓴 『15소년 표류기』라는 소설을 읽은 적이 있다. 체어먼이라는 학교의 기숙사에서 생활하는 세계 여러 나라에서 온 15명의 소년이 배의 밧줄이 풀려 떠내려가게 되고 폭풍우를 만나 2주일간 표류하다 무인도에 닿게 되어 그곳에서 협동심을 발휘하며 살아나간다. 그러던 어느 날 그곳에 상륙한 악당들을 물리치고 그들의 배를 이용하여 무사히 학교까지 돌아온다는 내용이다.

이 책이 발간되었을 당시의 책 제목은 『2년 동안의 방학』이었다. 무인도에서 생활하다 다시 돌아오는데 2년이라는 세월이 흘렀기 때문이다. 이 책이 일본을 거쳐 우리나라로 들어오면서 『15소년 표류기』라는 제목으로 바뀌었다. 소설에 나오는 15소년이 다니던 학교 체어먼은 오클랜드에 있는 학교이다. 쥘 베른은 여기 오클랜드의 바다와 오클랜드에서 생활하는 소년들의 모습을 소설에 담은 것이다.

저녁식사는 유로(Euro)에서 하기로 했다. 여행을 떠나기 전 준비하는 과정에서 유로에 관한 내용을 보고 맛집이려니 생각하고 들어섰다. 내부가 생각보다 넓은데 자리에 앉아 메뉴판을 받아 보니 가격이 세다. 전체요리와 메인요리 그리고 디저트에 음료까지 시키면 가격이 장난이 아닐 것 같아 첫날 식사했던 디그리로 나갈까 하고 일행의 의견이 모아지고 있는데 주문을 받으러 온 종업원이 너무 친절하다. 음식값이 비싼데 꼭 코스별로 주문해야 하냐고 물으니 그렇지 않다고 한다.

메뉴판의 두 번째 파트인 FOR THE TABLE에 나와 있는 음식은 가볍게 먹는 식사고 그 밑에 있는 PASTURE·BIRD·OCEAN이 정찬으로 먹는 식사니, 두 번째 파트에서 시켜도 좋다고 한다. FOR THE TABLE에 있는 음식은 20달러대이고, PASTURE·BIRD·OCEAN에 나와 있는 음식은 가장 싼 것이 32달러, 가장 비싼 것은 88달러까지 한다. 종업원이 음식의 내용을 친절하게 설명해 주는데 물론 내가 그 말을 다 알아듣기는 만무하다. 여행이 오래되면서 영어 듣는데 신경 쓰는 일이 이제는 피곤하다. 이 분야의 에이스인 이 선생이 현장 중계를 하면서 우리에게 설명한다. 그래 여기서 먹자. 종업원이 최고의 친절을 베풀면서 주문을 받고 있는데 어찌 이 사람을 배신하고 딴 데로 가랴.

먼저 빵이 나오고 음식이 하나씩 나온다. 매 음식마다 비주얼까지 생각했으며 맛도 있는데 단 하나 결정적으로 양이 그리 많지 않다. 일행 중에 양으로 승부하는 사람이 없기에 망정이지 그런 사람이 왔으면 조금 섭섭할 뻔했다.

퀸스타운에서 채 건조되지 않은 상태로 가지고 다녀서 쿰쿰한 냄새가 나는 세탁물을 세탁하였다. 여행 마지막 날까지 입을 옷은 있지만 그래도 깔끔 떨어 손해 볼 일은 없다. TV에서 크리켓 경기를 중계하고 있다. 크리켓은 우리나라에는 낯선 스포츠로 두 팀으로 나뉘어 배트로 공을 쳐서 실력을 겨루는 경기이다. 영국에서 창안되었으며, 야구의 시초로 알려져 있다. 영국을 비롯한 오스트레일리아·뉴질랜드·남아프리카공화국·인도·파키스탄 등에서 많은 인기를 얻고 있다. 하지만 '빠름'과 '한 판'을 좋아하는 한국 사람들에게는 흥미를 끌지 못한다.

야구와 비슷하지만 그만큼의 스릴은 없고 때로는 며칠에 걸쳐 한 시합이 진행되기도 한다니 성질 급한 우리나라 사람들로서는 견뎌 내기

영연방 국가에서는 인기 있는 크리켓

마지막 만찬

힘든 운동이다.

  뉴질랜드에서의 마지막 밤이다. 우리끼리의 파티를 준비한다. 와인을 꺼내 놓고 술을 마시지 않는 나를 위해 에너지 음료도 준비했다. 안주는 사과와 체리, 망고로 하고 과자류도 마련했다. 주방시설이 되어 있어 얼큰한 국물을 먹기 위해 라면도 끓였다.

  오늘까지 뉴질랜드 현지 열흘의 일정 동안 어려운 일이 한 번도 없었다. 날씨도 더할 나위 없이 좋았다. 한 번 비를 만난 날이 있었지만 그 비로 인해 호수에서 온천하는 분위기를 더했다. 일행끼리 의견이 달라 서로 얼굴 붉히는 일도 없었고 역할 분담도 잘된 편이었다. 그러니 더 이상 무엇을 바라랴.

오늘의 지출 : 363.16NZD

아이스크림 20	음료수, 물 11	항구 주차료 18.6
핫도그, 토스트 21	장보기 41.2	저녁식사 158
연료비 68.36	호텔 주차료 25	

NEW ZEALAND TRAVEL

열한째 날 _ 1월 15일(금) 오클랜드

방 안에 붙어 있는 화재 시 비상탈출 안내도를 보니 우리가 묵고 있는 505호실은 건물의 제일 바깥쪽에 위치해 있다. 그러다 보니 방은 크지만 구조는 사각형이 아니다. 객실을 업그레이드시켜 주었다더니 맞기는 맞나 보다. 우리는 이번 여행에서 두 번이나 업그레이드 서비스를 받았다.

첫 번째는 인천에서 오클랜드로 갈 때였다. 우리가 이용한 항공사는 인천에서 출발하여 광저우를 경유, 오클랜드로 가는 중국남방항공(China Southern)이었는데 인천에서 보딩 패스를 받을 때 직원이 좌석을 업그레이드해 주었다. 비즈니스 클래스까지는 아니고 프리미어 이코노미 좌석으로 자리를 옮겨 주었는데 막상 기내에 들어가 보니 이코노미 클래스와 별반 다를 게 없었다. 좌석의 크기와 모양도 이코노미 좌석과 같은데 단지 비즈니스 좌석과 이코노미 좌석 사이에 위치한 영역이라는 것이었다.

별로 업그레이드된 느낌을 받지 못하고 광저우까지 갔는데 이 효력은 나중 귀국해서야 알았다. 중국남방항공은 우리나라 국적기인 대한항공과 같은 항공동맹인 스카이팀(Skyteam) 소속이다. 중국 남방항공을 이용하여 오클랜드를 오간 우리는 모든 여정에 대한 마일리지를 대한항공 마일리지로 적립하였는데, 우리가 구매한 탑승권은 중국남방항공 홈페이지에서 예약했음에도 불구하고 여행 구간의 40%만 적립되는 표였다.

귀국길에 인천공항의 대한항공 안내센터에서 마일리지가 잘 적립되었는지 확인하였더니 네 번의 여정(인천-광저우 왕복, 광저우-오클랜드 왕복)이 모두 마일리지가 적립되었는데 인천에서 오클랜드로 향할 때 한 번은 100%, 한 번은 40%가 적립되었고, 오클랜드에서 인천으로 올 때는 두 번 모두 여행구간의 40%가 적립되었다고 했다. 홈페이지에서 구입한 항공권이라 당연히 여행 구간의 100%가 모두 적립되었을 것이라 생각했는데 40%만 적립되었다고 해서 좀 실망했다.

그런데 그중에 100% 적립은 어떻게 된 것일까 곰곰 생각해 보니 인천에서 광저우로 가는 여정이 프리미어 이코노미 석으로 업그레이드되었는데 그 좌석이 100% 적립되는 좌석인 것 같았다. 좌석의 편리성에서는 별로 업그레이드를 못 느꼈지만 마일리지 적립에서는 업그레이드의 위력을 느꼈다.

오늘 아침식사는 호텔에서 제공한다. 여행 전 호텔을 예약할 때 조식이 포함되어 있었다. 대체로 뉴질랜드의 숙소는 조식이 포함되지 않는다. 호텔 예약 사이트에 조식 가격이 따로 나와 있어 아침식사를 제공받으려면 추가비용을 내야 한다. 그런데 이 호텔은 예약 사이트에 조식 포함된 가격이 나와 있었다. 오클랜드 시가지 한가운데 자리 잡고 있다는 것도 마음에 들었다.

아침식사는 컨티넨탈식이다. 아메리칸식에 비해 조금은 소박하지만 공짜로 아침식사를 준다는 것이 어디냐. 물론 조식 제공을 반영하여 호텔 객실요금이 책정되었겠지만 그래도 아침식사를 제공받는다는 즐거움이 있다.

1층에 있는 식당으로 내려가 문을 여는데 열리지 않는다. 이게 무슨 조화냐. 마침 식사를 마치고 나오는 사람들이 있어 그 틈에 식당 안으로 들어갔다. 나중에 알고 보니 투숙객이 자기 방 카드키를 가지고 와서 카드키를 넣어야 열리는 구조였다. 그런 상황을 모르는 우리는 하마터면 리셉션까지 가서 '문 좀 열어 주세요' 할 뻔했다. 아마도 투숙하지 않은 사람이 무단으로 와서 식사하는 것을 방지하려는 의도 같다.

그렇다면 우리처럼 문 앞에서 기다리고 있다가 식당 안에서 나오는 사람들이 있을 때 그 기회를 이용하여 식당에 들어가는 사람은 어떻게 할까. 2차 대비책이 또 세워져 있다. 식당을 관리하는 아주머니가 손님이 들어오면 방 번호와 대표 투숙객 이름을 물어본다. 처음에 호텔을 예약한 예약자의 이름을 묻는 것이다. 무단으로 들어온 사람은 그 이름을 알 수 없으니 뒤돌아 나갈 수밖에 없다. 그런데 좀 불편하다. 차라리 체크인할 때 식권을 주면 서로 이런 수고는 하지 않아도 되지 않을까.

컨티넨탈식이라 음식이 간단할 줄 알았는데 뷔페가 그렇게 소박하지 않다. 여러 종류의 빵과 치즈, 슬라이스 미트, 요구르트와 시리얼 그리고 커피를 비롯한 다양한 음료가 있다. 커피는 머신에서 여러 종류를 내릴 수 있는데 하나를 결정하여 머신을 조작하면 수증기를 내면서 만

오늘 아침은 품위 있게 먹는다.
이 순간을 즐기자.

들어져 나온다.

　나는 보통 여행 중 아침식사하러 식당에 들어섰을 때 코를 자극하는 내림커피 향이 참 좋았다. 조용한 분위기에서 창가에 앉아 거리를 보며 식사할 때 '정말로 내가 여행 중에 있구나' 하고 생각되었다.

　식사를 마치고 우아하게 커피를 마신다. 잠시 행복한 모습을 연출한다. 이 모습이 나에게 보내는 선물이다.

　'그래, 그동안 인생 열심히 살았어. 지금 이 순간을 즐겨.'

　짐을 챙긴다. 어젯밤에 했던 빨래는 건조 과정까지 마쳤더니 뽀송뽀송하다. 예전에는 여행할 때 빨래하는 것이 큰 과제였다. 3일만 빨래를 하지 않으면 벌써 다음 날 갈아입을 옷이 걱정되고 빨지 않은 옷에서는 땀 냄새가 났다. 그런데 요즘은 많이 편리해졌다. 어지간한 숙소에는 빨래방이 있어서 너무 늦게만 체크인하지 않으면 빨래를 할 수 있고, 동남아시아 같은 곳에서는 숙소 근처에 전문 빨래전문점들이 있어 그리 비싸지 않은 비용으로 아예 세탁물을 맡길 수도 있다. 여행 환경이 참 편해지고 있다.

　체크아웃하러 리셉션에 내려갔다. 우리는 짐이 보통 한 사람당 2개 정도인데 몇몇 여자들의 짐은 정말로 많다. 사람은 네 사람인데 쌓여 있는 짐이 대충 열댓 개는 되는 것 같다. 그런데 이 사람들은 도대체 이 짐들을 어떻게 가지고 다니나. 그녀들의 짐은 짐 캐리어에 의해 몇 번의 수고를 거친 끝에 거리로 나서자 곧 스포츠 유틸리티 차량이 한 대 다가왔다. 짐을 실을 수 있게 뒤 적재함으로 개방되어 있는 차다. 그녀들은 그 모든 짐을 적재함이 가득 차도록 올려놓은 후 유유히 떠났다.

　오클랜드 시내는 여행 첫날과 어제 이틀에 걸쳐 대충 보아서 오늘은 오클랜드 대학교 한 군데만 들르기로 했다. 내비게이션에서 오클랜드 대학교를 찍어서 대학교 근방은 쉽게 찾았는데 입구가 잘 보이지 않는다. 좌회전을 거듭하고 대학교 주위를 완전히 한 바퀴 돈 후에 학교에 들어서고 차를 주차할 곳을 찾아 주차하였다. 다행히 대학 구내는 우리나라처럼 주차요금을 받지 않는다.

　1883년에 세워진 오클랜드 대학교는 뉴질랜드 최고의 명문학교로 인정받고 있다. 요즘은 우리나라에서 해외유학을 나갈 때 자신만의 경쟁력을 만들기 위해 다양한 나라로 유학을 가는데 오클랜드 대학교도 우리나라에서 온 유학생들이 많은 편이다. 이 대학은 학부와 대학원에 100개가 넘는 국가에서 유학생들이 오고 있다 한다.

　2011년 영국 대학평가기관 QS(Quacquarelli Symonds)가 매긴 QS 세계대학랭킹(QS World University Rankings)에서 뉴질랜드 1위, 세계 82위를 차지했고, 2013년에는 94위를 차지했는데, '세계 100대 대학

오클랜드 대학교는 '세계 100대 대학' 안에 드는 뉴질랜드 유일의 대학이다.

안에 드는 뉴질랜드 유일의 대학교'라는 안내판이 붙어 있다.

방학이지만 계절학기가 시작되어 캠퍼스는 학생들로 북적였다. 화장실을 가려고 둘러보는데 찾기가 쉽지 않다. 뒤에서 "빨리 와" 하는 소리가 들려 돌아보니 우리나라에서 유학 온 학생들이다. 이곳에서 우리나라 학생들을 만나니 반갑기도 하고 그 모습이 대견스럽기도 하다.

오클랜드 대학교도 기프트 숍이 있어 남섬의 오타고 대학교에서 사지 못한 기념품들을 사려고 들어갔다. 물품은 많은데 대체로 옷 종류이고 내가 사려고 했던 품목은 별로 보이지 않는다. 옷은 '오클랜드 대학교'를 너무 강조해서 우리나라에서 입기는 조금 그렇다. 백팩을 판매하는데 비용이 저렴했으나 튼튼해 보이지 않아서 그만두었다.

건물들을 둘러보는데 김밥 사진이 보인다. 뉴질랜드 대학교에서 웬 김밥일까 하고 다시 보니 틀림없는 김밥이다. 'GIMBOB'이라는 문구까지 보이는데 자세히 보니 김밥 판매점이다. 여기서는 김밥과 컵라면을 판매하고 있다. 김밥도 한 종류만 있는 것이 아니고 거의 열 가지 종류로 나누어 판매하는데 우리나라에서 흔히 먹는 일반 재료를 넣은 기본형(?)이 한 줄에 5.5달러이고 속 재료를 더 첨가하면 최고 7달러까지 올라간다.

채식주의자를 위한 Vegetarian Gimbob도 판매하는데 5.5달러이다. 김밥을 먹을 때 필요한 된장 국물도 2달러에 판매한다.

컵라면은 작은 것은 2.2달러, 중간 것은 2.5달러, 대형은 3달러로 나누어 판다. 물론 김치도 판다. 양이 얼마큼인지는 모르지만 1달러 조금 넘는 가격이다. 뉴질랜드에서 먹는 김밥 맛은 어떨까. 하나를 구입하여 나누어 먹어 보았는데 우리나라에서 먹는 김밥과 맛이 똑같다.

이 건물은 학생회관인지 1층은 모두 간이식당이다. 중국음식, 일본음식, 터키음식, 인도음식이 모두 식당별로 판매되고 있는데, 중국음식은 요리 하나가 콜라 한 병과 콤비를 이루어 12.5달러에서 14.5달러까지 판매되고 있다. 중국음식은 센 불에 기름을 둘러 순간적으로 볶아

내는 음식의 특성상 차(茶)가 어울리는데 여기에서는 차가 아닌 콜라이다. 음식의 궁합보다는 먹는 사람들의 취향이 더 앞서는 것 같다. 물론 콜라를 싫어하는 사람은 단품요리만을 고를 수 있는데 이 경우 음식값에서 1.5달러가 빠진다. 일본음식도 역시 콜라와 콤비를 이루어 덮밥 종류가 11달러에 판매된다.

'JEWEL OF INDIA'를 내세우고 판매하는 인도음식은 종류와 양에 따라서 7.90달러에서 최고 비싸게는 11.80달러까지 가격이 책정되어 있다. 터키 음식점에서는 케밥을 판매하는데 기본인 Donner Kebabs가 8달러이고, 밥을 같이 주는 케밥은 10달러에서 12달러이다. 역시 대학교 내에 있는 식당이다 보니 거리에 있는 일반 식당보다는 저렴한 편이다. 해외여행 시 값싸고 배부르게 식사하고 싶을 때는 그 도시에 있는 대학교 구내식당에서 식사하라고 하는데 오클랜드 대학교 역시 그러한 여행의 법칙에 어긋나지 않는다. 그러나 여기서 점심식사까지 하고 출발하면 나머지 일정이 너무 벅차다.

오클랜드 대학교의 2016년 일정을 보니 Summer School이 1월 6일에 시작되었는데 2월 17일에 끝나고, 다음 학기는 2월 29일에 시작된다. 서양의 대학이다 보니 부활절 방학이 있는데 3월 25일부터 29일까지 부활주일을 한가운데 넣은 5일간이다. 방학은 4월에도 있다. 학기 중간에 있는 단기 방학인데 4월 18일부터 23일까지 한 주간이다. 강의는 6월 3일에 끝나고 6월 9일부터 27일까지 시험기간이다. 거의 20일간 시험기간이니 학생들이 혼을 뺄 것 같다. 이렇게 하여 Semester One이 6월 27일에 끝나고 20일 정도의 짧은 겨울방학을 맞이한 후 Semester Two가 7월 18일에 시작된다.

　대학교 내 여러 풍경을 사진 찍고 있는데 근무복을 입은 한 직원이 다가와 여기는 공공장소이므로 사진을 찍지 말라고 하는데 표정이 너무 근엄하다. 관광객이 대학교에 찾아와 사진을 찍는 일은 그리 제지할 일이 아닌 듯싶은데 너무 야박하다는 생각이 들었다. 그러나 다시 생각해 보니 여기는 서양이다. 개인의 프라이버시를 무엇보다 중요하게 생각하는 풍토이므로 모르는 사람의 카메라에 자신의 모습이 담기는 것을 불쾌하게 생각할 것 같고 때로는 이렇게 찍은 사진이 범죄에 이용될 가능성도 있기 때문에 직원의 주장이 일리가 있다. 로마에 와서는 로마의 풍습을 따라야 할 것 같다.

　오늘의 테마는 바다이다. 송 선생이 오늘 하루는 뉴질랜드의 바다를 실컷 즐기자고 야심차게 만든 일정이다. 오클랜드 인근에 있는 여러 개의 해변을 즐겨 보기로 했다. 길가에 포도밭이 전개된다. 잘 다듬어 놓은 푸름이 펼쳐져 있다. 뉴질랜드에서는 밀밭이나 옥수수밭보다 포도밭을 훨씬 더 많이 본 것 같다.

　무리와이 비치(Muriwai Beach)은 서핑과 행글라이딩의 명소로 강한 바람과 파도로 인해 서핑을 즐기는 사람들이 많이 찾아오는 곳이다. 오클랜드에서 차를 몰고 1시간 정도 달려서 해변에 도착했다. 비치의 모래 색이 검다. 화산지형에 위치해 있기 때문인데 오클랜드 인근 서해안에 위치한 비치들의 특징이다.

　차를 주차하고 나서 마주한 비치는 황량하였다. 검은 모래사장도 낯선데 밀려오는 파도가 거세고 사람들의 모습도 보이지 않고 아무런 시설물도 없다. 우리나라의 해수욕장과는 전혀 분위기가 다르다. 어제 본 타우랑가의 바다는 그래도 해변의 경계를 넘으면 여러 대의 푸드 트럭들이 있고 길 건너에는 주택과 호텔들이 계속되어 관광지의 분위기가 충분한데 여기는 에밀리 브론테의 소설『폭풍의 언덕』이 저절로 연상되는 곳이다. 주차장에서 해변으로 가는 진입로도 전혀 포장이 되지 않은 좁은 길이었고 날씨까지도 하늘에 구름이 잔뜩 끼어 있다. 해변에 있는 잡풀들도 색깔이 바람에 밀려 지친 듯 바랜 푸름이다.

　저쪽을 보니 그래도 사람들 모습이 보인다. 주로 가족 단위로 온 것 같다. 워낙 파도가 거세서 수영을 즐기는 사람은 별로 없고 해변에 앉아 자연을 즐기거나 서핑에 열중하고 있다. 인위적인 시설물은 전혀 보이지 않는다. 돗자리나 비치파라솔은 해변을 찾은 사람들이 가져온 것들이다. 많지 않은 사람들이 바다를 즐기고 있음에도 불구하고 여전히 안전요원들은 변하지 않는 자세로 서서 바다를 응시하고 있다. 여유롭고

무리와이 비치는 강한 바람과 파도로
서핑과 행글라이딩을 즐기는 사람들이 많이 찾는 곳이다.

자유로운 사고를 하며 사는 사람들이지만 자기에게 주어진 책임만큼은 성실하게 해내고 있다.

해변 한쪽에는 돗자리 위에 누워 책을 읽는 사람이 있고, 다른 한쪽에는 밀려오는 파도를 향해 앞으로 나아가는 야성적인 서퍼들이 있다. 그런데 파도가 장난이 아니다. 밀려와서 바위에 부딪혀 튀어 오르는 하얀 파도의 위력을 보아하니 함부로 다가가서는 안 될 것 같다. 이곳은 낚시로도 유명하다고 하는데 특히 낚시를 하는 사람들은 갑자기 다가오는 큰 파도에 신경을 써야 할 것 같다.

전망대로 올라간다. 무리와이 비치를 한눈에 내려다볼 수 있다. 조금 올라가니 서핑을 하는 사람들의 모습이 보이고 해안가에서 낚시를 하는 사람들의 모습이 보인다. 낚시꾼들은 이곳 파도의 위력을 잘 알고 있는 터라 해안 안쪽에서 길게 낚싯대를 드리우고 혹시나 다가올 큰 파도를 조심하며 세월을 낚고 있다. 역시나 Rock fishing safety에 관한 안내

뉴질랜드 서해안은 파도가 세서 낚시꾼들이 주의해야 한다.

판이 올라가는 길목에 세워져 있다. 파도가 심한 곳이니 낚시를 할 때는 꼭 구명조끼를 입고 낚시를 하라고 한다.

흰 수염을 길게 늘어뜨린 노인이 풀밭에 누워 햇볕을 받으며 손바닥을 하늘을 향해 펴고 있다. 마치 자연의 정기를 한껏 받아들이고 있는 자세이다. 개개인의 삶의 방식을 인정해 주는 나라이니 이런 모습이 낯설지 않게 받아들여진다. 저 노인은 바다와 해의 정기를 다 받아들이고 있는 것일까.

정상까지 제법 시간이 걸리는 전망대를 향해 올라가고 있는데 전망대에서 내려오고 있는 일련의 동양인들 모습이 보인다. 나이 많은 어르신이 아들 부부로 보이는 두 사람의 부축을 양쪽에서 받으며 내려오고 있다. 여행은 평생에 걸쳐 할 수 있는 재미있는 일이지만 여행도 사실은 때가 있다. 누군가는 말했다. 여행은 가슴이 떨릴 때 떠나야지 두 다리가 떨릴 때 떠나는 것이 아니라고. 그래, 이렇게 다리에 힘이 있을 때 여행을 다닐 수 있으니 얼마나 복 받은 삶인가. 그리고 여행을 다닐 수 있도록 도와주는 젊은 사람들이 옆에 있는 저분도 참 복 받은 분이다.

전망대에 오르니 일대가 한눈에 다 보인다. 전망대에 사람이 많다. 사람들이 이곳까지 힘들게 오르는 이유는 단지 비치 풍경을 보기 위해서는 아니다. 전망대 밑 절벽에 바닷새 가넷(Gannet)이 모여 사는 서식지가 있다. 가넷은 몸집에 비해 날개가 작아 강한 바람이 있어야 날 수 있는데 절벽 위로 부는 거센 바람이 최적의 환경을 제공한다.

해안가 바위 위에 노란 머리에 흰 몸체를 지닌 가넷들이 빽빽이 들어서 있다. 그들도 정해진 자기 구역이 있어 자리를 놓고 신경전을 벌이는 모습이 살짝 보인다. 수많은 새들이 몇 센티 간격으로 자기 위치가 정해져 있기 때문에 앉을 때 조금이라도 착륙 위치를 잘못 잡으면 공중을 향해 꽥꽥거리는 다른 새들의 날카로운 부리에 쪼여서 아픔을 겪는다.

날개를 접고 앉아 있어 큰 새처럼 보이지 않은데 날개를 펴면 최대 2m까지 커진다. 무게도 2.5kg까지 나가는데 먹이를 잡을 때는 시속 140km의 속도로 급강하하여 바다 속으로 잠수하여 물고기를 잡는데 물에 떨어질 때 충격을 줄이기 위한 에어백 장치가 몸에 있다고 한다.

가넷은 1년 내내 이곳에서 지내지 않는다. 3월이 되면 호주로 날아가 겨울을 지내고 뉴질랜드에 와서 암수가 짝을 이루어 알을 딱 1개 낳아 서로 품어 새끼를 부화시킨다. 태어난 새끼는 4개월간 나는 연습을

무리와이 비치는 바닷새 가넷의 서식지이다.

한 후 타스만 바다를 건너 호주의 남쪽 해안으로 간다. 호주에서 몇 년을 지낸 새들은 3년 이상이 되어 짝을 이룰 때가 되면 이곳으로 날아와 짝을 짓고 새끼를 낳고 다시 호주로 돌아간다. 계속 호주에서 살지 왜 이곳까지 와서 짝을 짓는지 사람들은 모른다. 단지 그들에게 주어진 삶의 방식이다.

오클랜드 인근도 과일이 많이 생산되는지 길가 가게에서 과일을 많이 판다. 역시 뉴질랜드에서 가장 흔하게 볼 수 있는 체리를 판매하는데 5kg 한 박스에 40달러이고 1kg짜리 작은 박스는 9.99달러에 판매한다. 10달러에 그냥 팔아도 될 것 같은데 우리나라나 뉴질랜드나 가격의 법칙은 같은 것 같다. 우리나라에서는 이름이 낯선 쿠마라(고구마)라는 야채도 kg당 2.99달러에 판매한다. 수박은 2통에 5달러, 오이는 3개에 2달러 정도이다. 그러나 우리는 과일을 살 마음의 여유가 없다. 차에 남아 있는 간식거리를 어지간하면 귀국 비행기를 타기 전까지 처리해야 하기 때문이다.

점심은 제법 그럴싸한 치코스(Chikos)에 들어갔다. 뉴질랜드의 식당은 대도시 한복판을 제외하고는 어지간하면 주차하기가 그리 어렵지 않다. 치코스는 왼쪽은 레스토랑이고 오른쪽은 카페이다. 이번 여행의 마지막 식사를 주문했다. 물론 저녁식사가 남아 있지만 시간상 공항에서 먹어야 할 것 같아 '식사한다'는 개념보다는 '해결한다'는 개념으로 먹을 것이다. 선택이 복잡하게 보일 때의 해결사는 송 선생이다. 송 선생이 메뉴판을 보고 얼른 결정하고 의견을 묻는다. 거의 OK이다. 그리고 나온 음식을 보면 괜찮은 선택이 대부분이다. 나오는 음식을 보니 시각적

감각이 뛰어나다. 일식은 우선 눈으로 한 번 먹고 다음에 입으로 먹는다는데 여기 음식 역시 일단 모양새에서는 합격이고 입도 즐겁다.

피하 비치(Piha Beach)는 태즈먼 해 와이타케레 산맥에 위치해 있다. 무리와이 비치에서 제법 떨어져 있어 산길을 계속 달려가야 한다. 점심 식사를 한 후라 식곤증이 몰려와 뒷자리에 앉아 정신없이 잠을 자는데 차가 언덕 위에 섰다. 앞자리에 앉은 운전의 두 에이스인 강 선생과 송 선생이 나와 이 선생에게 경치를 감상해 보라고 한다. 여기까지 오는 동안 길이 너무나 험하고 곡선 구간이 많아 생사의 위기(?)를 수없이 넘겼다는 무용담을 들어야 했다.

피하 비치의 전경이 다 보인다. 비치 한가운데 있는 라이언 록(Lion Rock)이 풍광을 더해 주고 있다. 오클랜드 사람들에게 가장 아름다운 일몰 장소를 꼽으라면 많은 사람이 피하 비치를 말한다. 이곳의 라이언 록에 오르면 피하의 전경이 파노라마처럼 펼쳐지는데 특히 해 질 무렵의 풍경이 좋아 전 세계 사진가들이 이곳을 찾는다고 한다.

비치 앞에 작은 마을이 형성되어 있고 해안가 바로 앞에 슈퍼가 하나 보인다. 해변에 들어서니 역시 인위적인 시설물은 없다. 모두 자기들이 가져온 것을 깔고 그 위에 엎드려 선탠을 하거나 준비해 온 파라솔로 햇볕을 피하고 있다. 바다에 들어간 사람들은 대다수가 파도를 즐기는 서핑족들이다. 피하 비치는 뉴질랜드 서핑의 탄생지다. 뉴질랜드 서핑은 1958년 이곳에서 시작되었다. 이제는 국제 서핑대회가 열릴 정도로 세계적인 서핑 명소가 되었다. 여름철이면 할리우드의 유명배우들이 이곳에서 서핑을 즐기다가 파파라치에게 노출되는 경우가 많다고 한다.

피하 비치는 뉴질랜드 서핑 보드의 탄생지다.

　수상안전요원이 수영 가능 구간을 알려 주는 노랗고 빨간 깃발을 세워 놓고 해변을 달릴 수 있도록 특별 제작된 차 옆에 서서 바다를 응시한다. 차 뒤에는 바다에서 빨리 이동할 수 있는 모터 보트가 대기하고 있다. 노랗고 빨간 깃발은 멀리서도 잘 보이는 색깔이다. 더군다나 이곳의 해변 모래색이 검은색이다 보니 노란색은 특히 명도가 높아서 잘 보인다.

해변 뒤로 산등성에 여러 채의 집들이 바다를 향해 있다. 여기는 서해 안이라 오후가 되어야 해가 넘어오는데 그래도 북향보다는 풍경이 우선순위인가 보다. 피하 비치가 뉴질랜드에서도 손꼽히는 일몰 장소라는 것을 감안할 때 그들은 매일의 삶에서 날씨가 좋은 날은 최고의 석양을 즐기며 하루를 정리할 것이다. 뉴질랜드 사람들은 해양 민족이라 바다를 무척 좋아한다. 조금이라도 바다가 보이는 곳은 그렇지 않은 곳

비치의 수상안전요원들. 잠시도 한눈을 팔지 않는다.

보다 집값이 비싸다.

피하 비치는 낚시 장소로도 유명한데 피하 비치에서 바로 할 수 있는 것이 아니고 산길을 30분 정도 가야 낚시 포인트가 나타난다. 그나마 파도가 아주 심한 날은 낚시하기가 위험하다고 한다. 실제로 여러 명의 한국인들이 이곳에서 낚시하다 희생되었다. 매년 이곳에서 사상자가 생기자 오클랜드 한인회 및 현지 교민언론지에서 피하에서는 낚시하지 말자는 캠페인을 열기도 했다.

이번 여행의 마지막 여정지인 또 하나의 해변을 감상하러 간다. 우리는 피하 비치를 잠깐 들렀다 떠나지만 여유가 있으면 즐길 수 있는 트레킹 코스가 있다. 피하 비치 북쪽에서 출발해 산을 오르고 화이트 비치를 지나 Fisherman's Rock의 전망을 만끽한 후에 아나와타(Anawhata)

뉴질랜드에서도 바다를 바라보고 있는 집들의 집값이 비싸다.

해변을 거쳐 다시 피하 비치로 돌아오는 5시간 정도 소요되는 트레킹이다. 산 위에서 곳곳의 절경을 감상할 수 있는 것이 매력이라고 한다.

카레케어 비치(Karekare Beach)로 가는 길 역시 평탄하지 않다. 내비게이션에 표시되는 길의 흐름 역시 꼬불꼬불한 것이 수많은 커브길을 지나야 한다. 피하에서 카레케어 비치까지 직선거리는 얼마 되지 않는다. 그러나 해안을 따라 난 바닷길이 없기 때문에 다시 산을 오르고 산길을 이리저리 다녀야 도착할 수 있다. 우리는 오전에 들렀던 무리와 이 비치에서 계속 남쪽으로 내려오고 있다.

비치 입구에 세워진 안내판을 보니 걸어갈 수 있는 거리에 폭포가 있다. 카레케어 폭포(Karekare Falls)에서 흘러내린 물이 시내를 만들면서 바다로 흘러가고 있다. 주차장에서 비치까지 걸어가는 길에 만나는 물

길은 모두 폭포에서 흘러내리는 물이다. 폭포를 오르는 길 산중턱에 천연 동굴이 있는데 입구는 작아 보이지만 안은 꽤 넓어서 여름에는 클래식 음악연주회가 열린다. 안내도에는 이곳에서 시작되는 길지 않은 여러 개의 트랙들이 있어서 가볍게 다녀올 수 있다. 조류가 빠르고 파도가 거세고 갑자기 깊어지는 곳들이 있으니 주의하라는 안내가 있다. 여기에서는 캠핑도 할 수 없고 모닥불도 피우지 말라는 경고까지 있다.

주차장에서 바다가 보이지 않는다. 바다로 가려면 해안으로 향한 길을 따라 몇 분 정도 걸어야 한다. 바다로 가는 길에 산 위에서 흘러내리는 물이 가로막아 이 선생이 과감히 강 선생을 업고 건넌다. 어찌 나도 그렇게 해달라고 하랴. 양말을 벗고 맨발로 물을 건너고 모래를 밟는다. 뉴질랜드의 마지막 바다이니 기왕이면 신발을 신고 다니는 것보다 맨발로 자연을 느끼며 걷는 것도 좋겠지. 그러나 몇 발자국 가자 한낮의 햇볕에 뜨거워진 모래사장이 이제 객기 그만 부리고 신발을 신으라고 권한다.

드디어 바다가 보인다. 우리나라에서 1993년에 개봉했던 영화 '피아노'의 무대가 여기 해변이다. '피아노'의 무대가 피하 비치로 알려져 있는데 실제로 주인공이 피아노를 연주한 해변은 카레케어 해변이다.

카레케어 해안은 참 넓었다. 해안 분위기는 영화 '피아노'에 나오는 느낌 그대로다. 검은색 모래사장에 많지 않은 사람들이 파도를 즐기고 있는, 그들만의 리그를 펼치고 있는 듯한 어떤 적요함의 광경이었다. 영화 '피아노'에 나오는 바다에 솟아 있는 바위산이 보인다. 여기 바다는 낭만적이라기보다는 어떤 공포심이 느껴진다.

영화 '피아노'의 무대인 카레케어 비치

오클랜드 서해안에 위치한 비치들은
화산지형에 위치해 있어 모래가 검은색이다.

타우랑가 바다까지만 해도 우리나라의 해수욕장 분위기 비슷하게 느껴졌는데, 오늘 뉴질랜드 서해안에서 보는 바다는 검은색의 모래사장에 거칠어서 금방이라도 사람을 휩쓸어 갈 것처럼 보이는 파도가 밀려들고 있다. 더군다나 사람도 많지 않고 인공적인 시설물도 전혀 없는 자연의 모습이 '자연'과 '환경'보다는 '적막함'과 '두려움'으로 다가온다.

뉴질랜드 사람들은 이런 분위기가 더 익숙하고 더 자연스러울 것이다. 그들이 우리나라 여름 해수욕장 풍경을 접한다면 오히려 많은 사람들과 인공적인 시설물에 공포(?)를 느낄지도 모른다. 여행은 내가 사는 세상이 아닌 다른 사람들이 사는 세상을 경험하는 일이고 그래서 다른 문화에 대한 이해력을 높이는 일이다.

움직임 없이 바다를 응시하던 수상안전요원들이 철수를 시작한다. 사람들의 안전을 위해 근무하던 시간이 끝난 것이다. 이제부터 바다를 즐기는 사람들은 수상안전요원의 도움을 받을 수 없다. 오로지 자신의 책임과 주의 하에 움직여야 한다.

카레케어 해안에 역사적인 일들이 많았는지 안내판에 많은 사진과 기사들이 적혀 있다. 1932년에는 모래사장에 비행기가 착륙했다는 내용과 함께 사람들에게 둘러싸인 비행기 사진이 있다. 해안 부근에 설치되어 있는 유일한 공중 화장실도 날이 어두워지면 문을 잠근다. 여름철에는 아침 7시부터 저녁 9시까지, 겨울철에는 아침 7시부터 저녁 7시까지만 개방한다. 뉴질랜드의 거의 모든 공공화장실은 주간에만 개방한다.

여행이 끝을 향해 가고 있다. 이제 남은 일은 오클랜드 공항에 가서 차를 반납하고 탑승수속을 밟는 것이다. 사흘 전, 차를 렌트할 때 기름을 가득 채워 받았고 반납할 때 기름을 가득 채워 반납하는 조건으로 인수했다. 오늘은 해안을 계속 다녔기 때문에 기름을 제법 소모해서 공항으로 가기 전에 주유소에서 기름을 채워야 한다.

내비게이션에 찍힌 바에 의하면 공항까지 가는데 거의 1시간 걸리므로 가는 동안 주유소 1개는 나타나겠지 하는 마음으로 차를 몰고 있다. 복잡한 시내를 피하여 외곽으로 공항을 향해 가는데 주유소가 보이지 않는다. 결국 기름을 채우지 못한 상태로 렌터카 회사에 가까이 다가가고 있다. 어떻게 해야 하나. 아직 시간 여유가 있으니 다시 시내로 가서 주유소에서 기름을 넣고 올 것인가. 일행의 의견이 공항으로 향하는 것으로 모아졌다. 그깟 기름 덜 채웠다고 추가 요금을 얼마나 더 받겠나 싶었다. 그럴 시간이면 공항에 들어가 조금 일찍 수속을 밟고 여유롭게 좀 쉬다가 귀국길에 오르자는 것이다.

  차를 반납하는 수속을 밟는다. 차를 점검하던 직원이 연료 상태를 지적한다. 사무실로 들어서니 연료를 채우지 않은 것에 대한 비용을 내야 한다는데 124달러다. 그것도 현금이다. 아, 너무하다. 이 정도로 연료 게이지가 내려갔을 때 70달러면 연료통을 가득 채우는데 거의 2배되는 가격을 요구한다. 어차피 약속을 지키지 않았으니 얼마를 요구하든 그들의 요구를 들어줄 수밖에 없는데 당당하게 위반에 대한 범칙금을 달라는 그들이 야속하다. 서양은 법을 지킬 때는 보호받지만 법을 어기는 순간에는 위반에 대한 범칙금이 세다.

  한국에서 뉴질랜드로 가는 비행 편을 예약한 후 사전 좌석지정 제도를 이용하여 항공사의 홈페이지에서 자리를 예약했었다. 한국에서 광저우로 가는 항공편과 광저우에서 오클랜드로 오는 항공편 그리고 광저우에서 한국으로 가는 항공편 3개였다. 오클랜드에서 광저우로 가는 항공편은 이미 지정을 마친 좌석이 많아 우리가 원하는, 일행이 나란히 붙은 좌석을 지정할 수 없어서 나중 현지에서 출발할 때 상황에 맞추어 해결하자고 사전 좌석지정을 하지 않았다. 그런데 인천에서 광저우로 오는 항공편은 좌석이 업그레이드되어 프리미어 이코노미 석으로 변해서 아무 생각 없이 그냥 받았는데 광저우에서 오클랜드로 오는 항공편은 보딩 패스에 나와 있는 좌석들이 떨어져 있었다. 세 사람이 앞뒤로 연결되어 있는 J석이었고 나는 몇 좌석 더 뒤로 떨어진 J석이었다. 우리가 미리 사전 좌석을 지정했다고 말하니 발권 카운터의 항공사 직원이 이 문제는 광저우에 가서 조정하라고 했다. 우리는 광저우에서 오클랜드로 가는 비행 편은 아직 시간이 많이 남아서 현지 카운터에서 발권수속이 시작되지 않은 것으로 생각하고 광저우로 향하는 비행기를 탔다. 광저우 공항에 내렸을 때 잠시 망설였다. 환승 카운터로 가야 할지, 아니면 도착 카운터로 가야 할지 판단이 서지 않았다.

중국남방항공은 경유하는 승객들이 경유 시간이 7시간이 넘는 경우 서비스 차원에서 경유 시간 동안 지낼 호텔을 제공한다. 경유하는 승객들이 환승 카운터로 가서 그곳에 있는 중국남방항공의 직원에게 다음 비행 편 보딩 패스를 제시하면 승객들을 모아 준비되어 있는 호텔로 데려가 쉴 수 있도록 한다. 다음 비행 편이 출발할 3시간 전에 셔틀버스를 호텔로 보내어 승객을 다시 공항으로 데리고 와 수속을 밟고 비행기를 탈 수 있도록 해준다.

이런 서비스를 제공하는 항공사가 드물어서 우리나라 여행객들이 가끔은 이 제도를 이용하여 짧게나마 광저우를 관광하려고 일부러 환승 시간이 긴 항공편을 선택하기도 한다. 만약 오후나 저녁에 광저우에 도착하여 다음 날 환승하는 항공편이라면 호텔에서 아침식사까지 제공한다. 중국은 72시간 내에 환승하여 출국할 항공권을 가지고 있으면 비자가 없어도 공항 밖에 나가 볼 수 있는 몇몇 대도시가 있는데 광저우도 그중 하나다.

만약 도착 카운터로 나가게 되면 나중에 오클랜드로 오는 항공편을 이용할 때 다시 출국 수속과 보안 수속을 밟아야 하는 관계로 피곤해져서 그냥 환승 카운터로 향했다. 어차피 환승 카운터로 들어갔을 때 중국남방항공의 안내 카운터가 있을 것이고 거기서 항공편 좌석 문제를 해결하면 될 것이기 때문이었다. 그러나 중국은 환승객이 환승 카운터로 향하는 것도 그리 쉽지 않다. 환승 구역으로 향하는 사람이 진짜 환승객인지 확인하기 위하여 공항 요원들이 보딩 패스를 확인하는데 광저우가 중국남방항공의 허브 공항이다 보니 보통 몇십 분 정도 줄을 서서 기다리는 경우가 자주 있기 때문이다. 우리도 그런 복잡한 과정을 거쳐서 환승 카운터로 가서 중국남방항공 직원에게 상황을 설명하니 그런 문제는 카운터에서 해결할 수 없는 문제라고 한다. 탑승권에 표시되어 있는 좌석을 그대로 이용해야 한다는 것이다.

중국남방항공 자체가 사전 좌석지정이 의미가 없는 것인지 아니면 도착 카운터로 나가서 발권 창구에서 우리가 원래 지정했던 좌석으로 받아야 하는지 확인할 수는 없었다. 그러나 후자의 경우에도 의문은 남는다. 이미 지정된 좌석이면 인천에서 발권할 때 좌석을 지정한 대로 해줄 것이지 왜 굳이 광저우에서 다시 문제를 해결해야 했을까. 한국으로 돌아가는 탑승권을 받기 위한 발권 카운터에서 이 선생이 뉴질랜드로 올 때의 이런 불편함을 항의하고 4명의 좌석을 모두 붙여 달라고 말하였다. 직원이 몇 번의 보딩 패스 발권 작업을 거쳐서 두 편의 비행 모두 우리 네 사람의 좌석을 붙여 주었다.

이제 탑승 전 여행의 마지막 식사를 해야 한다. 기내식이 나오지만 밤 11시 출발이라 자정이나 되어야 나올 것이고 그 시간까지 기다리려면 지친다. 청사 내 식당 몇 곳이 눈에 띈다. 따뜻한 국물이 그리워 찾아보니 일본음식을 파는 식당이 보인다. 비행기를 타는 손님들이 이용하다 보니 정식 식사보다는 라멘, 우동, 돈부리(일본식 덮밥) 등이 주 메뉴다. 나는 약간 매콤한 것이 당겨서 라멘을 주문하고 다른 사람들은 우동을 주문했다.

가격대는 공항청사 내에 있다 보니 약하지는 않다. 라멘은 모든 종류가 16달러, 우동은 12.5달러에서부터 15달러까지 다양하다. 면류는 모두 단품이다. 단무지 한 조각도 밑반찬으로 나오지 않는다. 돈부리는 미소 된장국 포함해서 18.5달러에서 19.5달러이다. 밥이 들어가서인지 가격이 더 비싸다. 사시미 종류는 한 접시에 19달러이다. 사이드 메뉴도 있다. 밥 한 공기 3달러, 샐러드 한 접시 3.5달러이고 다른 몇 가지 사이드 메뉴가 2달러에서 3.5달러에 판매되고 있다. 라멘의 얼큰하고 약간 매콤한 국물이 속에 들어가자 마음이 편안해진다. 역시 먹는 즐거움이 삶에 큰 비중을 차지한다.

이제는 퀸스타운 공항에서 구입했던 물품을 찾아야 한다. 오클랜드 공항에 있는 Travel Pharm에서 찾으라 하여 1층에 있는 Travel Pharm에 서류를 내미니 2층에 있는 Travel Pharm에서 찾아야 한다고 한다. 2층 Travel Pharm에서 서류를 확인하고 준비되어 있는 물품을 건네준

시작이 있으면 끝이 있다.
돌아오는 비행기를 탈 때는 항상 아쉽다.

다. 넘겨받은 백에 물건은 있는데 내역서가 없다. 백에는 송 선생과 내가 산 물품이 섞여 있다. 퀸스타운 공항청사에서 바쁜 시간에 구입하였기에 각자 산 물품을 정확히 기억하지는 못한다. 물건을 넘겨받을 때 당연히 물품 종류와 가격표시가 있을 줄 알았다. 퀸스타운에서 우리가 본 가격은 면세가 되지 않은 일반 가격이었고 우리는 구입한 물건이 많기 때문에 나중 면세된 가격으로 오클랜드 공항에서 인도받을 것이라는 말만 듣고 오클랜드로 오는 비행기에 탔었다.

　의자에 앉아 송 선생과 각자 산 물건을 기억을 되살려 나누다 보니 산 물건들이 비슷하여 그냥 반반씩 나누었다. 마지막에서 물건이 다르다. 나는 초록입 홍합으로 만든 관절에 좋다는 물품을 하나 샀고 송 선생은 화장품 종류를 하나 더 샀다. 그런데 이들의 가격을 알 수 없었다. 다시 내려가서 점원에게 물건 값을 물어봐야 하나 생각하는데 송 선생이 파격적인 제안을 한다. '반띵'. 그냥 자기가 산 물건은 자기가 가져가고 가격은 반반씩 내자. 분명히 한 사람은 이익을 보고 한 사람은 손해 보겠지만 동료 간에 그게 뭐 그리 중요하냐. 기분 좋게 반반씩 내고 끝내자는 것이다. 나도 명료하게 한 마디 던졌다.

"Call."

자리에 앉았다. 창밖으로 불을 환히 밝히고 있는 공항 모습이 보인다. 비행기는 잠시 후 이륙할 것이다. 동료들의 얼굴을 쳐다보았다. 지금까지 뉴질랜드에서의 11일간 일정을 같이하였다. 그들이 고맙다.

혼자 하는 여행이 있고 같이 나누는 여행이 있다. 혼자 하는 여행은 자유롭지만 외로움을 안고 다녀야 한다. 같이 나누는 여행은 협력과 균형이 요구되지만 '교감'이라는 것을 얻는다. 며칠 전 한 동료가 이런 말을 하였다.

"1년 동안 준비한 여행이 지나가고 있어 슬프다."

그동안 정말 즐거웠나 보다. 인생은 하루의 소풍이다. 즐거운 소풍날 이런 멋진 순간들이 있었다. 그리고 시작하지 않으면 결과도 없다.

오늘의 지출 : 261.5NZD

김밥 5.5	렌터카 반납 시 기름값 124
점심식사 71	저녁식사 61